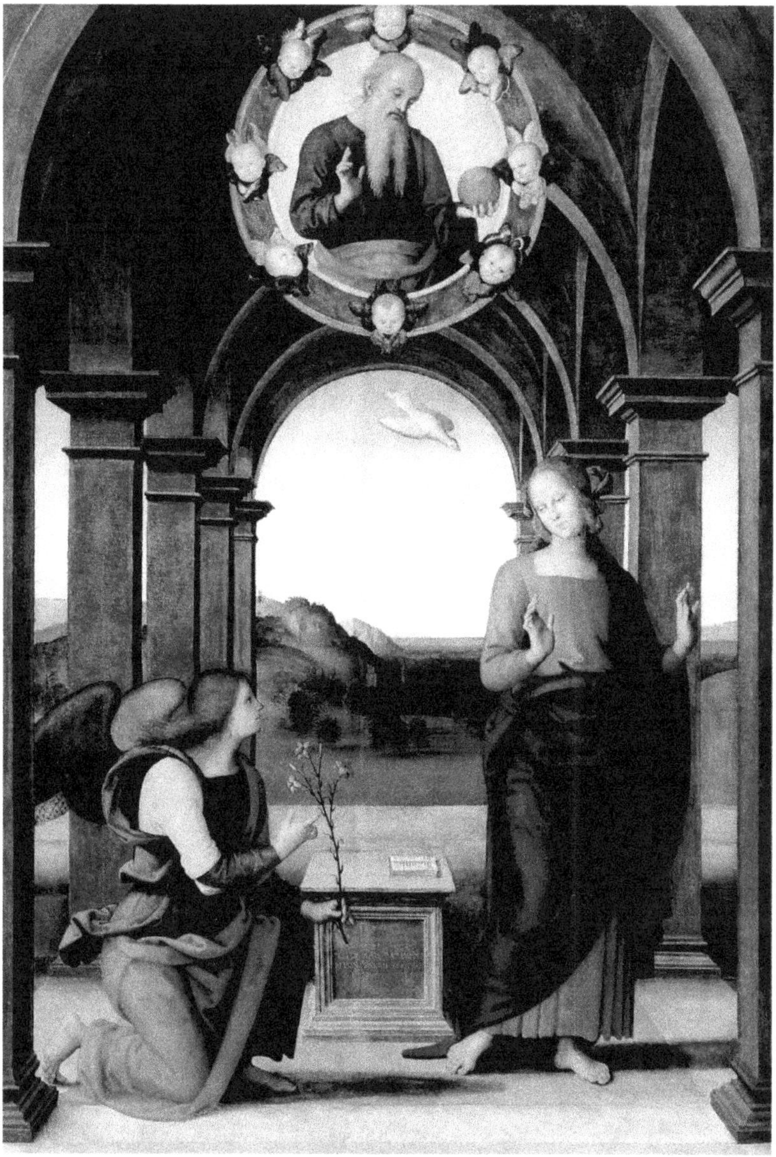

« *L'Annonciation* »
*Œuvre de Pietro Perugino (1489)*

# DU MÊME AUTEUR

Déjà paru dans la Série Connexion
Parcours vers une vie chrétienne positive

**Volume 1 : Dieu existe-t-Il ?**
**Volume 2 : Au cœur de la prière**

À paraître :

Abbaye de Bois Seigneur Isaac
Monastère Saint Charbel en Wallonie

Connexion – Parcours vers une vie chrétienne positive

Vol.3 : Les Dix Commandements

Vol.4 : Le Très-Haut et Tout-Puissant Jésus-Christ

Vol.5 : L'Esprit Saint

# Dominique André

## Série Connexion
### Parcours vers une vie chrétienne positive

Volume II

# Au Cœur de la prière

© D-A Brichaux – Safi 2018
Auto Éditeur

Tous Droits strictement réservés pour tous pays.
Toutes traductions des textes repris dans la série Connexion – Parcours vers une vie chrétienne positive, le présent ouvrage « Au cœur de la prière », même partielles, sont réservées par l'auteur et sont strictement interdites pour tous pays sans autorisation préalable de l'auteur ou de ses ayants droit.

Les photographies, couvertures, logos et maquettes apparaissant dans les livres de la série Connexion – Parcours vers une vie chrétienne positive, ici, le volume II
« Au cœur de la prière », sont la propriété exclusive de l'auteur ou de ses ayants droit. Les images en provenance du Net sans copyright clairement affiché sont utilisées en Fair use/ Unknow/auteur inconnu. Elles restent la propriété de leurs auteurs respectifs. Elles sont considérées de fait comme faisant partie du « Domaine public ».

Toutes reproductions, même partielles, en dehors de l'usage du cadre familial et des communautés religieuses, les transformations par traitements informatiques des images et textes, numérisation, supports numériques et photocopies sont interdits sans autorisation de l'auteur ou de ses ayants droit pour tous pays sous peine de poursuites judiciaires.

ISBN-13 978-2-9602008-4-3
ISBN-10: 2960200845

E-mail: serieconnexion@gmail.com

Jésus lui déclara :

« Pourquoi dire : Si tu peux ? »
Tout est possible pour celui qui croit.

Aussitôt le père de l'enfant s'écria :
« Je crois ! Viens au secours de mon manque de foi ! »

(Marc 9, 23 - 24)

# Plan Général

**1ère partie :**

Préambule
Prologue de l'Evangile de Saint Jean
Introduction

1. Prier
2. Mais qu'est-ce que la prière ?
3. Les Dix Commandements, Kezako ?
4. Existe-t-il un endroit pour prier ?
5. Comment prier ?
6. Peut-on parfois s'ennuyer dans la prière ?
7. Je prie et voilà que je commence à pleurer
8. Je prie et je n'arrête pas de bâiller
9. Sévère mise en garde
10. Quid du jeûne dans la prière
11. Dieu a répondu à mes prières !
12. Quelques intentions de prières
13. Que peut vous apporter la prière ?
14. Je prie comme un « malade »,
    je ne suis toujours pas exaucé, pourquoi ?
15. Aimer et vivre Dieu, c'est l'écouter d'abord !
16. Pour les jours trop difficiles à vivre...
17. Abandonnez-vous à Lui
18. Vous croyez sincèrement en Dieu ?
19. La chasteté : obéissance, pauvreté, chasteté
20. Êtes-vous maintenant dans la peur ?
21. Dieu veut vous bénir !
22. Le discernement, toujours à la lumière du Seigneur
23. Epilogue

**2e partie :**

« Entrons au cœur de la prière »
Voir table des matières en fin de livre

# Préambule

*« ... Bien plus, nous mettons notre fierté dans la détresse elle-même, puisque la détresse, nous le savons, produit la persévérance ; la persévérance produit la vertu éprouvée ; la vertu éprouvée produit l'espérance ; et l'espérance ne déçoit pas, puisque l'amour de Dieu a été répandu dans nos cœurs par l'Esprit Saint qui nous a été donné. »*[1]

Il n'est pas dans le cœur de Dieu de vous voir souffrir ou vous démener sans solutions. Mais quand les choses deviennent pénibles, difficiles, Dieu souhaite que vous puissiez en ressortir plus fort(e) et plus proche de Lui. Frère ou sœur en humanité et en Christ, souvenez-vous toujours, quelle que soit la ou les circonstances que vous traversez actuellement, que l'amour de Dieu a été déversé dans votre cœur. Dès lors, accrochez-vous sans jamais renoncer !

L'auteur

---

[1] Paul, lettre aux Romains Chapitre 5 Verset 3 à 5

# Dédicace

Je dédie « Au Cœur de la prière » à l'être humain, tous les êtres humains.

À tous les hommes et femmes, sans distinction de race, de couleur ou de philosophie. À tous ceux et celles qui sont en souffrance dans un monde profondément malade, mais qui passe sous d'autres cieux. Non, vous n'êtes pas seul dans ce Nouveau Monde, cette nouvelle civilisation. Dieu veille sur vous.

Puisse, cet humble ouvrage vous aider efficacement dans votre quête de Vérité, dont tous les hommes comme les femmes de notre temps ont un urgent besoin.

J'adresse mes plus vifs remerciements et ma profonde gratitude à Mesdames Valérie Houée et Christiane Harnie pour leur aide précieuse et leur pleine collaboration dans la réalisation de ce livre.

# Prologue de l'Évangile de Saint Jean

Au commencement était le Verbe, et le Verbe était auprès de Dieu, et le Verbe était Dieu. Il était au commencement auprès de Dieu.

C'est par lui que tout est venu à l'existence, et rien de ce qui s'est fait ne s'est fait sans lui. En lui était la vie, et la vie était la lumière des hommes.

La lumière brille dans les ténèbres, et les ténèbres ne l'ont pas arrêtée.

Il y eut un homme envoyé par Dieu ; son nom était Jean. Il est venu comme témoin, pour rendre témoignage à la Lumière, afin que tous croient par lui. Cet homme n'était pas la Lumière, mais il était là pour rendre témoignage à la Lumière.

Le Verbe était la vraie Lumière qui éclaire tout homme en venant dans le monde. Il était dans le monde, et le monde était venu par lui à l'existence, mais le monde ne l'a pas reconnu.

Il est venu chez lui, et les siens ne l'ont pas reçu. Mais à tous ceux qui l'ont reçu, Il a donné de pouvoir devenir enfants de Dieu, eux qui croient en son nom.

Ils ne sont pas nés du sang, ni d'une volonté charnelle,
Ni d'une volonté d'homme, ils sont nés de Dieu.

Et le Verbe s'est fait chair, Il a habité parmi nous, et nous avons vu sa gloire, la gloire qu'Il tient de son Père comme Fils unique, plein de grâce et de vérité.

Jean le Baptiste lui rend témoignage en proclamant : « C'est de lui que j'ai dit : Celui qui vient derrière moi est passé devant moi, car avant moi il était ».

Tous nous avons eu part à sa plénitude, nous avons reçu grâce après grâce ; car la Loi fut donnée par Moïse, la grâce et la vérité sont venues par Jésus-Christ.

Dieu, personne ne l'a jamais vu ; le Fils unique, lui qui est Dieu,
Lui qui est dans le sein du Père, c'est lui qui l'a fait connaître[2]

---

[2] Jean 1, 1-18 – Version AELF

# Première partie

Lorsque vous aimez, ne dites pas :
« Dieu est dans mon cœur »
Dites plutôt :
«Je suis dans le cœur de Dieu »

Khalil Gibran

# Introduction

♫ Chantez, priez, célébrez le Seigneur, Dieu nous accueille,
peuple du monde. Chantez, priez, célébrez son nom,
Dieu nous accueille dans sa maison ♫

C'est sur ces paroles de ce célèbre chant chrétien qu'en Notre Seigneur Jésus-Christ, je vous souhaite la bienvenue à la lecture de ces pages. Je vous remercie chaleureusement d'avoir choisi ce livre de conseils et de prières qui, je l'espère, répondra pleinement à vos attentes. Je l'ai voulu à la fois simple, pratique, complet et surtout à la portée de tous.

Si l'écriture d'un livre constitue toujours une aventure pour son auteur, le présent ouvrage possède pour l'anecdote sa petite histoire. En effet, il ne devait composer au départ qu'un carnet de quelques pages, comme une annexe au premier volume de la série que j'ai initiée avec « Connexion : « Dieu existe-t-Il ? [3] ». Est-ce l'inspiration de l'Esprit tel un clin d'œil du Seigneur, il m'est apparu comme une évidence au fil de l'écriture que cette « simple annexe » allait devenir, spontanément et naturellement, un volume dans sa plénitude au cœur de la Série « Connexion ».

Je rends donc grâce à Dieu. Oui, je bénis le Seigneur qu'il en soit ainsi, conscient de toute l'aide reçue pour mener à terme ce projet sous cette forme.

Pour votre facilité, le présent ouvrage est divisé en deux parties distinctes. Que ce soit dans votre poche, dans votre sac ou votre valise si vous partez au loin, à la maison, à l'église, dans le train ou en avion, il est conçu pour être emporté partout avec vous et utilisé régulièrement au fil du temps qui passe.

La première partie s'adresse plus particulièrement aux personnes peu au fait de la prière et de la vie spirituelle. À travers ces pages, j'y explique et vous partage quelques conseils issus de mon expérience personnelle, mais aussi des enseignements de l'Église et de la tradition chrétienne. Ces conseils vous aideront à démarrer votre cheminement dans la prière.

La deuxième partie développe au fil des mots, ce que j'appelle volontiers des prières selon les circonstances heureuses ou malheureuses de la vie, de notre vie à tous. En consultant régulièrement la table des matières en fin d'ouvrage, vous trouverez la, les, prières que vous cherchez selon vos désirs et

---

[3] « Série Connexion – Vol.1 Dieu existe-t-Il ? » version papier et numérique Ebook Kindle, est en vente sur les plateformes Amazon tous pays, sur le site de Create Space.com et en exclusivité au magasin de l'Abbaye de Bois Seigneur Isaac.

besoins du moment. Que ce soit avec la version brochée papier ou la version Ebook numérique, à chacun et chacune qui allez entrer dans cette belle aventure de la Foi en découvrant ces lignes, novices dans la vie de prières ou en chemin vers Dieu en Sagesse et Vérité depuis des années, gardez toujours au cœur la divine connexion. Je vous souhaite sincèrement plein succès dans votre cheminement, votre développement personnel et votre vie spirituelle.

Que Dieu vous garde et vous bénisse.

Fraternellement,

Dominique André

## 1.  Prier

Tout le monde peut un jour tomber malade, perdre son emploi, ses ressources financières, rechercher l'âme sœur, connaître la séparation, la désillusion, avoir tout simplement, envie de changer de vie, se trouver face à un problème qui nous semble insoluble. Chacun de nous peut se trouver dans un sac de nœuds, désirer un enfant, chercher la Vérité, voire encore souhaiter se préparer à la mort qui nous attend tous, à l'instant fixé par Dieu.

Après avoir lu cette première partie, j'ose espérer que vous aurez trouvé la ou les prières adaptées à votre situation et à votre attente du moment. Certaines sont issues de la tradition, d'autres de la divine liturgie, d'autres, encore écrites par des saints et saintes, mais aussi des prières reçues au gré de mes rencontres. Ces prières sont chrétiennes, traditionnelles ou modernes, récentes ou anciennes.

Peu importe qu'elles soient catholiques, orthodoxes, protestantes, voire charismatiques, ce sont des prières chrétiennes. Il n'y a de Dieu que Dieu et Jésus-Christ est son Fils pour nous tous.

Je souhaite attirer votre attention, dès le prélude de votre lecture, sur un point précis de la vie spirituelle et de prière. Les prières présentées dans ce livre sont à l'image d'un fil conducteur pour vous aider à cheminer selon les circonstances de votre vie du moment. Oui absolument ! Elles ont fait leurs preuves dans le temps, mais aucune d'entre elles, ni aucune autre par ailleurs, ne remplaceront jamais la prière née dans l'intime de votre cœur, émanant du plus profond de votre esprit.

En vérité, prier est une école où on apprend au fil du temps, à se laisser aimer par Dieu. Où on nous y apprend à trouver et comprendre cette communion intime avec le Seigneur. Pour arriver à ce constat et ce vécu, un chemin nous est proposé. Ce chemin nous fera prendre conscience, au plus profond de chacun de nous, que Dieu se révèle par et uniquement dans l'amour qu'Il nous porte, que nous Lui portons, ou lui porterons. C'est donc bien à un apprentissage spirituel auquel nous sommes à chaque instant tous conviés.

Aussi, ne vous sentez par conséquent jamais obligé de prier comme si vous récitiez une leçon. Ce serait une erreur et une perte sèche de temps. Ouvrez votre cœur et votre esprit. Prier est et doit être, un moment de rencontre et de dialogue ouvert, franc, sincère et honnête avec le Seigneur qui, nous, vous écoute. Dieu aime que nous Lui portions attention et que nous Lui parlions. Même s'Il sait, Il aime que nous Lui racontions tout de nous et, quand je dis tout, c'est tout. Ceci inclut nos joies, nos peines, nos déceptions, nos victoires, nos défaites, nos urgences, nos souffrances, mais aussi nos besoins, nos doutes, nos espérances, nos fautes comme nos progrès dans la voie sacrée. Exprimez-vous de manière simple, directe et respectueuse. Ayez un certain sens du sacré, mais surtout, soyez authentique, sincère, honnête, et humble avec Lui.

À voix haute ou basse, ou encore dans la prière silencieuse et la méditation, Dieu n'attend pas de nous que nous Lui déballions une recette de cuisine. Si vous avez mal, que vous êtes mal, dites-le-Lui avec vos mots. Si vous êtes heureux ou heureuse, dites-le aussi avec vos mots. Si vous pensez, ressentez et constatez que Dieu a fait quelque chose pour vous, remerciez-Le avec vos mots. Il est votre meilleur ami et vous n'en aurez jamais de meilleur. Même si cet ami peut vous sembler bien étrange, indifférent ou lointain quelques fois, vous, soyez en paix. Avancez sur le chemin de votre vie quotidienne et spirituelle.

Par-dessus tout, faites-Lui confiance sincèrement dès maintenant. À travers cette confiance et tout ce qui en découle : abandon, espérance, hardiesse, ouverture d'esprit, sans oublier certitude, conviction, croyance, foi, je ne vous le cache pas, dépendra beaucoup votre relation entre vous et Dieu. Cette confiance et votre détermination à Le rencontrer, non celles reçues de votre entourage, des réseaux sociaux ou des médias, transformeront votre « essai » en succès ou, hélas, en échec. Je souhaite également attirer votre attention et vous impliquer tout particulièrement sur un point. En effet, trop peu en vérité, oui, trop peu osent le dire par peur de déplaire : n'accusez pas Dieu de vos échecs en cas d'abandon de la prière ou de prières inexaucées, car : « Tout est possible à celui qui croit[4] ». Souvenez-vous que l'Église a donné la Parole. Elle a reçu, donné la Foi et Jésus-Christ à l'humanité. Fidèle à son engagement, en tant que dépositaire de la Foi chrétienne donnée par le Christ Lui-même à Pierre[5], l'Église n'a eu de cesse et sans aucune interruption, de transmettre les enseignements reçus des apôtres tout au long de ces deux mille ans passés. Vous avez reçu par éducation chrétienne, ou allez recevoir par désir, souhait ou appel personnel, la théorie selon votre état et vos connaissances du moment. Comment ? : en suivant un catéchisme, par de saines lectures dont la Bible bien évidemment, mais encore par assiduité aux Sacrements de l'Église.

Vous voici donc responsable de la mise en pratique de ces enseignements. Recevez, étudiez, méditez les enseignements de l'Église, mais de grâce, sortez de la théorie et allez en vérité par la prière à la rencontre de Celui qui vous attend chaque jour de votre vie. Il se nomme Jésus-Christ. Cette décision d'aller de l'avant vers Lui vous incombe pleinement, car rencontrer Dieu en Vérité,

---

[4] Marc 9, 23
[5] Matthieu 16, 15-19

transforme la vie, votre vie et votre intimité avec le Tout-Puissant se reflétera sur votre attitude envers tout et tous.

En 2018, dans une société malade où la laïcité prédomine toujours plus en Occident ex-chrétien, prier Dieu est devenu un choix, une décision vraiment personnelle. Loin est le temps où on écoutait le son de la cloche du village qui, rythmant la vie, annonçait l'appel pour l'angélus ou les vêpres. Encore éloigné, le regard inquisiteur du curé de ce même village, vous interrogeant sur votre absence à la messe dominicale.

Autre temps, autres mœurs. Ce qui en passant peut être une excellente occasion pour vous, de vous situer dans ce monde, cette société où vous vivez avec ses mœurs. Êtes-vous en adéquation avec tout ?

De nos jours, il est fréquent d'entendre autour de nous, les : « prier, pourquoi faire ? Ou encore : je n'ai pas le temps pour ça, puis de toute façon, Dieu n'a jamais rien fait pour moi ». Combien de fois n'ai-je pas entendu ces expressions lors de rencontres et autres apartés. Ils expriment le plus souvent, tantôt de la colère, tantôt de la déception, mais aussi du cynisme ou de l'ironie. En creusant un peu ces attitudes, nous constatons rapidement que dans le fond, elles sont le fruit de beaucoup de tristesse. Passés ces moments de rejets catégoriques, j'ai souvent pu observer en fait et dans les faits, un grand désarroi chez la plupart de ces personnes. Indéniablement, ces gens ressentent le vide sidéral de l'absence de Dieu. Celui que rien en ce bas monde ne peut, ni ne pourra jamais combler hormis Dieu Lui-même. Et sur ce point, certainement pas le matérialisme ambiant, le consumérisme effréné ou l'argent. Il en va de même pour les courants de pensée à la mode ou les idéologies devenant toutes obsolètes avec le temps. Pourtant, pendant ce même laps de temps de l'Histoire des hommes, Dieu était, Dieu est, Dieu sera toujours présent, Il est l'Éternel, Il est « Je Suis ».

שְׁמַע יִשְׂרָאֵל, יְיָ אֱלֹהֵינוּ, יְיָ אֶחָד.

« Shema Israël, Adonai eloheinou, Adonaï ehad »[6]

Aller à la rencontre de Dieu, entrer en communion avec Lui dans la prière et la méditation, c'est bâtir notre vie, notre existence non sur du sable, mais sur un rocher inébranlable et indestructible. Concrètement et pratiquement, ces personnes ayant échoué et renoncé à la Foi, ont été absorbées ou aveuglées dans et par leurs soucis. Certes, ces problèmes et ces inquiétudes sont concrets et réels au moment où ils sont vécus. Hélas, malgré leurs prières, elles n'ont pas

---

[6] « Ecoute Israël, l'Éternel est notre Dieu, l'Éternel est Un »

réussi dans leur démarche spirituelle à ouvrir leur cœur et leur esprit, au-delà de l'aspect « soucis et problèmes ». Elles ne sont jamais, et j'insiste sur le mot « jamais », parvenues à se décentrer d'elles-mêmes et de leurs soucis. J'ose affirmer pour la simple et excellente raison que, si ces personnes avaient réussi à prendre du recul face à leurs problèmes, furent-ils gravissimes dans l'instant présent, elles auraient certainement rencontré Dieu au travers de leur prière et dans leur vie. Dieu n'est ni une fadaise ni une ineptie. Dieu est un Être concret. Une rencontre, même fugace avec Dieu, nous transforme instantanément et définitivement à l'instant même, où que nous soyons. Il en fut ainsi pour Abraham, pour Moïse, pour les prophètes, pour Saint Paul ou Saint Padre Pio et Saint Charbel, sœur Emmanuelle ou Sainte Teresa de Calcutta. C'est tout aussi vrai pour les innombrables personnes, ces saints anonymes à travers les âges, les temps et lieux ayant rencontré Dieu un jour dans leur vie aux quatre coins de la terre. Ce qui m'amène à dire que si ces personnes ayant renoncé à la prière avaient rencontré effectivement le Seigneur, elles n'auraient objectivement et définitivement plus jamais tourné le dos à Dieu. Objectivement, cela leur aurait été totalement impossible tant la rencontre marque profondément l'individu. À regret, ces personnes sont donc, à l'image du poisson rouge qui tourne en rond inlassablement dans son bocal sans jamais réussir à en sortir. Toutefois, je n'accuse, ni ne juge, ces personnes qui ont renoncé. Au contraire, je les comprends. Je ne fais que regretter ce genre d'attitude menant trop souvent à l'abandon et trouve cela si triste et navrant.

Dans un souci de clarté, voici une autre comparaison très actuelle, bien de notre temps, fruit de nombreux voyages aux quatre coins du monde.

Imaginez un avion prêt à rejoindre sa piste d'envol. Vous venez de vous installer et d'attacher votre ceinture. Les portes sont fermées, les réacteurs ronronnent, tout va bien. Ils sont prêts à donner leur pleine puissance pour le décollage à la moindre sollicitation des pilotes. Oui, mais voilà, le personnel au sol a oublié d'enlever les sabots posés à l'avant et à l'arrière des roues. Dans ces conditions, vous n'irez nulle part. L'avion ne bougera pas d'un mètre. Comme pour cet avion, ces personnes n'ont pas réussi leur « Take off », elles sont descendues de l'avion et ont abandonné.

Ne pas réussir à aller « au-delà » de nos problèmes, ne pas réussir à transcender notre prière, c'est courir quasi systématiquement à l'échec dans le cheminement vers Dieu, sauf pour les débutants. J'insiste sur ce point !

Aussi, si vous êtes novices dans l'approche de la prière et la vie spirituelle, Dieu sait que vous débutez. Il va vous épauler par ses chemins à « décoller » vers Lui, « à marcher » vers Lui. Pourquoi ?

Parce que si le Dieu chrétien est un Dieu relationnel, Il est aussi transcendant. Il est « Je Suis » et Il fera tout pour vous aider à le rencontrer parce qu'Il vous aime. Il est votre Père céleste.

Dès lors, rien de plus normal qu'un père ne souhaite rencontrer son enfant, non ? Si aux prémices de votre vie spirituelle, vous considérez en toute humilité que vous ne savez rien, que vous ne connaissez rien, que vous reconnaissez avoir tout à apprendre, Dieu le sait, le voit et vous regardera avec grande tendresse. Il vous prendra par la main pour vous apprendre à marcher vers et avec Lui. Si a contrario, vous vous placez dans l'attitude de Monsieur ou Madame « Je sais tout », vous allez droit dans le mur et l'impact fera mal.

Au contraire, adoptez l'attitude confiante d'un petit enfant qui apprend à marcher. Pas à pas, il tend ses bras vers ses parents qui le regardent tendrement. Laissez-vous aider par Dieu, par Jésus Lui-même, par la Sainte Vierge Marie. Comme cet enfant plein de confiance en son papa et sa maman, ayez confiance, abandonnez-vous à Dieu, en Jésus, en la Sainte Vierge Marie. Le désert, ce sera pour plus tard. Chaque chose en son temps.

Beaucoup de personnes voulant chercher Dieu n'ont toujours pas assimilé, et ce, malgré les siècles d'enseignements, que le Tout-Puissant est Esprit, que cet Esprit n'est pas comme les autres esprits. Il est autrement plus haut, Il est totalement différent. C'est pourquoi un des noms de Dieu est le « Tout Autre ». Celui-ci lit et scrute notre cœur, nos pensées, nos intentions, notre âme et par conséquent, notre esprit. Si cela peut sembler évident pour certains, peu en ont conscience ou le comprennent en vérité.

Si Dieu qui est souffle de vie peut lire notre esprit, Il est aussi le seul à pouvoir le faire. Il est en effet totalement interdit aux autres esprits de pouvoir lire notre âme, en ce compris, celui du Malin. Tous ces esprits hormis celui de Dieu, se tiennent totalement à l'extérieur de l'homme et de la femme. Tous ces esprits sont donc étrangers[7] à l'être humain. C'est un aspect vraiment très important de la vie spirituelle que je vous invite à retenir. C'est pourquoi, le Malin ne peut que nous tenter, nous inciter, nous suggérer, nous pousser à, mais jamais il ne peut nous obliger sans que nous le voulions ou l'acceptions de notre plein gré. Telle est notre liberté qui nous est donnée par Dieu. Offerte par le Tout-Puissant, elle nous est infinie, mais cette liberté engendre aussi et surtout notre responsabilité vis-à-vis de nous-mêmes, de Dieu, des hommes et des femmes, hier comme aujourd'hui et comme demain. À ce sujet, je vous invite à lire, relire, à analyser et à méditer dans la Genèse, la scène de la pomme, son

---

[7] 1 Pierre 5, 8

déroulement précis, presque minuté, entre Ève et le Malin,[8] mais encore les conséquences qui s'en suivront. L'Esprit de Dieu a ses règles qui sont, de toute éternité, immuables. Bien des croyants ne l'ont toujours pas assimilé. Combien n'ont pas essayé de changer Dieu en tentant, en échouant surtout, de le mouler à leur image. En d'autres termes, de vouloir mettre Dieu à leur service.

Grossière erreur ! Dieu résiste toujours aux orgueilleux. Il nous appartient par conséquent et dans l'humilité, si nous voulons voir nos prières effectivement exaucées, de nous conformer aux règles du Tout-Puissant et, non aux nôtres.

Dieu n'est pas dans le ciel assis sur un nuage voluptueux. Il est dans l'Agapao de notre esprit. Pour y arriver, vous devrez faire taire autant que possible le vilain singe toujours trop bavard qui sommeille en vous. Certes, vous ne réussirez pas systématiquement à le faire taire, mais que ce soit un objectif, oui. Si vous ne réussissez pas aujourd'hui, persévérez, recommencez demain jusqu'au jour où vous vivrez une belle victoire. La persévérance est une clé essentielle dans la prière. Tous les religieux, les priants et les religieuses vous le confirmeront.

**Important :** Ne vous sentez jamais coupable d'échouer à réduire au silence, le singe parleur vous inondant de pensées diverses, voire troubles. C'est un apprentissage. Dieu sait et voit vos efforts. Il voit votre persévérance, votre assiduité ou votre renoncement. Dans ce cas et pour rappel si vous débutez, Il vous aidera, soyez-en certain. Soyez motivé et ne renoncez jamais. Avec le temps, jour après jour, vous verrez naître cette attitude positive porteuse de beaucoup de fruits qui nourriront votre développement tant personnel que spirituel.

En visitant voici quelques années une église vide, abandonnée par ses fidèles, mon attention fut attirée par un livre de prières. Il était posé là, négligemment sur un banc. Étant curieux de nature, je ne pouvais m'empêcher de m'en saisir. M'attendait-il ? Avec sa couverture toilée noire complètement usée et ses pages intérieures jaunies par l'usure du temps, l'ouvrage était visiblement ancien. En lisant l'introduction, rédigée dans un excellent français par un évêque de l'époque dont j'ai oublié le nom, il rappelait l'urgence évidente de prier pour tous les fidèles. Intrigué, regardant l'année d'édition, l'ouvrage datait de l'année 1900. Les catholiques étaient alors sous le règne du Pape Léon XIII. Plus de cent années se sont écoulées. Des horreurs et atrocités ont ravagé le siècle passé, dont les abominations des deux guerres mondiales. Pourtant, rien n'a fondamentalement changé sur la terre et dans le cœur des hommes.

---

[8] Génèse 1, 6

Chacun en conviendra, la science, toutes disciplines confondues, a certes réalisé depuis 1900, des progrès inouïs. Chaque jour ou presque nous apporte ses lots d'évolutions et d'innovations technologiques, mais intrinsèquement et fondamentalement, non, rien n'a vraiment changé. Il y a 5000 ans ou de nos jours, les souffrances humaines demeurent hier comme aujourd'hui. Constatation loin d'être anodine ou optimiste, je l'admets bien volontiers, mais tout un chacun, tôt ou tard, nous y sommes confrontés à un moment au cours de notre vie. Cela demeure l'un des plus grands mystères de l'existence humaine auquel, même Jésus-Christ, le Fils de Dieu n'a pas échappé. Et comme nul n'est au-dessus du Maître...

Dans toutes ses apparitions, comme à Beauraing en Belgique, la Sainte Vierge Marie demande toujours avec la même insistance aux hommes et aux femmes de tous les temps de prier, de prier beaucoup, de prier sans cesse. On comprend pourquoi...

Quoi de plus étonnant dès lors en vivant au 21ᵉ siècle, dans un monde, dans une société laïcisée, multiculturelle, fortement métissée et toujours plus athée, en profonde mutation selon les pays et les continents, de nous retourner spontanément, instinctivement, vers Dieu Notre Père, vers Notre Seigneur Jésus-Christ et vers le Ciel. Nous le faisons pour nous rassurer, recevoir de l'aide, et nous permettre d'appréhender le plus sereinement possible, notre vie et ces changements majeurs de temps, d'époque et de civilisation que nous connaissons actuellement. Ne sommes-nous pas tous nés d'un seul Père ?

Inutile de se voiler la face ou de pratiquer la méthode Coué. Il est évident qu'en 2018, un trop grand nombre de chrétiens vit un temps réellement difficile de l'histoire du christianisme.

Avec l'arrivée de l'intelligence artificielle, voici que certains parlent aujourd'hui d'un « Humanisme numérique » présenté comme étant la nouvelle et ultime « religion ». À ce sujet, il existe même une « église du numérique » située aux États-Unis avec ses rites et cultes. Si tout cela peut sembler de prime abord stupide pour le chrétien bien dans sa tête, il n'en demeure pas moins que l'I.A[9] est bel et bien déjà présente dans notre vie au quotidien. Celle-ci prendra inexorablement toujours plus de place dans notre vie et le tout ira en s'accélérant dans les années à venir. Soyons attentifs et particulièrement conscients. Devenus pour eux obsolètes, certains philosophes et autres élites intellectuelles nous annoncent même carrément la fin des religions monothéistes à moyen et long terme. En somme, avec l'intelligence artificielle se développant rapidement, l'homme a littéralement « créé » son nouveau dieu.

---

[9] I.A : Intelligence artificielle

Pour ces élites bien-pensantes et les transhumanistes, notre Dieu, Lui, est déjà mort et enterré. Pour qui connaît un tant soit peu la Bible, attention toutefois au retour de bâton... J'en reparlerai plus en détail dans les pages qui suivent.

Pour d'autres raisons que nous connaissons à travers les médias, le sang chrétien innocent a beaucoup trop coulé ces dernières années, les larmes aussi. Ce sang et ces larmes de nos frères et de nos sœurs crient sans cesse justice vers le Ciel. Je ne doute pas une seconde que Dieu entend nos cris d'horreurs et de supplications monter de la terre, hier comme aujourd'hui et demain. Loin de moi l'idée de verser dans le catastrophisme et le négativisme ambiants, propres à notre société actuelle. Mais, dans de telles conditions, soyons honnêtes. Admettons qu'il n'est pas toujours aisé de chanter nos louanges au Seigneur face à toutes ces horreurs. Les images défilent devant nos yeux : les violences inouïes subies, dans la plus grande barbarie, par nos frères et nos sœurs chrétiens en plusieurs endroits de la planète, dont l'Afrique et le Moyen-Orient ; que dire encore de toutes ces injustices économiques, toujours trop silencieuses, mais atteignant systématiquement les plus faibles d'entre nous dans bien des pays, sous le regard médusé ou devenu franchement indifférent du plus grand nombre. Après tout, « tant qu'on n'est pas concerné » ai-je déjà entendu dire...

L'absence et la privation de ressources financières suffisantes pour de plus en plus de familles sont une autre grande violence et l'un des cancers les plus honteux et scandaleux de notre époque. Ces gangrènes économiques érigées en système par le politique et le monde de la finance engendrent des coûts sociaux toujours plus lourds à assumer par la société dans son ensemble. À force de diminuer les rôles sociaux des états pour la préservation des plus faibles, réalisés au nom d'économies imposées, de dettes publiques à rembourser, une des plus grandes escroqueries de tous les temps se déroule sous nos yeux. L'argent est le roi triomphant de ce monde sur le dos de l'immense majorité des êtres humains tout simplement. Mon propos ne se veut pas politique, il n'est qu'un constat affligeant et la réalité de ce que vivent et subissent chaque jour des milliards d'hommes et de femmes sur terre.

Ces nouvelles pauvretés, ainsi qu'on les nomme pudiquement de nos jours, entraînent des désordres sociaux tout en faisant naître les rancœurs, les jalousies, l'agressivité et la violence, beaucoup trop de violences.

Haine, jalousie, rancœurs diverses, extrémisme à caractère religieux ou non, agressivités interpersonnelles, violences exacerbées, injustices économiques ou autres états sensibles, divisions, ne sont pas et n'ont jamais été des états d'esprit inspirés par Jésus-Christ, par Dieu, mais uniquement par le Malin, celui que l'on appelle Satan ou diable.

En regard de ce qui précède, je ne peux moralement, ni ne veux par honnêteté intellectuelle et spirituelle, faire l'économie de ne pas l'évoquer dans ce livre destiné à tous, et en particulier aux « débutants ».

Face aux ravages que le Mal opère actuellement dans notre monde et notre société, en tant que personne spirituelle ou en devenir, il est primordial de saisir les enjeux du combat spirituel auquel, tous les humains, sans exception aucune, sont confrontés concrètement. Pourtant, si tous les humains sont concernés, il existe néanmoins une énorme différence. Je dirais même un fossé abyssal, entre ceux qui prient et qui ont conscience des réalités spirituelles et ceux qui ne prient pas, ne croient pas. Dans une société culturellement dominée par la science, les premiers parviennent à discerner le Mal par l'action de l'Esprit Saint. Les seconds en sont dans l'impossibilité. Les premiers peuvent se prémunir du Malin, les seconds en subissent toujours les conséquences à court, moyen ou long terme. Les premiers ont un antidote en la personne de Jésus-Christ. Les seconds s'ancrent dans leur raison et leur logique et deviennent par leur renoncement ou leur opposition à la Foi, des aveugles boiteux qui errent dans un vaste désert spirituel. Dans ce désert, seules la raison et la science prédominent principalement à la recherche du profit mais aussi de pouvoir atteindre par les progrès de la science : l'immortalité. Prométhée est plus que jamais, un mythe moderne.

Pour les premiers, comme la Sainte Vierge l'a clairement stipulé à Bernadette Soubirous lors d'une apparition à la grotte de Lourdes : « Je ne vous promets pas de vous rendre heureuse en ce monde, mais dans l'autre ».

Pour les seconds, ayant tantôt abandonné et succombé aux propositions du Malin ou, n'ayant pas opposé de résistance aux multiples tentations, font et feront inéluctablement de leur vie, un enfer ante et post mortem. La célèbre locution latine attribuée non pas à un père de l'Église, mais à Sénèque[10] en est le meilleur reflet :

« Errare humanum est, perseverare diabolicum ».

Au cours de ma vie, j'ai connu des personnes vivant loin de Dieu qui, dans leur dernier instant sur terre, souhaitaient répondre à un ultime appel intérieur, celui de la conversion. Dieu étant par essence profondément Bon, il est toujours possible pour ces enfants de Dieu de se retourner in extremis vers Jésus-Christ le Miséricordieux. Il leur tendra sans nul doute cette dernière planche de salut vers la vie éternelle. Penser ou croire que nous pouvons prier sans ne jamais être confrontés tôt ou tard au Malin, c'est se leurrer dangereusement.

---

[10] « L'erreur est humaine, persévérer dans l'erreur est diabolique ».

Ne craignons donc pas d'aborder la question du Mal en méditant attentivement trois passages et deux extraits de la Bible.

Le premier se trouve dans l'Ancien Testament, le second dans le Nouveau et les Évangiles. Le premier extrait que je vous propose de méditer se situe dès la première page, dans le Livre de Job :

« Le jour où les fils de Dieu se rendaient à l'audience du Seigneur, le Satan, l'Adversaire, lui aussi, vint parmi eux. » « Le Seigneur lui dit : "D'où viens-tu ?" L'Adversaire répondit : "De parcourir la terre et d'y rôder."[11]

Autre version :

"Or, un certain jour, comme les fils de Dieu étaient venus pour assister devant le Seigneur, Satan aussi se trouva au milieu d'eux". Le Seigneur lui demanda : d'où viens-tu ? Satan répondant, dit : J'ai fait le tour de la terre, et je l'ai traversée ».[12] Je ne résiste pas à vous donner la version de la Bible de Jérusalem...

« Le jour où les Fils de Dieu venaient se présenter devant Yahvé[13], le Satan aussi s'avançait parmi eux. Yahvé dit alors au Satan : « D'où viens-tu » -- « De rôder sur la terre, répondit-il, et d'y flâner. »

Enfin, dans une autre version de la Bible, nous pourrons lire la réponse du diable qu'il donne à Dieu : ***« de me promener ».***

Le Diable qui, comme vous le savez de nos jours selon l'état de pensée du monde, n'existe pas, le voici qui « flâne, se promène, rôde et traverse la terre des hommes ».

Analysez et méditez en profondeur ces mots et tout ce qui en résulte jusqu'à aujourd'hui. Ces citations sont édifiantes et si la datation du Livre de Job n'est pas précise, certaines sources remontent jusqu'à 1400 ans avant Jésus-Christ, d'autres, plus généralement admises, situent le texte entre le IVe et le VIe siècle avant J-C.

*Continuons avec les célèbres tentations du Christ...*

---

[11] Job 1 - 6 ; 7 (Bible online AELF)
[12] Job 1 - 6 ; 7 — bible « La Vulgate »
[13] Yahvé = « Je Suis » = « Dieu »

Nous pouvons ainsi lire dans l'Évangile de Saint Matthieu :

« Alors Jésus fut conduit au désert par l'Esprit pour être tenté
par le diable.
Après avoir jeûné quarante jours et quarante nuits, il eut faim.
Le tentateur s'approcha et lui dit :

"Si tu es Fils de Dieu, ordonne que ces pierres deviennent des pains."
Mais Jésus répondit :
"Il est écrit : l'homme ne vit pas seulement de pain,
mais de toute parole qui sort de la bouche de Dieu."
Alors le diable l'emmène à la Ville sainte, le place au sommet du Temple
et lui dit : "Si tu es Fils de Dieu, jette-toi en bas ;
car il est écrit : Il donnera pour toi des ordres à ses anges, et ils te
porteront sur leurs mains, de peur que ton pied ne heurte une pierre."
Jésus lui déclara : "Il est encore écrit :

Tu ne mettras pas à l'épreuve le Seigneur ton Dieu."

Le diable l'emmène encore sur une très haute montagne et lui montre tous
les royaumes du monde et leur gloire. Il lui dit : "Tout cela, je te le
donnerai, si, tombant à mes pieds,
tu te prosternes devant moi."

Alors, Jésus lui dit :

"Arrière, Satan ! Car il est écrit :
C'est le Seigneur ton Dieu que tu adoreras, à lui seul tu rendras un culte."

Alors le diable le quitte.
Et voici que des anges s'approchèrent, et ils le servaient ».

Nous avons donc globalement réuni ici les principales tentations par lesquelles le Malin attaque d'emblée l'homme. Quelles sont-elles ? Le pouvoir, les richesses, la gloire, les possessions sous toutes ses formes, mais aussi défier Dieu, la gourmandise, la jalousie, l'idolâtrie et bien d'autres encore qui toutes, rejoignent en fin de compte, l'orgueil. Nous savons qui en est le père ! Bon exercice spirituel que je vous donne, sur base de ces passages tirés des Évangiles, discernez tout ce que le diable propose à Jésus en les transposant dans notre époque et dans notre quotidien. À la place de Jésus, auriez-vous tenu bon ?

Nous ne pouvons faire l'impasse sur ces aspects importants même si de nos jours ils sont niés par un grand nombre de personnes.

Ils sont à retenir, à méditer, et à développer dans notre vie de prière en les ramenant à notre quotidien, pour appréhender sereinement notre combat et, sur ce quoi nous avons à lutter dans notre vie spirituelle. Qu'en toutes choses, nous agissions comme le fît Saint Antoine le Grand[14]. Celui-ci, après avoir lutté seul contre Satan et ses anges plusieurs nuits de suite, avoir été torturé physiquement, alors qu'il voyait Jésus se tenant dans la même pièce et appelait au secours le divin Maître, Saint Antoine lui demandera plus tard pourquoi Il n'était pas venu le secourir. Selon les écrits, Jésus lui répondit avec grande tendresse qu'Il avait regardé son combat courageux, mais qu'il n'avait pas regardé vers Lui, le Christ. Autrement dit, dans les combats quotidiens de notre vie, l'unique issue victorieuse réside dans le seul fait de ne jamais cesser de regarder vers Jésus et uniquement vers Lui. Car comme le rappelle très justement Saint Paul[15], « c'est quand je suis faible que je suis fort ».

Retenons aussi du premier passage ce qui suit : Dieu peut s'adresser et dialoguer avec le diable. Remarquez la politesse de l'entretien, aucune vulgarité. À l'image des hommes, celui-ci jouit d'une grande liberté. Mais tel que décrit dans le « Livre de Job », non seulement, l'homme juste fut rétabli et plus encore après ces terribles épreuves, mais Satan pensant « tenter » Dieu s'en trouvera malgré lui, utilisé par le Tout-Puissant pour démontrer la valeur de Job. Étonnant n'est-il pas ? Transposons maintenant ces quelques données dans le présent du vingt et unième siècle... Comment dès lors s'étonner encore de toutes ces injustices, de toutes ces violences, de toutes ces horreurs sur notre planète !

À titre personnel, je suis admiratif devant la force de caractère et de résistance du Christ face aux assauts du diable. Comprenons que déjà dans cet épisode, Jésus a vaincu le Mal.

Face au refus catégorique de l'homme de sombrer dans les plus énormes tentations pour l'être humain en général, le Malin, aura sa réponse : oui, Jésus est le Fils de Dieu. Il est son ennemi définitif à abattre. Citant mot à mot des paroles prophétiques, connaissant donc parfaitement les Saintes Écritures annonçant le Messie, aveuglé par son orgueil, acculé devant les réponses du

---

[14] Saint Antoine le Grand, appelé aussi, Saint Antoine du désert est le père de la vie monastique. Antoine le Grand, également connu comme Antoine d'Égypte, Antoine l'Ermite, est considéré comme le fondateur de l'érémitisme chrétien. Il serait né vers 251 et mort vers 356 ap. J-C à l'âge de 105 ans, entre les bras de ses deux disciples, Macaire l'Ancien et Amathas. Il est fêté le 17 janvier par les catholiques et les orthodoxes.
[15] Paul, 2 Corinthiens 12, 8-10

Christ, le diable n'aura d'autres choix que de se retirer. Pourtant, il sait au vu des réparties de ce Jésus rempli de Dieu qu'Il n'est pas comme les autres hommes. Il n'a pas encore compris qu'Il est le Verbe fait chair, qu'Il est en fait la Parole du Dieu Très-Haut, son ennemi juré. Qu'il a Dieu en face de lui, ni plus, ni moins. Que c'est Lui, ce Jésus affamé après 40 jours de jeûne dans le désert qui l'écrasera définitivement, en signant par une mort d'homme, aussi infâme qu'injuste sur la Croix, puis par la puissance de la Résurrection au troisième jour, la victoire totale et définitive de Dieu sur la mort annoncée par les prophètes, attendue et espérée depuis l'épisode de la pomme croquée par Adam et Ève.

Soyons confiants et dirigeons-nous vers cet ami fidèle qu'est Jésus-Christ. Oui, nous pouvons nous retourner vers ce Jésus que même le diable reconnaîtra ce jour-là comme Fils de Dieu. Un Jésus qui, déjà en son temps, disait à ses disciples, comme Il nous le dit encore aujourd'hui de manière incessante par cet avertissement en regard de l'actuelle misère galopante, et de la déchristianisation de la société humaine :

**« Des pauvres vous en aurez toujours »[16]**
**« Trouverais-je encore la Foi lorsque je reviendrai ? »[17]**

Toutes ces horreurs et ces souffrances ne peuvent que nous interpeller et nous réveiller. Il n'y a pas, jamais de fatalité. Toutefois, de nos jours, nous sommes confrontés à une réelle urgence devenue humanitaire, en bien des endroits sur la planète, parfois tout près de chez nous. Toutes ces négativités nous invitent à nous poser la question du MAL écrit en grandes lettres. Vous savez, celui que plus personne ne nomme par son nom. On feint de l'ignorer, puis on en arrive à croire son plus grand mensonge, celui de nous faire intégrer peu à peu, l'idée qu'il n'existe pas. Ou alors, on relativise son existence, ses dégâts. Et pourtant, il existe cet esprit-là et comment ! Devenu ignorant des réalités spirituelles, je suis souvent sidéré de voir les ravages du Malin qu'il exerce globalement, tant sur la société, que sur les jeunes en particulier. Certains d'entre eux deviennent même ses adorateurs. À ce niveau culminant, nous sommes dans l'inconscience totale. Voici un exemple qui en dit long : complètement surréaliste, inimaginable hier dans un monde alors bien plus équilibré qu'on ne le pense généralement, observons avec stupeur qu'une statue à son effigie, a été érigée sur une place publique à Philadelphie aux États-Unis. Nous en sommes-là en 2018… Comment dès lors ne pas établir de rapprochements avec les Écritures et plus particulièrement l'Apocalypse de Saint Jean que d'aucuns font ?

---

[16] Matthieu 26, 11
[17] Luc 18, 8

Il est évident que bien des passages de ce célèbre Livre peuvent être transposés à notre temps et ne pas forcément et absolument être associés et attribués à Néron « 666 » et à son époque. Les atrocités commises par les affidés de l'état islamique voici peu et d'autres encore en différentes régions du monde sont un autre exemple concret de notre temps qui montre à quel point le Malin peut faire chuter des hommes, en leur faisant perdre toute humanité, toute âme humaine. Au vu de ces horreurs que vous apprenez, souvent dans la plus totale indifférence, par les médias, certains vont même jusqu'à dire, que nous humains, n'avons plus rien à apprendre du diable. Alors oui, il est temps aujourd'hui de le répéter aux hommes comme aux femmes, aux enfants particulièrement, que le monde de l'esprit existe.

Comme évoqué plus haut, dans un monde ultra technologique en pleine mutation avec l'arrivée au pas de charge des I. À[18], voici déjà les prémices de « l'Humanisme numérique »[19]. La presse, les médias nous susurrent que cet « humanisme numérique » qui pointe son nez se définit comme étant la nouvelle religion universelle avec son église, ses rites et ses cultes. Si la proposition peut faire sourire et sembler de prime abord complètement farfelue, détrompez-vous !

Cette nouvelle « religion du numérique » est chargée de remplacer selon certains spécialistes et autres philosophes avertis, les trois religions monothéistes : judaïsme, christianisme et islam, ni plus, ni moins. Nietzsche n'avait-il pas déclaré « Dieu est mort » ? Dès lors, « l'humanisme numérique » se propose de l'enterrer définitivement. De plus, au vu de l'abandon de la pratique religieuse et de la Foi par de nombreux occidentaux, ces paroles du Christ sont un rappel accablant et criant : « ... quand le Fils de l'homme viendra, trouvera-t-il la foi sur la terre ? »[20]

Nous chrétiens, que nous soyons catholiques, protestants ou orthodoxes, peu importe notre rite, nous avons par conséquent le devoir urgent de rappeler, d'enseigner, de rééduquer les plus jeunes en les préparant le mieux possible aux problématiques et défis spirituels de demain. Nous devons veiller entre autres choses au contenu des méthodes pédagogiques enseignées de nos jours à nos petits dès leur plus jeune âge. Parents chrétiens ou non, soyez attentifs, toutes les méthodes actuelles sont contaminées par l'athéisme au prétexte facile de laïcité et sous le contrôle des « neurosciences ».

---

[18] I.A : Intelligence artificielle. Elle est et sera toujours plus appliquée aux robots, mais aussi à tous les algorithmes et plateformes numériques que nous connaissons déjà.

[19] Milad Doueihi est historien des religions et titulaire de la chaire d'humanisme numérique à l'université de Paris-Sorbonne, chaire thématique du Labex OBVIL et de la ComUE Sorbonne-Universités.

[20] Luc 18,8

À titre personnel, sans être un réactionnaire, un intégriste catho antiprogressiste et contre les technologies nouvelles, tant s'en faut, je considère l'heure grave, voire très grave ! Tous, nous avons le devoir d'expliquer clairement aux enfants dès leur plus jeune âge, franchement et dans un langage actuel, que l'être humain a une âme et un esprit. Qu'il est une personne avec un corps physique, mais qu'il est aussi un être spirituel. Nous devons les amener à la compréhension que toutes matérialisations bonnes ou mauvaises démarrent au cœur de l'esprit. Que sans l'esprit, nous ne sommes rien de plus qu'un minuscule caillou perdu quelque part dans l'univers ! Il est devenu extrêmement urgent de rééduquer la jeunesse en lui expliquant sans ambages que dans ce monde où nous naissons, grandissons, vivons et mourrons, Dieu existe, mais aussi le Mal. Je ne voudrais pas terminer sans rappeler malgré ce « cadre noir » qui n'est pas celui de Saumur, que notre Dieu est bien plus fort et puissant que ce Malin, aussi malin et quelques fois « numérique » soit-il. Que nos enfants comprennent qu'il n'a d'autre but que de détruire l'homme et la substance même de son esprit. Est-ce de la naïveté, une espérance idiote, vaine et stupide ? Pour avoir assisté en 2006 à un exorcisme pratiqué par un prêtre de l'Église catholique selon les règles établies, je vous dis catégoriquement non. Je n'oublierai jamais cette expérience. À la limite, je trouverais salutaire pour chaque être humain d'assister, une fois dans sa vie, à une telle libération, une telle délivrance. C'est là, dans ce duel impitoyable entre l'homme et le Malin que l'on comprend que les réalités spirituelles existent très concrètement.

C'est au cœur de cette expérience que l'on vit et que l'on voit toute la Puissance infinie de Dieu, de Notre Seigneur Jésus-Christ. C'est là pour l'exemple que l'on saisit pleinement que nous avons un très grand Dieu qui nous aime. Toutes ces réalités spirituelles vont bien au-delà de ce que les gens de notre temps n'imaginent même plus, sinon pour se faire peur au cinéma. Heureusement pour nous, malgré l'apparence d'un mal triomphant sur tout et partout, Dieu dans sa Sagesse infinie ne nous a pas abandonnés. Dans ce combat impitoyable mettant en place des forces qui nous dépassent, nous ne sommes pas sans défense. Il nous faut le répéter sans cesse, le Très-Haut et Tout-Puissant Jésus-Christ, devant qui tous genoux plient, a vaincu définitivement ce mal.

Autant que possible, ne cessons de tourner notre regard vers Lui dans notre vie de tous les jours, comme dans la prière. Sa Puissance est sans limites lorsqu'il s'agit de nous aider, de nous sauver. N'oubliez jamais cela, quoique vous viviez, quoique vous subissiez aujourd'hui. Même et surtout si votre situation actuelle vous semble désespérée. C'est à ce moment précis et maintenant que vous devez tenir bon dans votre confiance et votre Foi.

Pour vous y aider, lisez, relisez et méditez souvent dans votre Bible, le Livre de Job. Conscient de cela, la plus belle et première prière que nous pouvons, à notre époque, adresser à Dieu, est de le remercier tout simplement de pouvoir encore prier librement, de le remercier intensément pour notre Jésus Sauveur. Que ce soit extérieurement ou intérieurement, de comprendre encore qu'une personne qui prie est déjà sauvée, au-delà de sa situation ou de ses problèmes du moment.

Ne cherchez jamais aucune excuse, c'est toujours le renoncement et le fatalisme qui conduit à l'échec dans la prière. Si vous ne percevez pas les réponses à vos supplications, adoptez alors l'attitude de la femme devant le mauvais juge de la parabole[21]. Souvenez-vous toujours que les apparences sont particulièrement trompeuses dans ce combat. L'ennemi de l'homme n'hésite jamais à les utiliser. Aucune prière ne reste lettre morte, même si Dieu y répond en son temps qui n'est pas le nôtre ; par ses chemins qui ne sont jamais les nôtres. La bouche étant le prolongement naturel de l'esprit, toutes paroles, bonnes ou mauvaises, heureuses ou malheureuses, de bénédiction ou de malédiction, d'amour ou de haine, de prières ou non, mais sortant de notre bouche, reviendront toujours vers nous sous une forme ou une autre. Nous sommes libres oui, mais nous sommes aussi responsables de cette liberté. Et dans cette liberté est particulièrement inclus chaque mot, chaque phrase que nous disons chaque jour, chaque minute de notre vie. Telle est la vérité.

Si de nos jours, la liberté d'expression est un droit inaliénable de l'être humain, tout droit entraîne des devoirs. Soyons donc particulièrement conscients de cet aspect tant dans notre vie quotidienne que dans notre vie spirituelle. C'est encore pourquoi je suis convaincu que toute prière offerte avec cœur, par amour et avec amour, ne demeure jamais inexaucée ou vaine espérance. C'est ainsi qu'avec tout autant de confiance, je vous dis : Que Dieu exauce vos prières. C'est le souhait que je formule pour vous.

---

## 2.   Mais qu'est-ce que la prière ?

Le dictionnaire Larousse nous définit l'action de prier comme suit : « S'adresser à Dieu, à un être surnaturel pour l'adorer, l'honorer, le supplier, lui demander quelque chose. Ex. : Prier Dieu pour qu'il pleuve demain. » Autrement dit, prier, c'est dialoguer et chercher cette rencontre intime avec le Seigneur.

L'homme, par sa nature, aime demander. C'est évident ! Or, la prière ne se limite pas à une simple demande. J'insiste beaucoup sur ce point. Elle est avant tout un dialogue vivant entre vous et Dieu. Elle est aussi action de remercier Dieu, ce que beaucoup trop de gens oublient. À ce sujet, l'exemple des « dix lépreux » guéris par Jésus est éloquent, un seul sur les dix reviendra vers Lui pour le remercier.[22]

La prière est encore ce geste de réconciliation avec le Seigneur pour Lui demander son Pardon et sa Miséricorde pour nos fautes et nos offenses. La prière est enfin se mettre à l'écoute de Dieu, car notre Dieu fait tout concourir au Bien de la personne qui l'écoute. Comprenez-vous cette dernière phrase ? « Dieu fait tout concourir au Bien de la personne qui l'écoute[23] »... Méditez beaucoup cette parole. Imaginez votre cas si vous vous mettiez vraiment à son école, à son écoute. Imaginez la société, le monde, si vous preniez ce chemin d'humilité à travers son écoute. Se laisser aimer par Dieu et l'écouter. Se laisser transformer et conduire par le Seigneur dans notre vie, se laisser façonner petit à petit par le Tout-Puissant, se laisser modeler et guider par le Seigneur dans un laisser agir librement consenti.

Se laisser inspirer par l'Esprit Saint, permet de facto d'être dans la volonté de Dieu. Sachant que l'Éternel ne se trompe jamais pour chacun de nous tous, vous pouvez aisément imaginer tout le bénéfice personnel dont vous serez gratifié par une telle attitude. Nous sommes là au cœur de la prière, de la vie avec et en Dieu.

---

[22] Luc 17 ; 12-18
[23] Saint Paul aux Romains 8 ; 28

Une personne vivant concrètement Dieu depuis longtemps, un moine par exemple, vous dira que tout est prière. En effet, lorsqu'on a acquis cet état de conscience éveillée, atteint véritablement au moins une fois dans sa vie l'étage supérieur de la maison «pleine conscience», alors oui, vous constaterez et apprendrez immédiatement que tout est en fait, grâce sur grâce pour celui qui a osé faire confiance au Seigneur.

Il est par ailleurs amusant de savoir que la Science mène actuellement des recherches sur l'état de la pleine conscience. Si on est admiratif en étudiant la vie de saints ou saintes ayant vécu abondamment la pleine conscience et la présence de Dieu, cet aspect de la vie spirituelle dépasse souvent la plupart d'entre nous. Reconnaissons-le très humblement. Dommage, tant je suis convaincu que tous, nous pouvons y arriver avec de la volonté, de la persévérance et beaucoup d'amour.

Pour arriver à cette symbiose, il existe un chemin et ce chemin vers Dieu, c'est la prière du cœur que nous pratiquerons tout en menant une vie propre, équilibrée, saine et régulière. Une vie qui trouvera sa joie et son équilibre en l'accordant aux « Dix Commandements », appelés aussi « Décalogue, loi de Moïse ou loi mosaïque ». Sur le mont Sinaï, ce jour-là, Dieu a parlé aux hommes.

*Le Mont Sinaï*

# 3.   Les Dix Commandements, kézako ?

Pour se remémorer les « Dix Commandements », les découvrir ou les réapprendre, il nous faudra remonter pour la plupart d'entre nous au temps béni du catéchisme. Si vous n'avez pas de catéchisme, prenez votre Bible et mettons-nous en route vers l'Ancien Testament et le Livre de l'Exode, au chapitre 20, versets 1 à 17. Nous retrouverons également les Dix Commandements dans le Livre du Deutéronome au chapitre 5. Ils constituent une recommandation forte, insistante de Dieu permettant aux hommes de construire une relation tout en les laissant libres de leurs actes. C'est un appel à l'amour et à la liberté qui structurent toute relation humaine et sociétale.

Dans la foi chrétienne, les dix paroles s'articulent autour de l'unique et même commandement de l'amour de Dieu et du prochain. Souvent nous opposons à la morale des Dix Commandements (la loi), celle des Béatitudes (la promesse). Cette opposition est factice. Les deux textes désignent deux faces différentes de la même « morale ».[24]

En parcourant ces pages, on comprend aisément que de nos jours, ces règles de vie sont occultées voire moquées à travers la, les soi-disant « libérations » de notre époque. Dans les faits, ces « Pseudo libérations » enferment et aveuglent l'homme, le privant de toute lumière divine. À ce sujet, le comportement des gens marchant en rue, nez vissé sur l'écran de leur smartphone suffit à nous convaincre. Que dire encore de personnes se mariant « juste pour faire la fête » ? C'est de l'entendu et du vécu ! Pourtant, le Christ n'a jamais aboli ces célèbres « Dix Commandements ». Au contraire, Il les a vécus et accomplis pleinement jusqu'à la perfection. Jésus a certes condamné la rigidité de cœur des hommes par rapport à la loi, mais jamais le contenu des immortelles tables. Pourquoi ? Parce que ce sont des Paroles de vie qui, librement acceptées, comprises et vécues, vous amènent au bonheur dès ici-bas. Ces dix règles vous rendent libre et juste, rien que cela.

Aussi, comprenons que prier Dieu sans vivre les Commandements, qui nous conduisent aux Béatitudes[25] enseignées par Jésus, n'a guère de sens. Or, c'est bien souvent ce qui arrive à notre époque avec la libération exacerbée des mœurs, le relativisme et le négativisme ambiant, sans oublier bien entendu, l'activisme effréné. Concrètement, comment pouvons-nous prétendre être heureux en étant jaloux de son voisin, en convoitant son conjoint ou conjointe, en enviant l'achat du smartphone dernier cri qu'il aura eu le malheur de vous montrer ? Pauvre voisin !

---

[24] Église catholique en France
[25] Matthieu 5, 1-12

Comment encore avoir la conscience tranquille, en laissant sciemment, ses parents esseulés qui nous ont aimés, éduqués, soignés jusqu'à l'âge adulte, mais que nous avons abandonné depuis longtemps dans une maison de repos, sans jamais les visiter ? Ou alors, une fois ou deux par an. Après tout, « ils sont bien là où ils sont » et « je n'ai pas le temps ». « On s'occupe d'eux ». « Ils ne sont pas seuls ». Personnellement, rien de tout cela n'est gratifiant pour votre développement personnel et votre quête du bonheur. Ce ne sont que quelques expériences de vie connues, la liste est loin d'être exhaustive, bien entendu. Tout comme vous probablement, je n'ai jamais apprécié les mots « lois » et « règles ». Ces mots semblent limiter et porter atteinte à notre liberté. En ce sens, admettons volontiers qu'au départ, ce sont des mots assez rébarbatifs pour la simple et bonne raison que nous les interprétons dans le mauvais sens. En l'occurrence, nous devrions plutôt parler de chemin vers le bonheur et de joie dans la vie. Malheureusement, beaucoup ne l'ont pas compris à l'époque de Moïse, encore moins aujourd'hui. C'est tellement vrai que Jésus, le Verbe de Dieu, a dû venir Lui-même rappeler sévèrement aux hommes le sens de ce chemin, de ce qu'il était en vérité. Il est tout aussi exact de dire que l'être humain a un art consommé de compliquer tout, particulièrement ce qui est simple. Or, Dieu est simple. Ainsi, les israélites, à partir des Dix Commandements, réussiront l'exploit d'en rédiger et imposer six cent treize toujours d'actualité dans le judaïsme. Ils sont appelés « Mitzvot » et se composent de 248 commandements positifs et de 365 commandements négatifs. En fait dans la vie, l'homme a deux choix possibles. Soit, il désire vivre sa vie sous le regard, la protection et la bénédiction de Dieu ; soit, il ne prie pas et se tient de facto, loin de Dieu, de sa Lumière et de ses Bénédictions. Ceux et celles vivant ou essayant de vivre au quotidien les Dix Commandements constateront au fil du temps que ces derniers se fondent à deux commandements et une conclusion que Jésus a annoncées aux hommes.

Le premier

> **« Aime le Seigneur ton Dieu de toutes tes forces,
> de toute ton âme, de tout ton esprit ».**

Le deuxième

> **« Aime ton prochain comme toi-même ».**

Conclusion

> **« Aimez-vous les uns les autres
> Comme Je vous ai aimés ».**

Méditez, décortiquez les Dix Commandements et les Béatitudes dans tous les sens du terme, vous arriverez toujours à cette attitude, celle d'aimer.

Trois fois le verbe « aimer », car Dieu est Amour.

**Dieu nous aime et nous demande d'aimer.
Ni plus ni moins. Tout est là.**

Si nous aimons, nous ne tuons pas. Nous ne voulons et ne faisons aucun mal à personne. Nous ne sommes pas jaloux ou envieux. Nous ne cherchons pas à convoiter la femme du voisin. Au contraire, nous sommes heureux que celui-ci ait une jolie épouse, de beaux enfants et qu'il ait la capacité financière, grâce à son travail, de pouvoir s'acheter un nouveau smartphone dernier cri et une nouvelle voiture pour sortir sa famille.

**Vous le voyez, tout est état d'esprit.**

Enfin, à l'image du Père et de Jésus miséricordieux, nous pardonnons tout. Nous ne retenons aucune aigreur contre personne autant que faire se peut. Mais au vu de l'état du monde et de la société, ce chemin de vie semble visiblement compliqué à suivre pour une majorité de gens. Dès lors, si vous n'aimez pas, si vous ne vivez pas les règles immuables de Dieu, comment voulez-vous que Dieu réponde favorablement à vos prières ?

Surtout, n'accusez pas Dieu de tous vos maux. En revanche, remettez-vous en question et changez. Alors les fruits de vos prières naîtront dans votre quotidien. C'est la règle, la loi et les paroles des Prophètes depuis des milliers d'années et qui, même de nos jours, sont tout autant incontournables. En conformant votre vie avec ces règles simples, en changeant votre état d'esprit dans le sens de Dieu, j'ose affirmer sans crainte de me tromper que Dieu écoutera et exaucera vos prières.

Trouvez ou retrouvez cette intégrité morale à l'image de Dieu, qui vous fera percevoir la vie comme Lui la voit. Le faisant, nous mettons nos lunettes avec deux lentilles : les siennes et les nôtres. Celles de la compassion, celles de la pitié, celles du pardon, celles de la compréhension, celles de l'amour tout simplement. En ouvrant notre esprit à celui de Dieu, nous comprenons l'homme, nous quittons nos rancunes, nos haines, nos peurs aussi. L'exemple de Joseph refusant de trahir son maître en succombant aux charmes de la femme de ce dernier est un exemple parfait de probité. Une vie avec Dieu, mais sans morale ni fidélité est un leurre. Que ce soit dans l'histoire de Job ou de Joseph, voyez comment Dieu rétablit ces deux hommes ne se connaissant pas. L'intégrité morale n'est-elle pas ce qui fait tant défaut à notre monde, à notre société actuelle ? Se poser la question, c'est, je le pense, objectivement déjà y répondre. Être fidèle à Dieu n'est pas être intégriste. C'est être intègre moralement jusqu'à la mort autant que faire se peut. Les intégrismes religieux comme idéologiques, mais aussi politiques ou financiers, n'entraînent que mort et ruine. La civilisation de l'amour, dont je parlerai dans le Volume 2[26] de la série Connexion : « Les Dix Commandements » ne peut donc se construire sur les intégrismes. Quels que soient ceux-ci par ailleurs. Elle doit poser ses fondations sur l'intégrité morale sans pour autant tomber dans un moralisme rigoriste interdisant tout et n'importe quoi, privant in fine l'homme de toutes libertés comme cela s'est déjà vu en certains lieux et époques.

Pour clôturer ce point, je précise clairement que les prières ne sont pas des formules magiques issues de vieux grimoires médiévaux. Non, ce ne sont pas de vieilles recettes de grand-mère qui vous feront changer l'eau en billets de banque. Il n'existe pas de prières infaillibles comme je le lis quelques fois dans certains recueils. Certes, certains textes de prières sont, disons, forts, mais certainement pas infaillibles. Ceci pour la simple raison que tout dépendra toujours et systématiquement de la volonté de Dieu ou non d'exaucer votre prière. Jésus parlera souvent dans les Évangiles de la volonté du Père. Que toutes les prières reprises dans ce livre soient fortes, je n'en doute pas. Que certaines touchent le cœur même de Dieu, je n'en doute toujours pas, mais rien, à mon sens, ne remplacera jamais la prière spontanée née selon les circonstances dans l'intime de votre cœur, celles aussi appelées « prières flèches ».

En parcourant les Évangiles, observons comment les gens implorant l'aide de Jésus s'adressent à Lui. Ce sont toujours des prières très courtes, mais d'une grande richesse intérieure. Elles expriment parfaitement un besoin d'aide qui s'inscrit dans une urgence humaine à un instant de la vie. Aussi, n'hésitez pas. Puisez abondamment à travers les prières de ce livre pour vous inspirer selon votre situation du moment, mais surtout n'oubliez pas que la prière née dans votre cœur est l'ultime but. Ces inspirations personnelles deviendront alors au fil du temps, d'authentiques dialogues avec votre Père céleste. En revanche OUI, en vivant Dieu dans une vie de prière régulière, vous n'obtiendrez rien de moins, si vous êtes dans le besoin, que ce qu'on appelle la « Divine Providence ».

Pour l'avoir souvent vue à l'œuvre dans ma vie, je vous prie de croire que ce sont de merveilleux et inoubliables moments lorsque nous la voyons en action pour nous aider, ou encore pour nous sortir d'une situation particulièrement délicate.

---

[26] Du même auteur : « Les Dix Commandements » Volume 2 de la série « Connexion » à paraître

Prier, c'est se préparer chez soi un petit coin de prière. Une petite table, une icône bénie, une bougie bénie, une Bible bénie ouverte, de l'eau bénite, un chapelet, un peu d'encens béni, sans oublier du sel exorcisé dont vous placerez quelques grains aux quatre angles de chaque pièce de votre maison. Et pourquoi pas le présent livre !

Certes, dans l'absolu tout cela n'est ni obligatoire ou indispensable pour prier. Toutefois, ces éléments constituent une nourriture et des repères pour le priant, surtout au début de son cheminement. L'endroit que vous aurez choisi deviendra votre lieu de rencontre avec le Tout-Puissant. Aménagez-le avec soin et amour. Cela étant dit, s'il m'arrive de prier dans des sanctuaires ou des églises, je prie également sur mon lit tout simplement. Agissez selon l'inspiration de votre cœur. S'il semble évident et plus aisé d'atteindre le plus intime de soi dans un lieu destiné à la prière, comme une église, un temple ou un sanctuaire, ceci n'est en rien une obligation. N'oublions pas que Dieu est partout présent !

À ce sujet, rappelons-nous les paroles de Jésus-Christ, LE maître absolu de la prière : « Mais toi, quand tu pries, retire-toi dans ta pièce la plus retirée, ferme la porte, et prie ton Père qui est présent dans le secret ; ton Père qui voit dans le secret te le rendra.[27] ». Si prier chez soi est une manière de vivre souhaitable, souvenez-vous toujours que les églises sont toutes de saints lieux, où notre batterie spirituelle est rechargée. C'est tout aussi vrai dans les sanctuaires et lieux d'apparition de la Sainte Vierge Marie. Lourdes, Fatima, Banneux, Beauraing, Medjugorje, la Rue du Bac à Paris, Notre-Dame-du-Laus, Notre-Dame-de-la-Salette et tant d'autres endroits de par le vaste monde, vous gratifieront de nombreuses grâces et vous feront ressentir au plus intime de vous, la présence réelle et concrète du Divin. Rome, Cascia, San Giovanni Rotondo en Italie par exemple. La Terre sainte, Jérusalem, le Saint Sépulcre, Bethléem, sans oublier

---

[27] Matthieu 6 ; 6

tous les saints lieux où Notre Seigneur Jésus-Christ a laissé des traces de son passage au travers des « Miracles Eucharistiques ».

L'Abbaye de Bois Seigneur Isaac — Monastère de Saint Charbel et Bruges en Belgique ou encore Lanciano en Italie et Montserrat en Espagne, sont autant de lieux qui vous invitent pour vous témoigner que le Christ est le Vivant parmi nous.

Si Google est votre ami, il vous renseignera sur tous ces lieux saints, les hébergements et les moyens d'y accéder. Enfin, souvenons-nous toujours que lors de chaque messe, le Seigneur est présent dans l'Eucharistie pour les catholiques et les orthodoxes.

Même si cela procure un bien fou au corps, à l'âme, à notre esprit, il n'est écrit nulle part que nous devions impérativement et obligatoirement nous rendre à des centaines ou des milliers de kilomètres pour rencontrer le Seigneur Dieu Tout-Puissant. Tout le monde n'est pas apte à faire le pèlerinage de Saint Jacques de Compostelle en Espagne. C'est évident !

Les pèlerinages, les retraites spirituelles dans un sanctuaire ou une abbaye, sont autant d'occasions que Dieu met sur notre route pour nous aider dans notre vie intérieure et la vie tout simplement au sein de la société et du monde. J'en témoigne à titre tout à fait personnel. Ce sont toujours des moments forts et intenses. On en repart toujours plus riche et apaisé. Si les pèlerinages étaient au Moyen-Âge demandés pour l'accomplissement de pénitences, ou alors, pour répondre à un vœu personnel, ils ne constituent en rien une obligation spirituelle ou une exigence de l'Église. Je tiens à être très clair sur ce point.

Aussi, tout comme pour l'action de prier, de fréquenter une église, de se confesser, d'assister à la messe et de recevoir l'Eucharistie, le pèlerinage répond toujours à une invitation divine à se mettre en route. Dieu ne vous demandera jamais de vous endetter, pour vous rendre en pèlerinage en Terre Sainte ou à Rome. Si sa volonté est de vous conduire en pérégrinations de par le vaste monde, Il vous fera parvenir par sa Divine Providence, les moyens financiers pour vous y rendre. Cela, je l'ai aussi vécu plus d'une fois. Dans ce cas, sentez-vous comme étant l'invité de Dieu qui vous reçoit dans sa demeure. Et croyez-moi, Dieu sait recevoir...

Si rien ne vous oblige, ne vous freine, que votre situation financière vous permet d'assumer vos devoirs d'état et plus encore, alors et alors seulement, je vous encourage autant que possible à vous rendre régulièrement dans tous ces saints lieux.

Par ailleurs, ayant connu au cours de ma vie un temps de pauvreté, presque la misère, je peux témoigner haut et fort, que Dieu est partout présent, omniprésent. Même dans un train de banlieue, un métro, une toilette publique ou sur un parking d'autoroute, dans votre voiture. Cette dernière est par ailleurs un endroit que j'apprécie beaucoup pour prier.

## 5.   Comment prier ?

La prière ne va pas forcément et absolument de soi. Elle nous implique en tant qu'être humain dans toutes ses dimensions, dans toutes nos dimensions. Paix et silence sont de mise dans la rencontre avec Dieu. Avant de prier, prenez quelques minutes, fermez les yeux, imprégnez-vous du silence et respirez calmement. Éteignez votre smartphone, votre radio, votre télévision ou votre ordinateur. Coupez ces liens entre vous et le monde qui ne cessent de distraire l'esprit humain. Facebook et autres réseaux sociaux peuvent souffrir d'attendre une demi-heure ou une heure pour recevoir vos réponses aux nombreuses notifications. Si la photo du chat de votre amie est assurément affaire vitale pour vos bonnes relations, je pense que Dieu est largement plus important que cette photo à « aimer », « liker », toutes affaires cessantes !

À vous bien évidemment de choisir vos priorités...

La règle première est de ne vous laisser distraire par rien autant que possible. Toutefois, si tout n'est que bruits et distractions autour de vous, alors offrez dans l'humilité ces bruits, ces nuisances et ces inattentions au Seigneur. Vous reprendrez plus tard ce moment de prière. Le Seigneur est patient, soyez, vous aussi patient !

Respirez profondément et expirez plusieurs fois calmement. Détendez-vous, relaxez-vous. On ne prie jamais correctement dans le stress ou l'énervement. N'oublions pas que Dieu est calme et serein. Soyez, vous aussi calme et serein, à l'image de votre Père céleste qui vous attend pour ce moment de partage et de rencontre. Vous avez passé une journée exécrable ? Demandez immédiatement en prière d'entrée, que Dieu, que Jésus, vous donne sa Paix et son Esprit de prière. Dans 99,99 % des cas, cette prière est rapidement exaucée. Preuve s'il en était besoin que Dieu vous attend sereinement.

Ce temps de préparation à la prière est capital. Ne le négligez pas. Il doit vous permettre de vous abandonner, de faire ce fameux « lâcher-prise ». Même si vous avez reçu ce matin un coup de bambou avec une facture à payer que vous ne pourrez pas honorer dans les délais impartis, Dieu le sait. Tout comme Il connaît vos besoins, vos nécessités les plus urgentes, et même le nombre de cheveux que vous avez sur la tête. Donc, récapitulons : détendez-vous, respirez quelques minutes, tout en douceur plusieurs fois. Quand vous sentirez le calme et la Paix vous envahir, alors vous pouvez commencer pleinement votre temps de prière. Pour « bien » prier, il faut en éprouver le désir. Si on aime Dieu, Jésus, la Sainte Vierge Marie, ce désir ressenti de prier, est appel de Dieu à la prière. Il vient spontanément. C'est réellement Dieu qui vous invite à le rejoindre.

Toutes sensations intérieures qui vous stimulent à prier, c'est le Seigneur qui vous les inspire. Tout ce qui vous éloigne de la prière, tout ce qui vient perturber ou vous empêcher de prier, c'est le Malin. Simple, non ?

Vous constaterez avec le temps et l'expérience que votre prière va se transformer petit à petit, comme par enchantement. Elle va passer d'un langage très terre à terre (ex. votre méchante facture dont vous ne savez toujours pas comment la payer) en un langage toujours plus amoureux vers le Seigneur qui vous aime et vous attend.

### Réalisez-vous que Dieu vous aime ?

C'est à ce moment précis que nous entrons alors dans la prière contemplative. Celle que j'appellerai en ce qui me concerne, être « au cœur de la prière ». Ne placez surtout pas votre prière sur le terrain de l'intelligence et de la raison. En effet, la prière n'est en aucune façon une activité psycho cérébrale. N'essayez surtout pas de ne penser à rien. Si vous tentez de faire taire le méchant singe parleur qui ne cesse de vous harceler, vous allez juste réussir à faire une chose : vous endormir et faire une bonne sieste.

Si la prière nécessite de votre part d'être concentré sur Dieu, elle ne doit pas vous amener à vous figer comme une statue de marbre dans la position du lotus. À moins d'être un routinier expérimenté des poses des moines tibétains, vous n'êtes pas a priori une statue du Bouddha. Les crampes douloureuses, les fourmis dans les bras et les jambes envahiront votre corps et votre temps de prière prendra fin rapidement. Au contraire, adoptez une position, une attitude correcte et confortable que vous appréciez tout simplement, tout naturellement.

Le but n'est pas non plus de vous hypnotiser devant le miroir de votre salle de bain, mais d'aller au plus profond de vous-même, d'amener votre intelligence, votre raison, votre imagination et le singe parleur au cœur de votre esprit, là où Dieu est et vous attend. La vraie prière n'est pas une attention sans défaillance, mais le désir d'appartenir toujours davantage au Seigneur. Prier est donc bel et bien un échange entre vous et Dieu, Dieu et vous, dans une relation toujours plus forte, intime, amicale et amoureuse.

### Dieu vous aime, Jésus vous aime, et vous ?

Vous pouvez à présent imaginer le chemin parcouru par votre facture, au demeurant toujours impayée, et ce qui est devenu un échange amoureux...
Là, vous pourrez alors dire sans ambages :

« J'ai prié »

Je vous « entends » me dire :

« C'est bien beau tout cela et ma facture alors ? »

Rassurez-vous. Dieu vous aime, vous aimez Dieu, Il connaît vos devoirs d'état. Vous êtes allé à sa rencontre, vous avez établi un lien en Lui, soyez dès lors certain qu'Il vous aidera à payer cette horrible facture. Par ses chemins, vous ne manquerez fondamentalement jamais de rien. Je l'atteste, c'est du vécu.

Prier, c'est l'union de votre esprit qui rejoint l'Esprit au-dessus de tous les esprits. Vous devenez alors temple de son Esprit. Avec un tel temple, un tel Esprit en dedans, croyez-moi, vous serez bien paré, armé et défendu pour affronter toutes les circonstances de votre vie que je vous souhaite par ailleurs la plus heureuse possible.

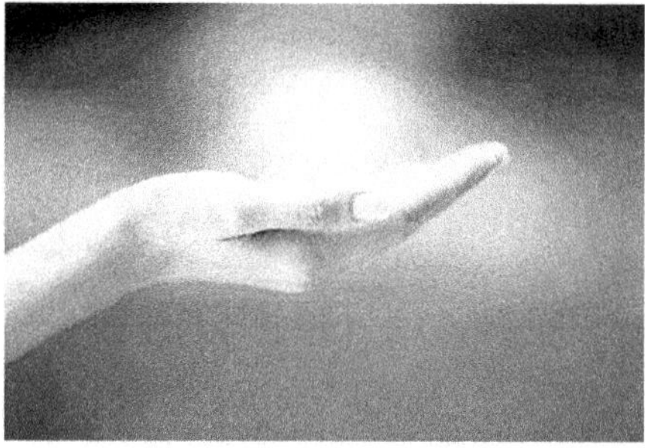

Oui, mais que cela ne devienne pas une habitude. Si cela s'inscrit dans la durée, considérez que très probablement le Malin vous attaque pour vous empêcher de prier.

Que faire alors ?

Réponse : Offrir votre ennui, votre lassitude et persévérer, encore persévérer, toujours persévérer. Simple, non ? ... Vous, faites votre part, le Seigneur fera la sienne en son temps et à son heure. Ayez confiance, Il n'est pas aux abonnés absents. Il sait que vous êtes là et que vous le priez, soyez en certains ! Oui, Dieu est poli et très éduqué. Dites-vous dans ces moments de profondes solitudes qu'Il ne veut pas vous déranger, vous interrompre. Il écoute attentivement dans son silence vos prières. Certes, parfois, un sentiment d'ennui très aigu peut vous envahir. De ces moments où l'on se demande franchement si nous ne perdons pas notre temps. Ne vous découragez pas en sachant que certains saints et saintes, sans les nommer, trouvaient quelques fois le temps fort long devant le Saint Sacrement.

Si Dieu ne dort jamais, Il peut et sait parfaitement se faire désirer. En lisant certains passages du Livre des Psaumes ou mieux encore en méditant le Cantique des Cantiques, vous apprendrez beaucoup sur le langage amoureux. Celui assurément que le Seigneur apprécie.

Voyez ces instants comme faisant partie intégrante du dialogue amoureux entre vous et Lui. Avec Dieu, on ne perd jamais son temps, on apprend à le connaître, comme on découvre un frère, un ami. Courage !

Les larmes, si elles ne sont de tristesse ou de regrets, peuvent être aussi de rire, de joie ou de douleur. Comme le sang, les larmes sont un élément important qui jaillit de votre corps pour exprimer une émotion à un moment précis. Dans la prière, elles indiquent souvent une purification intérieure de votre âme, de votre esprit.

Elles sont un signe tangible de délivrance, de libération, de réconciliation. Elles sont une manifestation de Dieu spécialement pour vous qu'il vous appartient d'analyser et de comprendre par vous-même.

Les larmes peuvent également être un charisme spécifique donné par Dieu qu'on pourrait qualifier de «compassion». Les personnes ayant un «grand cœur» ont souvent ce charisme des larmes.

Je voudrais rassurer ici les personnes qui débutent dans la vie spirituelle. En priant, particulièrement au début de votre cheminement, il se peut que vous vous mettiez à pleurer abondamment, et cela sans raison apparente. Ne voyez pas dans ces larmes une tristesse de Dieu à votre endroit ni une période de dépression causée par la prière. Tout au contraire !

En forme de clin d'œil, je vous dirai si cela vous arrive dans le cadre strict de votre vie spirituelle, fût-ce de manière récurrente pour un temps, voyez-y un «bon signe». Alors, prévoyez des mouchoirs en suffisance, sait-on jamais...

## 8.  Je prie et je n'arrête pas de bâiller.

Le bâillement, comme les larmes, peut indiquer plusieurs états.

En spiritualité, si par exemple vous priez le Rosaire, devant le Saint Sacrement, ou vous participiez à une veillée de prières, à une célébration eucharistique et que vous bâillez sans arrêt, c'est souvent un signe que Jésus opère en vous une libération ou une délivrance.

Il en est de même pour les renvois pouvant entraîner des vomissements sans cause directement digestive. Idem pour ce qui concerne les accélérations subites du rythme cardiaque, les flatulences, les envies inattendues de vous rendre aux toilettes.

Concernant les accélérations du rythme cardiaque, un sentiment de panique voire de mort imminente peut vous envahir. Si cela se passe dans un cadre stricto senso spirituel, j'insiste sur ce point, que vous vous trouviez dans un lieu saint, n'ayez pas peur et reprenez le contrôle de votre respiration. Pour l'avoir vécu, mes pulsations étaient montées à plus de 185/min, c'est paniquant sur l'instant, mais cela ne dure que quelques minutes. Vu que c'est Dieu Lui-même qui agit, soyez autant que possible en paix. Dans ces moments, la présence d'un prêtre auprès de vous est rassurante. Qu'il soit clair évidemment que nous parlons ici dans un cadre stricto spirituel et non dans un cadre médical. Un infarctus est un événement majeur nécessitant des soins médicaux immédiats et n'est jamais une libération émanant du Seigneur.

Discernement, discernement... prélude de la vie spirituelle, cela peut vous paraître étrange, mais si de telles choses surviennent dans votre vie, soyez dans la joie et rendez grâce à Dieu. Maladie ou autres, vous avez été libéré de quelque chose de mauvais, de négatif. Dieu est positif et n'admet pas les « mauvaises présences "en" sa » Présence.  En d'autres termes, Il veut toute la place et la prend dès que vous l'invitez à venir vous rencontrer. Le Bien ne fréquente pas le Mal sinon pour l'expulser loin de sa face, car celui-ci Lui fait horreur.

En seconde partie de ce livre, des prières de délivrance, de libération et d'exorcisme vous seront proposées. Elles sont à considérer comme à l'image de la pharmacie familiale installée dans votre salle de bain. On ne l'utilise jamais sauf en cas de besoin réel et urgent. Comme dit précédemment, si le Bien existe, le Mal, le diable, Satan et ses légions d'anges mauvais existent aussi. Pour rappel, Saint Pierre est à ce sujet très explicite dans sa 1<sup>re</sup> lettre[28].

Dans notre monde hyper technologique, on relativise et banalise tout. Hier comme aujourd'hui, l'enfer est quant à lui, toujours autant pavé de bonnes intentions depuis la nuit des temps. Si tout chrétien peut invoquer des prières de délivrances pour ses frères et sœurs en besoin, il n'en est pas de même concernant l'exorcisme proprement dit qui est un cas rare et spécifique. Un tel cas, une telle situation nécessite donc un très sérieux discernement. J'insiste fermement sur ce point. Sommes-nous en présence d'un cas de possession satanique authentique ou d'une maladie psychique, voire physique ?

Par conséquent, ne vous prenez **jamais** pour un exorciste.

Ne vous impliquez par ailleurs jamais en rien dans ce qui touche de près ou de loin à l'occultisme et au satanisme. Sans forcément voir le mal partout, les pièges et tentations sont nombreux de nos jours. Particulièrement si vous vivez une situation amoureuse ou financière délicate et difficile. C'est très souvent dans ces situations que le malin attend l'être humain en mal de curiosité, de dépit, de désir ou de détresse face à un sérieux problème. Il vous proposera toujours quelque chose, une solution immédiate attrayante, mais hélas, vous en payerez toujours la note tôt ou tard.

Parmi les pièges habituels du Malin, citons la séduction, les plaisirs faciles, les dépravations sexuelles, les addictions de toutes sortes et les drogues, sans oublier toutes les incitations aux violences, à l'orgueil, aux gourmandises, et bien d'autres encore. Ces propositions seront toujours et systématiquement toutes plus insidieuses les unes que les autres.

Les messes noires, les magies blanches ou noires, la sorcellerie, mais aussi l'astrologie, la voyance, le « New Age », le spiritisme, la radiesthésie, les tarots, le vaudou, le Rawka, les invocations aux djinns, sans oublier les rose-croix, la franc-maçonnerie à tous les degrés, la numérologie, certaines spiritualités orientales, le « Nazar boncuk ou œil bleu » etc. font partie intégrante du satanisme et il n'y a pas à transiger sur le sujet.

---

[28] 1 Pierre 5 : 8

Cherchez et vivez l'Esprit de Dieu, mais ne jouez ni n'invoquez **jamais** les autres esprits qui tous, sans exception, lui sont inférieurs. Aller à leur rencontre provoquera en vous et autour de vous de très sérieux problèmes. Abstenez-vous donc, vous qui souhaitez vivre en paix, en bonne santé, heureux, ou heureuse et prospère. Dans le même ordre d'idée, ne vous laissez jamais influencer par des amis à participer même passivement à ces pratiques fut-ce par jeu, curiosité, ou défi.

Pour les catholiques et les rares cas, j'insiste sur le mot « rares », de possession diabolique, c'est-à-dire une personne dont le démon a envahi le corps et l'esprit, seul un prêtre ordonné peut être exorciste et venir en aide à cette malheureuse personne. Feu le regretté et Saint Pape Jean-Paul II le Grand était un exorciste réputé, reconnu et redoutable. Pour ce faire, le prêtre doit se préparer à la confrontation parce qu'il s'agit bien d'une confrontation. Avant d'entrer dans l'arène, il devra beaucoup prier, s'être purifié autant que possible de tous péchés dans la confession et pratiquer le jeûne très fréquemment. Enfin, il aura été nommé officiellement à cette charge par un évêque. Lui seul, en effet, a autorité pour permettre un exorcisme officiel dans l'Église catholique. Quel que soit votre pays et lieu de résidence, sachez que chaque diocèse a un exorciste attitré. Si la charge d'exorciste est vacante dans votre diocèse, adressez-vous à un autre diocèse. Si vous agissez pour aider une personne incapable de se déplacer, décrivez au prêtre, lors de votre entretien, le plus précisément possible la situation que traverse cette personne en souffrance.

Il n'est pas du ressort du commun des mortels de s'attaquer à Satan lui-même. En effet, de nombreux exorcistes, mal préparés ou ayant perdu ne fut-ce qu'une once de leur foi dans le combat, l'ont payé cash de leur vie. Nous ne sommes pas ici au cœur d'un célèbre film d'épouvante des années soixante-dix, mais bien au cœur de la Foi et du combat entre le Bien et le Mal.

Dans un épisode des Évangiles, Jésus a repris sévèrement ses disciples à la suite d'un échec lors d'un exorcisme[29] l'obligeant à intervenir en personne. Dans ces moments, Il prend toute sa hauteur de Fils de Dieu. Il est le Christ de Gloire et toutes les Puissances du Ciel Lui sont soumises. Il est le béni, l'oint de Dieu. Rien ni au Ciel ni sur la terre ne peut Lui résister.

Il est vraiment le « Tout-Puissant Jésus-Christ ». Il est notre « Bon Jésus », Sauveur des hommes. Au regard de ce qui précède, les seuls mots qui nous viennent alors aux lèvres sont et seront :

### « Merci Jésus — Je t'aime Jésus ».

---

[29] Matthieu 17 ; 15-20

Sachons que dans ce combat, le Malin utilise toutes les armes à sa disposition. Il ne fait strictement aucun cadeau à son opposant. Je salue par ailleurs, le courage héroïque de ces prêtres risquant leur vie gratuitement, par pour amour de Dieu, du Christ, des hommes et des femmes.

Je le répéterai sans cesse : ne voyez pas le Mal partout, ne vous croyez pas possédé(e) toutes les cinq minutes à chaque carrefour mais ne tombez pas non plus, dans les pièges du démon. Et Dieu sait si ces pièges sont nombreux sur la route de l'homme et de la femme, au cœur de notre époque dépourvue de discernement.

Si vous pensez être l'objet d'attaques spirituelles provenant d'autres personnes ou directement sataniques, ce qui est beaucoup plus courant que les cas dits de « possession diabolique », parlez-en avec un prêtre. Il doit vous aider. Demandez-lui de prier en vous imposant les mains pour couper tous liens avec le Mal. Si ce prêtre vous semble « loin » du sujet ; qu'il relativise exagérément l'existence du Malin voire qu'il nie son existence ; qu'il vous renvoie de facto vers la psychiatrie, attention, vous êtes probablement en présence d'un prêtre ayant perdu la Foi. Dans ce cas, adressez-vous à un autre prêtre sans aucune hésitation. Aussi, peu importe ce que l'on vous dira sur le sujet du Mal, de Satan ou de ses légions d'anges mauvais. Ils existent et ceci n'est pas négociable.

Pour éviter d'en arriver à de telles extrémités, menez une vie saine et régulière. Priez souvent, demandez la protection de Dieu pour vous, pour votre famille, pour vos enfants, pour vos amis, mais aussi pour vos ennemis. Cherchez et demandez toujours à Dieu de vivre dans la Vérité, la sienne, non la vôtre ou celle des hommes...

Demandez à Jésus de vous couvrir de son Saint Sang, à la Sainte Vierge Marie de vous envelopper de sa maternelle protection. Placez-vous sous la protection de Saint Michel Archange. Recevez et prenez fréquemment l'Eucharistie. Confessez-vous plusieurs fois par an et ne cherchez pas les problèmes.

Si enfin le sujet vous intéresse, je vous recommande le livre très documenté de Don Fusco[30], « Pour se défendre du Malin ». Il a été exorciste au Vatican et dispose d'une grande expérience en la matière.

---

[30] Don Fusco – ISBN 9782951740150

# 10.  Quid du jeûne dans la prière ?

Il ne s'agit bien évidemment pas d'un régime alimentaire ou diététique, histoire de pouvoir enfiler facilement votre maillot de bain lors de vos prochaines vacances.

Le jeûne est une très ancienne pratique sacrificielle plurimillénaire. Jésus a jeûné quarante jours au désert[31]. C'est et ce doit toujours être un sacrifice important librement consenti que vous offrez à Dieu par amour. Vous devez être en bon état de santé pour le vivre. Ne le pratiquez jamais si vous êtes faible ou malade. Au fil du temps, l'Église catholique a fortement allégé la règle du jeûne. Elle ne demande plus que deux jours de privation dans l'année. Soit le Mercredi des Cendres, 1er jour de Carême qui dure 40 jours, et le Vendredi Saint avant Pâques. Les personnes âgées en sont dispensées ainsi que les malades.

Nombreux, de nos jours, sont admiratifs devant le ramadan qui consiste en un jeûne durant le jour, et qui est suivi par les festins la nuit. Sans diminuer ses mérites, le jeûne chrétien est beaucoup plus dur et difficile à vivre, s'il est pratiqué correctement et à fond. Dieu ne reste jamais insensible à ce type de sacrifice.

Le jeûne ne constitue pas seulement en une privation alimentaire conséquente. Il peut être par exemple une épreuve de silence total, de privation renoncement à tout ce que vous aimez faire habituellement. Il doit y avoir sensation de privation pendant un laps de temps pour pouvoir parler de jeûne effectif.

Il peut aussi se pratiquer en « Action de grâce » envers le Seigneur pour le remercier d'avoir obtenu une faveur ardemment souhaitée.

---

[31] Matthieu 4 ; 01-02

Le jeûne n'est pas une compétition olympique. N'allez jamais au-delà de vos forces. Pour l'avoir pratiqué, le jeûne vous purifie spirituellement et vous renforce indéniablement dans la prière. Il est un combat contre vous-même et contre le tentateur qui ne manquera pas de venir vous ennuyer dans votre démarche. Si j'osais dire, « c'est le jeu ». Souvenons-nous que c'est au moment où Jésus eut faim, que le diable vint le tenter, pas avant !

Quel que soit le motif de votre jeûne : intercédez auprès du Seigneur pour qu'Il vienne en aide à une personne connaissant de grosses difficultés, ou encore solliciter une faveur personnelle importante ou en remerciement pour une grâce reçue, n'omettez jamais de vous confesser avant de débuter votre jeûne ! Demandez au Seigneur de vous aider dans votre démarche en vous donnant sa force pour résister jusqu'au bout. Offrez-Lui ensuite votre jeûne pour votre intention précise.

Que le jeûne demeure une exception, une expérience qui deviendra inoubliable pour vous, une saine pratique, jamais une habitude devenant complètement obsessionnelle. Souvenez-vous, Dieu vous regarde...

### Amen, Alléluia ! ...
J'en suis très heureux pour vous !

Dès à présent, n'oubliez pas de remercier et de louer le Seigneur qui a répondu à vos prières. Témoignez sans tarder des grâces reçues de Dieu : des petites choses courantes de la vie, un emploi obtenu, un problème résolu de manière inattendue ou une guérison miraculeuse.

### Rendez grâce et témoignez !

Le témoignage est essentiel dans la vie spirituelle. Il atteste que Dieu existe, que Jésus-Christ est vivant. Un témoignage interpelle toujours les personnes qui l'écoutent. N'en doutez jamais. Il amène les gens à s'interroger sur eux-mêmes et pour beaucoup, à entamer une démarche personnelle de retour vers Dieu et le Christ. Le Seigneur apprécie toujours qu'on rende témoignage à la Vérité. Celle des Écritures bien entendu, mais aussi de ce qu'Il a fait pour vous personnellement. Le christianisme est la religion du témoignage par excellence. Le Christ fait toujours de nous ses témoins dans le monde. C'était vrai il y a deux mille ans, ce l'est toujours aujourd'hui. Assister à des témoignages de personnes guéries miraculeusement, sont toujours des moments émotionnellement forts. Les témoignages encouragent la divine connexion entre l'être humain et Dieu. Pour remercier le Tout-Puissant, dites-lui simplement : « merci Seigneur ». Offrez une bougie, un cierge, une messe en Action de grâce ou encore un acte de charité. Vous pouvez aussi lui demander comment Il souhaite être remercié. Il vous l'inspirera lui-même...

C'est en rendant grâce que je fus incité à commencer à écrire mes livres... Ainsi, au travers de ces échanges vivants, le Seigneur peut vous indiquer, vous inspirer une nouvelle vocation à le servir.

Si le savoir s'acquiert par les études, puis se conserve et augmente au cours de notre vie, le chemin vers la connaissance, quant à lui, celui que l'on nomme communément la philosophie, demande que l'on se dépossède de soi. Un chemin s'ouvre alors à la mesure et uniquement à la mesure de la place que nous lui laisserons installer en chacun de nous, de l'espace que chacun lui consentira.

Si le savoir conduit rapidement à l'orgueil, à la vanité et à l'arrogance, en procurant un sentiment de toute-puissance, la connaissance invite à l'étonnement, à l'effacement de soi devant la beauté et l'immensité du mystère de Dieu. En effet, rien n'est dû, attendu, rien n'est familier, mais tout est offert au questionnement et à la contemplation de celui qui ne se prend pas pour le centre du monde. Tel est le pas le plus difficile à franchir, celui qui tient en ce décentrement, en cet arrachement à soi, ce nécessaire retrait pour pouvoir progresser.

« Or l'étonnement, l'émerveillement, la gratitude, le sens de la louange et de la bénédiction ne peuvent advenir que si l'individu ne se met pas à la première place, s'il n'occupe pas tout le paysage. Ils désignent ainsi toutes les floraisons qui jaillissent des infimes et innombrables morts à soi-même. Tant que l'individu ne considère que lui, - ses désirs, ses intérêts, ses problèmes et ses douleurs -, tant qu'il ramène tout à lui, le monde lui reste fermé. Il ne peut être touché par la beauté des choses, il se montre incapable d'attention à autrui, incapable de dire merci, et n'est enclin ni à l'admiration ni à la louange parce qu'il a l'impression qu'il y perd quelque chose. Le chant s'élève de celui qui n'est plus enfermé en lui-même, qui a renoncé à tout posséder. La louange requiert des mains vides et ouvertes, un cœur brûlant et débordant, des yeux émerveillés. Loin d'abaisser, d'amoindrir l'être qui la proclame, elle le resitue à se véritable place d'homme fragile et précieux, de passant « capable de Dieu », elle le redresse tout en le rendant léger. La louange révèle assurément un cœur généreux, mais surtout elle témoigne de la plus haute liberté de l'homme ».[32]

---

[32] Jacqueline Kelen. Le livre des louanges. Ed.A. Michel 2007

Prier pour soi est « naturel » pour l'homme. C'est inné, comme inscrit dans nos gènes. Dans la spiritualité chrétienne, prier pour les autres est tout aussi important. En regard de nos problèmes, de nos urgences, de nos besoins quotidiens, nous sommes parfois tentés et poussés à réduire notre prière à une longue litanie de supplications. Cette habitude peut conduire notre prière à devenir froide, sans fondement, centrée sur notre ego, voire égoïste. Or, comme vous le savez probablement, Dieu, n'apprécie aucunement l'égoïsme. Ne vous enfermez pas dans cette attitude. Je vous rappelle que Dieu connaît tous nos besoins.

Apprenez du Christ à ouvrir votre cœur et votre esprit à Dieu. Mais portez aussi dans votre prière ceux qui souffrent tout autant que vous. Soyez vous-même intercesseur auprès de Dieu pour les personnes qui vous demandent de prier pour elles. Ne vous sentez jamais indigne de prier pour autrui. La prière d'intercession est toujours porteuse de fruits aussi bien pour la personne pour qui vous priez, que pour vous-même. C'est une de ses grandes forces. Aimer son prochain comme soi-même, c'est aussi prier pour une personne qui vous est a priori étrangère. Soyez donc pour cette personne qui vous le demande, son « bon samaritain spirituel » de cœur et d'esprit. Ne refusez jamais une prière à qui vous le demande. C'est un devoir chrétien !

Les chrétiens prient les uns pour les autres, se soutiennent par et dans la prière. Dieu écoute toujours très attentivement ces supplications. Prier sincèrement et avec cœur pour une personne que vous ne connaissez pas, manifeste de votre part une grande ouverture d'esprit et de cœur. Ici comme toujours, regardez l'attitude de Jésus. Il guérit, Il exorcise, Il encourage, Il enseigne, Il rassure ceux qui l'écoutent. Faites de même autant que possible et osez imiter le Christ.

Jésus l'a promis, là où deux ou trois sont réunis en son Nom, Il est au milieu d'eux. Cela veut dire que là, où des personnes prient ensemble, Jésus vient et prie le Père avec elles. N'est-ce pas merveilleux ?

Les demandes d'intercession d'un groupe de prière, d'une assemblée unie, sont toujours porteuses de nombreux fruits. Je vous l'atteste pour en avoir coanimé un. Je vous invite à découvrir ci-dessous quelques intentions générales que personnellement, je considère comme étant particulièrement urgente en regard du temps présent.

Pensons et prions pour nous tous chrétiens, quel que soit notre rite. Peu importe que nous soyons catholiques, protestants, orthodoxes, chrétiens d'Orient ou d'Occident. Tous, nous croyons en Dieu. Tous, nous aimons Jésus-Christ. Prions les uns pour les autres pour que cessent toutes ces pressions sociétales contre la Foi, les chrétiens et le christianisme. Prions pour l'unité des chrétiens disséminés aux quatre coins du monde. Que cessent les schismes entre les différentes Églises. Que nous ne fassions plus qu'un comme le Père, le Fils et le Saint-Esprit sont Un.

Pensons et prions pour ceux qui ont abandonné la Foi. Pour ceux trop nombreux qui ont perdu confiance en Dieu, en Jésus-Christ, en s'installant dans un athéisme de confort. Pour ceux encore ayant tout abandonné de la vie spirituelle par manque d'enracinement dans l'Amour de Dieu et du Christ. Seigneur, ramène ces personnes sur le juste chemin de la Vérité et de l'Amour.

Pensons et, prions Dieu, Notre Père et Notre Jésus Sauveur afin qu'Il donne des signes tangibles de sa présence au cœur des hommes en recherche de la Vérité. Curieusement, c'est le plus souvent dans la souffrance et la détresse que l'être humain se tourne ou se retourne instinctivement vers ce Dieu qui nous semble si lointain, si indifférent à nos souffrances. De ces souffrances qui sont souvent, il est vrai de le dire et le reconnaître, atroces.

Prions le Seigneur pour que nous le trouvions en chacun de nous, dans notre esprit et notre cœur. Que Dieu nous apporte davantage que de la consolation, mais aussi toute son aide puissante face à nos misères. Dieu est profondément Bon. Aussi, que toutes choses qui nous arrivent soient le fait de sa volonté. Pensons et prions beaucoup pour nos frères et nos sœurs, chrétiens d'Orient. Ils ont tout subi ces dernières années, sans jamais renoncer à leur Foi en Dieu, en Jésus-Christ. Que Dieu nous donne toujours cette force et ce courage dans l'adversité. Prions et pensons aux victimes des attentats de Paris, de Londres, de Nice, de Bruxelles et d'ailleurs dans le monde.

Prions pour ces familles brisées dont la vie a été brutalement bouleversée, pour certaines d'entre elles, complètement traumatisées à tout jamais.

Prions pour les ennemis du christianisme en ce 21ᵉ siècle. Ils sont à l'œuvre souvent aux plus hauts niveaux des pouvoirs politiques, financiers, éducatifs et scientifiques.

Pensons et prions pour tous les pauvres devenus les misérables et les rejetés de notre temps. Parce que oui, encore et encore, la pauvreté, la misère économique sont un cancer, une plaie béante, purulente, ouverte sur un monde, une société, une humanité où une minorité détient tout, alors que d'autres n'ont rien ou si peu. N'oublions jamais que de nos jours, leur sort peut être le nôtre demain. Prions Dieu qu'Il mette fin à toutes ces injustices enfermant l'homme et la femme dans un enfer financier dont il est bien difficile de s'en sortir seul. Que pour ceux souffrant de ces maux actuels, Dieu leur accorde toujours et en plénitude sa Divine Providence.

Pensons et prions pour ceux qui souffrent d'abandon par la faute à : « pas le temps » ou les « désolé, c'est trop loin ». Je pense en particulier à toutes ces personnes âgées assises dans un fauteuil ou gisantes sur un lit d'hôpital, d'une maison de repos, qui attendent un miracle, une simple visite de leurs enfants ou tout simplement la délivrance par la mort. Que Dieu réveille notre humanité et notre cœur en chacun de nous pour nos aînés.

Pensons et prions encore pour tous ceux qui ont perdu leur emploi ou sont sur le point de le perdre. En perdant leurs sources de revenus pour être agréables à de quelconques politiques économiques d'entreprises sans scrupule, à l'actionnariat anonyme pour qui, seule la rentabilité compte au détriment de l'humain, des décideurs mettent tout en œuvre pour aboutir à leur ascension propre, quitte à ce que leurs choix conduisent à la ruine d'une entreprise et entraînent des combats sociaux. Ils deviennent eux-mêmes sources de conflits dans les couples pouvant mener aux divorces et à l'éclatement des familles, base de toutes sociétés qui se respectent depuis des millénaires. Ces gens sont des perturbateurs majeurs de la paix dans le monde. Que Dieu ouvre le cœur des hommes afin qu'ils comprennent les nombreuses injustices dont ils sont responsables. Pensons et prions pour nos enfants privés de l'essentiel bien souvent pour des raisons économiques, écartés d'un futur professionnel décent, le coût des études étant trop élevé. Prions enfin pour la vie tout simplement qui se doit d'être défendue face à des lois civiles engendrant des comportements mortifères devenus de nos jours « intégrés et banaux ».

## Non, il n'y a rien de banal à empêcher ou supprimer la vie, jamais !

Parmi ces comportements, je pointe évidemment l'euthanasie. Ce moyen très « humain » et « humaniste » d'en finir avec la vie ici-bas dans la « dignité », mais qui deviendra avec le temps un réel enjeu économique. Les « vieux », les pensions, les malades coûtent très, trop cher selon les économistes. Nous assistons pas à pas à la mise en place au vu et au su de tous, à une médecine pour les « riches » et une autre pour les « pauvres ». Il est évident que l'euthanasie est et sera récupérée à moyen terme à cette seule fin économique.

Portons aussi notre regard sur l'avortement devenu un moyen de contraception presque anodin où, l'on ne se pose même plus la question de savoir pourquoi en est-on arrivé à une telle extrémité en choisissant de détruire une vie en devenir. Rien que pour la France depuis l'adoption de la loi Veil sur l'IVG[33], ce sont plus de sept millions et demi de fœtus qui ont été supprimés[34]. Ce chiffre est évidemment en expansion constante. À travers ces quelques exemples, nous prenons très vite conscience que ce ne sont pas les intentions de prières qui manquent à notre époque. Pourvus d'un minimum d'objectivité et de lucidité, nous comprenons d'emblée que malade ou en bonne santé, au chômage ou avec un salaire à quatre ou cinq zéros, sont autant de raisons de rendre grâce à Dieu. Nous avons la vie !

Chaque matin est une nouvelle naissance et aujourd'hui ne sera jamais comme hier ou comme demain. Chaque matin est une nouvelle espérance et cette espérance-là, il nous appartient de ne jamais la perdre. Si le monde et la société vont mal, très mal, soulignons aussi que Dieu est à nos côtés et nous aide beaucoup, même aujourd'hui.

La solidarité existe également. Des personnes disposant de moyens financiers conséquents ou non aident et agissent dans le plus grand anonymat. De merveilleux mouvements d'entraide envers les plus démunis et les SDF sont à l'ouvrage jour et nuit, été comme hiver. Saluons encore le courage des visiteurs de malades dans les hôpitaux ou à la maison, ainsi que les visiteurs des prisons. Prions pour tous ces anonymes venant en aide à leur prochain. Prions et rendons grâce à Dieu pour toutes ces personnes apportant de l'amour gratuitement. Ces hommes et ces femmes nous manifestent concrètement par leur exemple, la présence de Dieu en chacun de nous.

*Visiteurs des malades, des personnes âgées, des prisons, des pauvres, des SDF, de toutes personnes en souffrance. Tous ces actes concrets et charitables font partie des devoirs du chrétien. Tout dans la spiritualité chrétienne tend vers une ouverture à l'autre qui est malade, en souffrance ou en rédemption.*

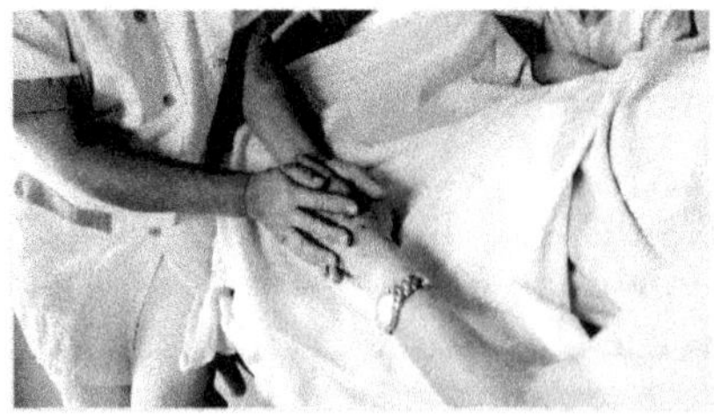

---

[33] IVG : Interruption volontaire de grossesse
[34] Statistiques officielles de l'état français

Tout ! Quand je dis tout, c'est tout. À Dieu, rien n'est impossible, Il peut tout et tout Lui est absolument et définitivement possible.

Dieu n'a pas de limite hormis celle qu'Il se fixe ou qu'Il fixe Lui-même à toutes choses. Tout Lui est possible oui, mais ce sera toujours selon **SA** volonté. Ce qui veut dire que ce ne sera **jamais** selon la vôtre. Personne n'oblige Dieu et Dieu n'oblige personne. Il respecte totalement et entièrement notre liberté.

Il n'est pas aisé pour l'homme de comprendre et d'accepter cet état de fait. À ce sujet, ni vous, ni moi, ne pouvons changer Dieu. Souvenons-nous toujours que l'Éternel n'a pas besoin de nous pour être Dieu. En revanche, oui, nous avons besoin de Dieu. Si pas aujourd'hui, alors, ce sera demain ou après-demain ! De nos jours, ces mots vous paraissent peut-être durs et difficiles à entendre ou à accepter, mais telle est la vérité. D'où l'intérêt pour l'homme et la femme de se conformer autant que possible à sa volonté. Et quelle est cette volonté ?

Que nous nous aimions les uns les autres comme Jésus-Christ nous a aimés. Autrement dit, aimer notre prochain comme nous-mêmes, ne **JAMAIS** faire à autrui ce que nous ne voudrions pas que l'on nous fasse. Mais aussi et j'insiste que notre charité soit parfaite, irréprochable en tous points.

Soyez loyal, franc en toutes choses encore et toujours. En effet, si vous demandez à Dieu une grâce, peu importe laquelle, sa raison ou son urgence et qu'au même moment, vous refusez un verre d'eau à une personne malade ou blessée, un soin à une personne venant de chuter dans la rue sous le prétexte fallacieux que vous n'avez pas le temps ou encore, une pièce à un démuni ou un sans-abri qui vous le demande, ce comportement contradictoire vous met d'emblée en porte à faux avec Dieu. Autrement dit : Vous priez pour « rien ». Considérez que ces mauvaises attitudes, ces manques de charité et de compassion humaine autant que spirituelle, sont l'une des causes majeures des échecs menant directement à l'abandon de la prière, et par extension, de la perte de la Foi et de la présence de Dieu en vos vies. Au vu de l'importance de cet aspect, je souhaite vous apporter quelques précisions.

Toute la Création en témoigne, Dieu a sa logique. Vous aussi, soyez logique et cohérent(e) dans votre vie. C'est une évidence ! En effet, votre attitude au quotidien dans la société humaine est un aspect important qui en aucun cas ne peut être négligé ou omis dans votre démarche spirituelle auprès du Seigneur. Je précise et insiste : soyez cohérent autant dans votre vie spirituelle que dans le monde. C'est essentiel face à Dieu.

C'est pourquoi je vous rappelle cet exemple et vous invite à vous en imprégner autant que possible : ne pas aider votre prochain qui vous demande de l'aide, pour ensuite traverser la rue, entrer dans une église et supplier Dieu de vous aider est illogique, incohérent et maladroit. Ancrez au fond de votre mémoire que Jésus est toujours présent chez les pauvres, les mendiants, les malades, les rejetés. Aidez-les, Jésus vous aidera au centuple. J'ose le dire, c'est presque mathématique, mais attention, ne commencez pas à « jouer les experts-comptables » avec le Christ. Les « Je donne 1 € à ce SDF », tu m'en dois 100 € », ne « marche » pas. Dieu vous rendra toujours plus que ce que vous êtes capable de donner. Il le fera par ses chemins, de la manière et à la hauteur qu'Il estimera la plus juste pour vous. Pourquoi ? Parce que tout vient de Dieu et tout retourne à Dieu. Ici encore, imprégnez-vous de l'idée que vous n'avez rien et ne possédez rien. Riche ou pauvre, vous êtes votre vie durant, seulement le dépositaire temporaire de ce que vous avez reçu « gratuitement ».

Petit détail : Dieu ne vous demandera jamais ce que vous ne pouvez donner. Il sait ce que vous avez dans votre poche, quels sont vos avoirs au centime près, donc vos capacités à partager.

Dieu est irréprochable. Soyez, vous aussi, irréprochable. N'est-il pas vrai que vous avez été créé à son image, qu'à son image vous avez été créé ? [35]

Vous pourriez me dire :
« Oui, mais les sans-abri demandent une pièce pour aller boire ».
Je vous répondrai ceci : « Et alors ? »

Ce que cette personne fera de votre don ne vous regarde pas. Votre patron, vous demande-t-il ce que vous allez faire de votre salaire ? Non. Dès lors, pourquoi aller juger ? Parce que oui, vous attribuez une sentence à cette personne en raisonnant de la sorte. Souvenez-vous que vous serez jugé de la manière dont vous-même jugez. [36]

Donnez, donnez, donnez même et plus encore si vous êtes dans une situation financière délicate, que vous êtes en manque d'argent. Pourquoi ? Parce que ce que vous donnez de votre nécessaire, sont des gestes qui touchent Dieu au cœur et Il vous le rendra par sa Divine Providence ici encore au centuple. N'oubliez jamais cette vérité éternelle qui nous dit sans cesse :

**« Pour recevoir, il faut savoir donner »**

---

[35] Genèse 1, 27
[36] Luc 6 ; 36 − 38

Mon expérience personnelle de la vie confirme entièrement et pleinement cette vérité.

Passer devant une personne blessée gisant à terre en l'ignorant, en se disant que quelqu'un d'autre s'en chargera vous obligera à beaucoup prier sur vous-même, mais en vain ! Ouvrez votre cœur, soyez généreux, bon et compatissant.

- ✓ Si vous êtes de nature égoïste, changez et demandez au Seigneur de vous y aider.
- ✓ Si vous êtes avare, demandez au Seigneur de vous rendre généreux.
- ✓ Si vous méprisez les pauvres, les misérables, qu'ils vous font horreur vous dégoûte parce qu'ils ou elles puent, demandez au Seigneur de pouvoir les regarder, les toucher avec ses yeux et ses mains remplis d'amour.

Dieu aime la famille. Aussi, si vous abandonnez votre famille pour suivre un homme, une femme aussi belle soit-elle (il) sur un coup de tête, oubliez ! Vous êtes dans l'adultère ! Mettez tout en œuvre pour rétablir, sauver votre communauté familiale et la bonne entente dans votre couple. Demandez pardon à celui que vous avez blessé. Sauf cas spécifique, mariage forcé ou arrangé par exemple, ce qui est uni devant le Seigneur l'est pour l'éternité. Autrement dit, que l'homme ne sépare pas ce qui a été uni par Dieu dixit Jésus Lui-même.

De nos jours, les familles sont éclatées et encouragées dans ces divisions par la laïcité et l'athéisme au profit d'une prétendue liberté factice. Pourtant, il serait bon et urgent de nous souvenir que toutes les civilisations qui ont perduré à travers l'histoire sont celles dont la famille était le pilier et le socle ! Ce qui veut a contrario dire que toute civilisation ne respectant pas la famille finit par disparaître. Pour aboutir à cette extinction, le schéma proposé est toujours le même : dissolution des valeurs morales et des mœurs. En somme, ce à quoi nous assistons aujourd'hui.

À titre personnel, je considère la famille comme faisant pleinement partie de l'essence de Dieu, et ce dès la Genèse. S'attaquer à la famille, c'est donc en fin de compte, s'attaquer de biais à Dieu. Même en nous situant quelques instants hors du contexte spirituel et religieux de ce livre, force est de constater que la famille a toujours été la base et le fondement même de l'humanité, quels que soient les pays, les cultures, les continents. D'un point de vue spirituel, la banalisation des divorces qui pleuvent par millions entraînant une forte dénatalité en Occident, sans oublier la vie en concubinage qui est louée et encouragée hors de tout sacrement dans notre monde, doivent nous interpeller. En exprimant cela, je ne teinte pas mes propos de puritanisme ou d'intégrisme, mais je ne fais qu'exprimer ce qui est la logique et le bon sens. Très peu connue de tous et même des catholiques, l'Église admet l'annulation du mariage, donc du sacrement, dans certains cas spécifiques. Ceci est possible en introduisant une demande en annulation de mariage auprès de l'évêché de votre diocèse. Cette démarche est différente de la procédure civile, mais est parfaitement admise si celle-ci est justifiée. Si aucun rétablissement de la communauté n'est possible, parlez-en avec votre curé de paroisse qui vous guidera dans les démarches. Si vous n'en êtes pas à ces extrémités, priez pour votre mari, votre épouse afin que Dieu ramène la paix, l'amour, la concorde et la compréhension mutuelle au sein de votre couple. Au sein d'une union sans problèmes particuliers, priez ensemble que Dieu protège toujours votre couple et éloigne de vous toutes les tentations de notre époque. Éduquer vos enfants chrétiennement dès le plus jeune âge renforcera toujours la cohésion sociale et la bonne entente au sein de votre famille. Ce faisant, vos enfants renforcés par l'Esprit Saint reçu au baptême bénéficieront du discernement nécessaire reçu de Dieu dans leur choix de vie, leurs études, leur carrière, leur futur conjoint.

Revenons à nos moutons. Les Évangiles nous rappellent l'épisode de la femme adultère condamnée à mort par lapidation où, au moment de son exécution, Jésus prenant la parole dira en répondant à un exécuteur : « que celui qui n'a jamais péché lui jette la première pierre ». Dans l'optique de Dieu, même si et surtout si on vous a fait du tort, que vous êtes victimes d'abus, peu importe la nature de ces abus, offrez ces injustices au Seigneur. Laissez-Le vous rendre justice.

Autre exemple d'attitude incompatible. Si par obligation, par attirance du gain facile ou, parce que vous êtes sans scrupule, vous volez votre patron en pensant qu'après tout, ce n'est qu'un juste retour des choses au vu de votre maigre salaire, ressaisissez-vous ! Rendez-lui justice, remettez-lui ce que vous avez volé, même discrètement. En toutes choses, soyez irréprochable face à Dieu. Oui, pardonnez et demandez-Lui justice en temps et heure. Et tendez en tous points à devenir des hommes, des femmes irréprochables. Souvenez-vous que la justice divine existe d'une part, et d'autre part, celle-ci n'a rien en commun avec celle des hommes. Malheureux est l'homme sur qui la colère de Dieu s'est abattue. Où ira-t-il se cacher ? ... Il est surprenant de constater en lisant les Psaumes que nombreux parmi ceux-ci demandent à Dieu de ne pas allumer sa colère contre le psalmiste ou encore de l'éteindre rapidement. On le comprend ! Homme ou femme, si vous êtes de nature violente, demandez à Dieu de vous calmer, de vous rendre doux et pacifique à l'image de Jésus, demandez-Lui de faire de vous un artisan de Paix. Rappelons-nous sans cesse, et c'est une grande grâce pour nous, que Dieu nous aime, même si pour beaucoup d'entre nous, nous ne saisissons pas la grandeur de son amour.

Je vous vois venir, Dominique André me donne de beaux et bons conseils,
j'ai fait tout cela, mais...

Si tel est votre cas, alors est venu pour vous le temps d'une belle et profonde
introspection. Voici quelques lignes directrices qui vous y aideront. Au plus
vous pratiquerez l'introspection, au plus vous serez proche de Dieu. Les
méditations de Saint Ignace de Loyola sont réputées efficaces. Cette dévotion
salutaire peut se pratiquer quotidiennement.

L'examen de conscience...

Chaque cas étant différent et personnel, je vous donne quelques pistes à
suivre que vous adapterez en regard de votre vie au quotidien, de votre style de
vie, de votre rapport à la vie et aux autres. Famille, amis, collègues, patron, votre
vie sociale dans son ensemble, etc. ...

- ✓ Votre vie est-elle ou se conforme-t-elle harmonieusement aux « Dix
  Commandements » ?
- ✓ Est-elle conforme aux Béatitudes enseignées par Jésus-Christ ?
- ✓ Menez-vous une vie saine et propre ?
- ✓ Trompez-vous votre femme, votre mari ? Mentez-vous ?
- ✓ Vivez-vous dans l'adultère ? Si vous cohabitez, chose courante à notre
  époque, ne serait-il pas temps de recevoir le « Sacrement de Mariage » ?
  Qu'en pensez-vous ?
- ✓ Vos enfants sont-ils baptisés et éduqués chrétiennement ?
- ✓ Êtes-vous une personne « douce » ou « agressive » ?
- ✓ Aidez-vous spontanément à la maison et ailleurs ou au contraire,
  êtes-vous plutôt oisif préférant profiter du temps et de l'aide des autres,
  famille comprise ?
- ✓ Priez-vous régulièrement seul ou en famille ?

- ✓ Fréquentez-vous une communauté chrétienne pouvant vous soutenir dans votre prière ?
- ✓ Allez-vous régulièrement à la messe, recevez-vous la sainte Eucharistie ?

*Tout cela est OK ? … Bien, continuons ces quelques pistes.*

- ✓ Depuis combien de temps ne vous êtes-vous plus confessé, n'avez-vous plus reçu le sacrement de réconciliation ?
- ✓ Avez-vous pardonné ? Vous êtes-vous pardonné ? Avez-vous demandé le pardon de Dieu et du Christ ?
- ✓ Vous, votre famille, avez-vous pratiqué l'occultisme sous une de ses formes, même si c'est dans un passé lointain ?
- ✓ Êtes-vous jaloux, possessif ?

Après avoir réalisé votre introspection honnêtement point par point sans vous mentir, trouvez dans la foulée, les réponses et décisions à prendre pour vous rapprocher autant que possible des « Dix commandements » et des « Béatitudes ».

Le pardon est essentiel dans la prière. Si vous ne pardonnez pas, ne vous attendez pas à recevoir ce que vous demandez. C'est une règle absolue dans la spiritualité chrétienne. Dieu vous pardonne. Pardonnez aussi ! Éteignez en vous tous sentiments de vengeance. Votre charité doit être parfaite aux yeux du Seigneur. Pourquoi ? Parce que dans les faits, nous n'avons rien, ne possédons strictement rien et n'emporterons rien au cimetière. Cet aspect exprimé crûment, bien des hommes et des femmes ne veulent pas l'entendre. Pourtant, il est incontournable ! À cet effet, observez attentivement les gens riches. Combien d'entre eux n'ont pas créé des fondations, des ONG venant en aide aux plus démunis. Ne voyez pas en cela uniquement des paravents fiscaux. Ce serait faire erreur d'appréciation et d'objectivité.

En vérité, le nanti est à l'image d'un canal de distribution des richesses que le Seigneur a mis à sa disposition pour ensuite les redistribuer. Parfaite logique qui peut être faussée par ces assoiffés de fric, ceux qui n'ont jamais assez, ne comprennent pas et surtout refusent de comprendre. Ces « pauvres » gens agissent ainsi par peur de perdre le peu qu'ils ont réussi à engranger.

La peur de perdre une chose est pourtant le moyen par excellence de tout perdre. N'en doutez pas. Somme toute, dans la vie, on ne perd vraiment que ce que l'on craint effectivement de perdre. C'est encore une vérité éternelle à retenir aujourd'hui et toujours. Si vous vous trouvez actuellement dans cet état d'esprit, réagissez rapidement !

## « Dieu donne, Dieu reprend, Saint est son Nom »

Toutes les personnes essayant ou vivant pleinement les Évangiles de Jésus-Christ vous le confirmeront. En effet, ne lit-on pas dans la Bible ?

« Soyez toujours dans la joie du Seigneur ; je le redis : soyez dans la joie. Que votre bienveillance soit connue de tous les hommes. Le Seigneur est proche. Ne soyez inquiets de rien, mais, en toute circonstance, priez et suppliez, tout en rendant grâce, pour faire connaître à Dieu vos demandes. Et la paix de Dieu, qui dépasse tout ce qu'on peut concevoir, gardera vos cœurs et vos pensées dans le Christ Jésus ».

Ce que nous pourrions traduire en d'autres termes par ces mots :

« Ne vous inquiétez de rien ; mais en toutes choses, faites connaître vos besoins à Dieu par des prières et des supplications, avec des Actions de grâces. Et la paix de Dieu, qui surpasse toute intelligence, gardera vos cœurs et vos pensées en Jésus-Christ ».[37]

Tout ceci, c'est la Bible qui l'affirme. Dans nos doutes, rappelons-nous sans ambages que la Bible ne ment pas, jamais. Sinon, comment ce livre le plus traduit, édité et vendu au monde, à travers le temps, même au 21ᵉ siècle, existerait-il encore ? ...

Tel est le fruit des expériences intimes vécues par des centaines de millions d'hommes et de femmes à travers les siècles. Souvenons-nous que toutes ces générations d'hommes et de femmes ont souffert ce que nous souffrons, hier comme aujourd'hui. Certes, différemment en surface, mais non en profondeur.

### Quels sont vos besoins ?

Comme nous reconnaissons la fidélité d'un ami, d'un parent, lorsque nous sommes en difficulté, Dieu se révèle souvent dans nos souffrances et nos besoins, quels qu'ils soient. Notre Dieu est un Dieu fidèle à travers les âges. Il est attentionné pour chacun d'entre nous qui nous sommes tournés sincèrement vers Lui. Comme le dit le célèbre Psaume connu de tous : « Le Seigneur est mon Berger, rien ne me manque... ». Si vous êtes dans le doute, je vous invite à relire et méditer souvent ce Psaume[38].

---

[37] Lisez dans la Bible la lettre de Saint Paul aux Philippiens, chapitre 4, Versets 4 à 19

[38] Méditation : Psaume N° 22 : « Le Seigneur est mon Berger »

Voilà comment Dieu pourvoit à vos besoins : entièrement et avec gloire par Jésus-Christ. *« Et mon Dieu comblera tous vos besoins selon sa richesse, magnifiquement, dans le Christ Jésus. »*

Je n'insisterai jamais assez sur le fait qu'aucun de vos besoins, ni rien par ailleurs, n'est inconnu de Dieu. Aussi, si je vous repose une nouvelle fois cette question lancinante pour tant de nos contemporains : « Quels sont vos besoins ? »

Me répondrez-vous différemment après la lecture de ce qui précède ?

Si je vous invitais à dresser une liste détaillée, tiendriez-vous compte aussi bien de vos besoins spirituels que matériels et physiques ? A cela, j'aimerais que vous gardiez à l'esprit et particulièrement dans les moments de doutes que : Dieu vous voit, Il vous connaît mieux que vous-même, Il vous aime à travers toutes les situations et circonstances de votre vie. Comme évoqué ci-devant, le Seigneur est le Berger, Il pourvoit très généreusement à toutes vos nécessités pour sa Gloire.

Oui, Dieu pourvoit non pour que vous soyez glorifié, mais bien afin d'être glorifié à travers vous. Aussi, la grâce de Jésus-Christ vous suffit en toutes choses. Je conçois parfaitement que ce sont peut-être des mots nouveaux, difficiles à accepter, à intégrer dans votre for intérieur. Particulièrement dans les situations difficiles et aux prémices d'une vie spirituelle alors que nous vivons dans un monde ultra-égoïste qui vous scande de ne compter que sur vous-même. Pourtant, c'est sur Dieu que vous pouvez compter au cœur des tsunamis de votre vie !

Au-delà des beaux discours, rien de tel qu'un exemple concret. Vous possédez une entreprise au bord de la faillite. Le dépôt de bilan est imminent... Que peut faire et comment Dieu va agir pour vous alors que tout est ruine ou sur le point de l'être ?

Vous avez prié et demandé le secours de Dieu pour qu'Il vous sauve de cette situation catastrophique, vous épargne l'arrivée des huissiers prenant votre salon pour les Champs-Elysées, vous arrache de la ruine, bref de la misère quoi ? Très bien.

Ayant vécu ou approché personnellement des personnes qui ont traversé une telle tempête, il m'est aisé de vous évoquer deux cas de figure qui montrent combien et comment Dieu vient en aide à ses enfants.

Dans le premier cas de figure, Dieu vous enverra de nouveaux clients, de nouvelles commandes inattendues, inespérées qui vous permettront de sortir de votre situation financière in extremis et, ainsi, souffler et retrouver le bon chemin vers la prospérité. Dans ce cas, n'oubliez pas de rendre grâce à Dieu. Témoignez de ce que le Seigneur a fait pour vous. N'est-ce pas le minimum ?

Le deuxième cas de figure vous amènera à déposer le bilan. Vous ferez faillite, mais ne désespérerez pas. Dieu vous prépare un nouveau dessein ! Oui, soyez assuré que Dieu vous aidera par ses chemins à traverser ces pénibles moments. Il le fera en mettant sur votre route de bons avocats, de bons conseillers financiers qui prendront votre défense à cœur. Malgré l'inquiétude, l'incompréhension, la peur parfois de l'avenir, ne considérez pas votre faillite comme un échec. Certes, vous avez perdu une partie de votre patrimoine, peut-être même tout, mais vous allez vivre à travers cette expérience désagréable, le secours et la grâce de Dieu envers vous. À travers cet échec, votre faillite, une nouvelle vie, de nouveaux chemins peut-être inexplorés s'ouvriront à vous.

Si vous acceptez mentalement votre faillite, qui n'est bien entendu en rien imputable à de graves erreurs de gestion voire de fraudes, vous en sortirez plus fort que jamais. Avec le temps, vous vous apercevrez que vous êtes reconnaissant au Seigneur pour ces pénibles moments ainsi que pour votre nouvelle vocation qui ne manquera pas de suivre. Nul n'est destiné à devenir impérativement et absolument SDF. Soyez en paix. Je sais pertinemment bien que ce n'est pas facile, mais au plus vite votre confiance sera totale envers Dieu, au plus vite vous en sortirez vainqueur, grandi et proche du Seigneur.

Certes, ce sont de simples exemples, mais ce sont des exemples vécus tant par moi-même que par d'autres personnes autour de moi. En vous mettant dans les mains de Dieu, en lui demandant humblement son aide, en vous étant tourné vers Lui, Il sait où vous amener. Vous n'en savez encore rien, vous aurez parfois l'impression très désagréable de marcher à l'aveugle, mais Lui sait où Il souhaite vous conduire. Faites votre part, le Seigneur fera la sienne. Je vous invite donc à vous approcher avec confiance et assurance vers le Christ afin d'obtenir compassion et trouver grâce pour être secouru en partageant à Dieu, dès à présent, vos besoins et nécessités, particulièrement celles les plus urgentes.[39]

Quelques mots encore pour terminer ce rapide et court tour d'horizon sur la prière. Si vous ne recevez pas ce que vous avez demandé et que vous vous entendez dire : « cela n'est pas la volonté de Dieu » ou encore, « le temps n'est pas venu pour vous de recevoir l'objet de votre demande » ... Comment réagir ?

---

[39] Lettre de Saint Paul aux Hébreux chapitre 4, verset 16

Si vous êtes dans le cas, alors dites simplement avec courage et confiance en Lui : « Seigneur, Toi le Dieu éternel et Tout-Puissant, Toi le Dieu d'Isaac, d'Israël et de Jacob, humble et pauvre devant Toi, j'invoque ton Nom Très-Haut sur moi. Dans le Nom puissant de Jésus, le Christ Notre Seigneur, je te demande que tout ce qui va m'arriver durant ce jour et tous les autres jours du reste de ma vie, soit TA volonté, non la mienne, amen ! ».

À présent, parti de rien, nous voici enrichi par ces quelques conseils de base pour que votre vie progresse dans la prière. Il vous appartient de les exploiter au maximum, mais surtout de les développer, de les nourrir. Rien ni personne ne pourra jamais le faire à votre place. La relation à Dieu est une relation personnelle, souvenez-vous-en ! Mais n'oubliez pas aussi que le christianisme n'est pas de vivre reclus entre quatre murs. Sortez de chez vous, allez à la rencontre d'autres chrétiens solidement ancrés dans leur foi avec « une tête bien faite ». L'érémitisme n'est pas fait pour tout le monde et tout le monde n'est certainement pas appelé à cette vocation très particulière. Cela n'exclut pas, bien évidemment, la possibilité de vous retirer du monde quelque temps, mais rarement tout le temps.

Parlez, témoignez de ce que vous avez vécu spirituellement, de ce que le Seigneur a fait pour vous. Enfin, écoutez. Lorsque vous rencontrez une autre personne, soyez à son écoute, entendez son témoignage, ses expériences personnelles. Soyez une éponge, mais une éponge **ayant demandé préalablement à Dieu**, « l'esprit de discernement ». Apprenez à séparer le bon grain de l'ivraie et ensuite agissez. Systématiquement, demandez toujours au Seigneur de vous guider et de vous faire rencontrer les bonnes personnes dans votre vie, d'éloigner de vous, celles néfastes ou pouvant vous nuire, invoquez-le afin qu'Il vous garde du Mal, du mensonge, des illusions, des songes menteurs. En somme, de vous protéger corps, âme et esprit. S'il est vrai qu'on n'aime jamais assez, évitez toutefois toutes dérives déraisonnables.

Aimer Dieu, prier Dieu, vivre Dieu, c'est acquérir et devenir une personne particulièrement équilibrée. Il peut y avoir des moments d'exaltation, c'est heureux et normal mais le Christ ne permet pas que vous restiez dans cet état très longtemps pour la simple et excellente raison que Dieu veut que vous soyez pleinement conscient. Qu'il y ait une part de mystique pure dans notre vie spirituelle, que nous touchions quelques fois au « surnaturel » est heureux et normal mais c'est Dieu qui en décidera de la durée, de la hauteur, de la profondeur et de la largeur de ces instants tous uniques.

Au cours de mon cheminement spirituel, j'ai croisé sur ma route des personnes de bonne foi, mais à l'esprit faible tant intellectuellement que spirituellement. Ce déséquilibre les a entraînées vers une exaltation excessive.

Il s'ensuit alors de grosses bêtises et erreurs parfois fatales pour ces personnes qui pensent toutefois suivre « Jésus ».

Je ne dis pas ici qu'il faut « modérer », « tempérer » son amour pour le Christ, je dis qu'il nous faut comprendre et interpréter correctement ce que le Christ attend de chacun de nous personnellement selon notre vocation. Ici encore, toute la prière et le discernement ont leur importance. Personnellement, le Christ ne m'a jamais demandé d'abandonner ma famille, de divorcer, de quitter mon travail pour le suivre, de sauter du 20ᵉ étage pour voir les anges ni non plus, de tout revendre et de partir sur les routes à l'aventure. Certes ces cas de figure peuvent parfois se présenter, sauf celui de sauter du vingtième étage mais prudence. Chacun selon sa vocation !

Si Dieu, si Jésus veut, Il peut parfaitement s'adresser à vous directement sans l'intermédiaire de personne pour ce faire. Le Christ ne demande pas pour autant et forcément de devenir Saint Pierre, qui a tout quitté à l'invitation du Ressuscité pour aller mourir à son tour sur une croix, tête en bas, à Rome.

Le plus souvent, Jésus nous demande d'abandonner d'abord et avant toutes choses, ce qu'il y a de « mauvais » en chacun de nous et pour cela, Il nous aide. Encore et encore, demandez sans cesse de recevoir le Saint-Esprit, la Sagesse et le discernement !

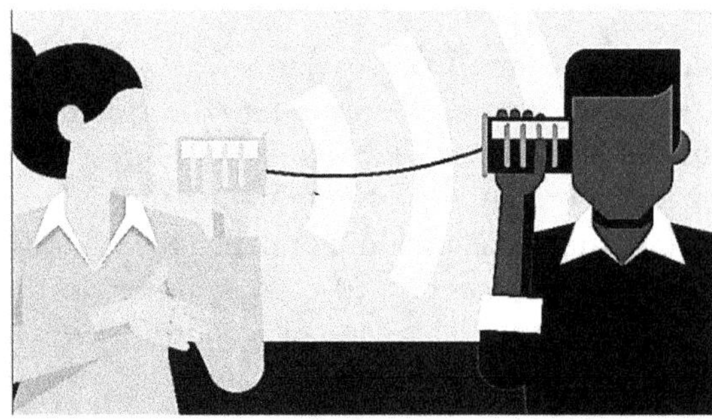

Si notre Dieu est un Dieu possessif et jaloux, il n'en demeure pas moins qu'Il est la « Sagesse » qu'il vous appartient de Lui demander. Il ne manquera pas de vous l'accorder et plus encore à la mesure de vos besoins. Le Seigneur est « posé », « réfléchi ». Dieu a-t-il une logique ? Oui absolument. Certains de nos jours ne reculant devant rien, assimilent Dieu à une sorte de grand ordinateur et qui dit ordinateur, dit numérique. Nous y revoici ! Dieu ne serait que des chiffres binaires implacables. La vérité est de dire que la logique divine dépasse celle des hommes très souvent sur l'instant, mais une logique qui jamais ne se trouve être insensée, même si on parle de la « Folie de la croix ».

Nous ne voyons qu'avec nos yeux humains là où Dieu voit avec ses yeux divins. C'est donc toujours dans le temps que nous pouvons appréhender et comprendre la divine logique. Les nombreux exemples repris dans la Bible en témoignent. Si le Christ, l'agneau innocent par excellence n'était passé par le calvaire et la croix, qui aujourd'hui connaîtrait le nom même de Jésus et moi à l'instar de tant d'autres d'écrire ce livre.

Si donc vous avez des devoirs d'état, comme la plupart d'entre nous, assumez-les ! ... Demandez à Dieu de vous y aider. Cela est absolument impératif. Conformément au premier commandement de la loi mosaïque, aimez Dieu de tout votre cœur, de toute votre âme, de tout votre esprit. À ne pas confondre : aimer Dieu, aimer votre prochain et tout abandonner pour partir à l'aventure, vous lancer dans l'élevage de chèvres ou devenir berger en Corse. Beaucoup de personnes de bonne foi font cette erreur typique du « nouveau converti ».

Aimer Dieu à la première place dans votre vie, veut dire que vos choix, vos entreprises, vos projets, mais aussi vos devoirs sont déposés ou à déposer dans les mains de Dieu qui vous soutiendra dans leur réalisation. Dieu vous tient la main pour y parvenir ! Avancez à ses côtés et surtout ne fuyez pas vos responsabilités !

Développez vos capacités spirituelles à votre rythme, sans oublier de toujours rendre grâce à Dieu d'être ce que vous êtes : un homme, une femme, créés à l'image du Seigneur.

Vous êtes saint ou sainte, mais vous ne le savez pas encore. Vivez par conséquent saintement. Lisez abondamment la vie des saints, nourriture indispensable à votre cheminement.

Comme vous peut-être, j'ai traversé dans ma vie des moments pénibles. Ces moments où les événements nous dépassent totalement ; ces moments où nous perdons pied, où tout nous semble au-dessus de nos têtes, sans plus d'avenir, sans solution aucune. Bref, la totale !

Au cœur de ces conjonctures diverses, seul le côté obscur subsiste en toutes choses au cœur de notre quotidien. Soyons objectifs. Subissant ces assauts, nous ne voyons plus que la « série noire », tout particulièrement si ces phénomènes s'échelonnent de manière répétitive, ne nous laissant que peu de répit.

Sans m'étendre sur la question, j'ai traversé cette période sombre à l'âge de dix-sept ans, suite aux décès inopinés coup sur coup en l'espace de moins d'une année, de trois membres de ma famille dont mon père, à qui j'étais très attaché. Encore étudiant à cette époque, ces disparitions brutales et humainement bouleversantes allaient radicalement, durablement et profondément changer tout le cours de mon existence. L'adage populaire ne dit-il pas :

« Le ciel s'acharne contre moi » ou encore
« Mais qu'ai-je fait au Bon Dieu ? ».

Ici, je rappelle à votre souvenir, ces moments où, comme pour Job, encore lui, dans la Bible[40], toutes les limites sont dépassées. Les sombres nuages sont tellement accumulés sur notre tête, que tout horizon positif et toute issue favorable nous semblent définitivement inaccessibles et irrémédiablement fermés. Décidément, dans ces moments-là, Dieu ou pas Dieu, nous ne sommes bon à rien, nous ne valons rien. Ce sentiment est hélas davantage encore renforcé de nos jours, face aux concurrences d'ordre commercial ou professionnel qui nous laminent au quotidien.

---

[40] Lire dans la Bible toutes les souffrances de Job

Maladie, divorce, séparation, division, chômage, faillite, absence de revenus bloquant notre vie et nos projets, mais aussi dettes, décès inopiné de personnes proches, mort d'un enfant, accident, attentat, victime de violences physiques et/ou psychologiques, abus d'ordre sexuel, victime des conditions climatiques détruisant tout, épidémie, famine, guerre sont les événements sombres les plus courants évoqués autour de nous. Toutefois, la liste est loin d'être exhaustive, chaque existence étant unique. Tous ces événements attaquent directement notre esprit. Ils créent en chacun de nous des sentiments de peur, de paniques diverses, d'insécurité suivant notre caractère propre, nos facultés de pouvoir y répondre dans l'instant, nos forces et faiblesse.

Au vu de ce qui précède, les situations délicates de la vie sont multiples et variées pouvant nous faire sombrer dans la dépression, et cela est plus particulièrement vrai à notre époque. N'omettons pas certaines personnes à bout de tout, comme les jeunes particulièrement, tentées par le suicide. Ce n'est pas l'industrie pharmaceutique qui se plaindra de ces dérives de vie tellement encrées dans notre réalité, mais qui leur rapportent tant en termes de profits financiers.

Jamais, dans toute l'histoire de l'humanité, les médicaments antidépresseurs n'ont été autant élaborés et vendus. Ne parlons pas des somnifères, des psychotropes et autres drogues, tous illégaux sans oublier tous ces produits hautement toxiques inondant la planète, vendus par des trafiquants sans aucun scrupule. Parmi ces produits, citons en tête pour cette année, le tristement célèbre « Captagon ». Cette puissante drogue addictive et destructrice du cerveau, donc de l'esprit, insufflant par exemple, le courage morbide aux combattants des guerres actuelles, notamment au Moyen-Orient chez les islamistes de tous poils et de tous bords. Toutefois, soyons convaincus, dans ces extrêmes moments de souffrances humaines où pour certaines personnes, la mort devient délivrance, que réellement et malgré tout, la vie vaut la peine d'être vécue.

Prenons conscience que la vie est encore et toujours, un magnifique cadeau de Dieu pour chacun de nous. Remémorons-nous souvent que même le Christ, le Fils de Dieu, a souffert sa Passion, et de quelles manières infâmes encore bien[41]. L'homme ne peut jamais et ne sera jamais en état d'ataraxies, sans troubles aucuns. En effet, nous vivons, nous avons nos sensibilités diverses, mais tout passe et se passera toujours dans l'acceptation lucide de ce qui nous arrive. Il ne s'agit pas de nous raconter des « histoires », au contraire, mais de choisir lucidement la vérité qui nous mènera au bonheur et par là, à l'accomplissement de chacun de nous. Seul, ceci se transformera en un combat pénible, ardu qui

---

[41] Source : Bible selon la « Vulgate »
Matthieu 26, 38-42 – Marc 14, 33-35

nous conduira souvent vers l'échec, le renoncement, la dépression, l'euthanasie ou le suicide. En nous tournant vers Dieu le cœur ouvert dans la prière, nous recevrons ses consolations. Nous ne serons plus seuls ! À ce sujet, l'exemple de la scène tragique du « Jardin des Oliviers » est édifiant à plus d'un titre. Elle décrit parfaitement, le sentiment de l'homme Jésus sachant ce qui l'attend dans les heures qui vont suivre. Elle relate en vérité la peur et l'angoisse poussée à son paroxysme qui se révèle par des perles de sang sur son front. Pouvons-nous imaginer les sentiments surgissant dans l'esprit de Jésus. Cet homme juste sait qu'il va souffrir et mourir alors qu'il n'a rien fait pour mériter pareil sort. Jésus, confronté à cette souffrance intolérable qui inonde son esprit, ira jusqu'à demander au Père d'éloigner, si telle est sa volonté, ce calice que personne ne voudrait, mais que pourtant, il va boire jusqu'à sa dernière goutte...

« Se mettant à genoux, il priait : "Père, si tu veux, éloigne de moi cette coupe ; cependant, que ce ne soit pas ma volonté qui se fasse, mais la tienne". Alors, du ciel, lui apparut un ange qui le réconfortait. Dans l'angoisse, Jésus priait avec plus d'insistance ; et sa sueur devint comme des gouttes de sang qui tombaient jusqu'à terre. Après cette prière, Jésus se leva et rejoignit ses disciples qu'il trouva endormis à force de tristesse. »[42]. Recevant dans son âme la réponse du Père à sa supplication, un ange viendra le consoler en lui présentant le calice. Les temps sont accomplis et ce qui doit être le sera en plénitude, c'est-à-dire au-delà de la croix et de la mort. En réponse à ses ardentes prières, Dieu donnera au Christ, la force, le courage, la volonté d'accomplir et d'aller jusqu'au bout. Jésus en tant qu'homme, sait que Dieu est avec Lui et qu'avec Lui, Il va l'épauler, le soutenir dans la Passion qui commence. Sans la présence du Père éternel à ses côtés, la Passion en tant que telle aurait été intenable pour tout homme normalement constitué. Ceci se confirme encore de nos jours en voyant nos frères et sœurs chrétiens d'Orient qui subissent des sévices, la mort par crucifixion infligée par les islamistes. Sans l'aide de Dieu, sans la force spirituelle, tous se seraient convertis et auraient renié leur Foi en Christ pour préserver leur vie en devenant musulmans. Dans ces situations extrêmes, je crois volontiers que l'Esprit Saint vient et couvre celui ou celle qui aime Dieu jusqu'au tréfonds du supplice. Ceci afin que le sacrifice du vol de leur vie ne soit pas vain, mais sanctifié.

À cet effet, je vous invite à lire les passages de la Bible qui relatent l'expérience des martyrs, notamment dans l'Apocalypse de Saint Jean. Notre Seigneur l'accomplira parce que l'Éternel est un Être sensible à nos souffrances, à toutes les détresses de notre vie. Ce que nous souffrons, Il le souffre avec nous à l'instant où nous l'endurons.

---

[42] Luc 22, 39-46

La vérité toute simple est que Dieu nous veut heureux, en bonne santé, prospères, généreux, ouverts et dans la joie de nous savoir accomplis et vivants à travers Lui !

Dans la foulée, je vous propose quelques réflexions encourageantes qui ont fait leurs preuves à travers les âges, sans oublier de vous rappeler quelques points importants.

Peut-être vous êtes-vous tourné vers Dieu, « juste pour voir », ou, encore à cause de vos souffrances ; peut-être encore parce que vous n'en pouvez plus. Votre Foi est-elle récente ? Êtes-vous las de prier, noyé par vos problèmes, vous demandant : « à quoi cela sert-il de prier dans ce monde ultralibéral et ultra-technologique qui peut beaucoup, mais certainement pas tout ? »

Dieu est avec vous... Si à cet instant, aujourd'hui, maintenant, vous croyez sincèrement, intimement, que Dieu existe, vous n'êtes plus seul face à ce que vous vivez.

Vous l'étiez peut-être dans cet « avant » de votre vie. Mais maintenant que vous priez, que grandit en vous ce désir de prière, à la lecture de ce livre, soyez certain que Dieu vous attend pour vous tendre la main et continuer la route avec vous.

Oui, le Seigneur est bel et bien avec vous !

Laissez-vous aller vers et en Dieu en totale confiance. Le Dieu d'Israël, d'Isaac, de Jacob et de Jésus : Yahvé était déjà connu avant Moïse chez d'autres peuples que les Hébreux. En effet, les anciens Phéniciens (le Liban actuel) semblent avoir adoré un dieu « Yo ». Par ailleurs, nous trouvons dans la Bible hébraïque, les formes grammaticales abrégées Yahu, Yo ou Yah, la plupart du temps en composition, préposées ou postposées, dans des noms théophores (Yoiakin, Abia) ou dans des formules liturgiques (alléluia). Dans notre Bible, Il est Yahvé repris par le tétragramme « YHWH ». Ce qui signifie littéralement « Être », soit encore « Celui qui fait être ». Par exemple : *Yahvé-Sabbaot* (« Il fait être les armées ») ou *Yahvé-Shalom* (« Il fait être la paix »). Il est l'Éternel présent, Il est : « Je Suis » tel qu'Il se définit Lui-même dans la Bible. Rencontrer avec succès « Celui qui fait être » ou « Je Suis » implique donc un abandon, un réel « lâcher-prise » à « tout » dans l'instant. Or, l'instant, quel est-il sinon le présent, votre présent, la fraction de seconde que vous vivez « maintenant » en lisant ces mots.

Comprenant la difficulté que peuvent représenter des mots comme : « abandon » ou « lâcher-prises » lorsque nous traversons des moments difficiles, parfois périlleux pour notre devenir, je souhaite revenir sur l'aspect « prières inexaucées » et « abandon de la prière et de la Foi ». Une image valant mille mots, prenons un exemple pour que notre rendez-vous avec Dieu ne soit pas un échec. À cet effet, pensons à ces personnes ayant abandonné totalement la religion et la Foi pour suivre la pensée du monde.

Imaginons que ces mêmes personnes sont invitées, comme vous l'êtes aujourd'hui, au bord d'une vaste piscine remplie d'une eau claire, limpide et bleue dans un décor paradisiaque. Ces invités sont conviés à rejoindre le Maître-nageur au centre de la piscine. Cependant, même si ces personnes se sont promenées aux abords de la piscine, les pieds bien au sec, elles n'ont jamais envisagé ni souhaité y plonger. Par manque de confiance, elles ont eu peur de se noyer malgré les encouragements de ce Maître-nageur qui les sécurisait de sa voix douce. Pourtant, ces personnes savent nager. C'est en effet inné !

Les plus audacieuses se sont assises sur le bord de la piscine, quelques-unes y ont trempé un pied, mais la plupart n'a pas osé allez plus loin. Dans ce cas, que peut faire le moniteur si elles ne veulent pas plonger ? Rien, c'est leur liberté, leur décision. Le moniteur respecte leur choix. Or, le problème est le suivant : si on ne décide pas de faire le grand pas à travers cette impulsion finale stimulant le plongeon, la réponse est : on ne nagera jamais dans cette piscine, aussi paradisiaque soit-elle.

### Mais quelle solution avons-nous alors ?

À la base, tout est une question de décision et strictement rien d'autre. Tous les êtres humains étant à des degrés divers capricieux, il ne s'agit pas pour vous de décider par caprice de « plonger ». Tout se « joue » et se jouera sur votre seul désir. Ce désir s'inscrivant dans votre honnêteté, votre sincérité, votre volonté et votre décision finale et ferme de plonger dans la piscine et d'aller à la rencontre du Maître-nageur — Dieu. Lui, au centre de la piscine, vous attend, vous voit, vous regarde, perçoit vos efforts et vous aidera au moindre problème dès que **VOUS ÊTES DANS l'EAU**. Mais pour savoir s'Il va vous aider, vous devrez décider de vous mouiller, de plonger et nager vers Lui. Tout comme vous démarrez votre voiture lorsque le feu passe au vert, vous décidez ! C'est votre « maintenant ». C'est votre décision qui impulsera tout le reste comme un ordre à votre corps, votre âme, votre esprit.

Pour certaines personnes, ce choix prend quelques secondes voire quelques millièmes de seconde. Pour d'autres, des jours, des semaines ou des années, pour les suivantes, ce sera, hélas, jamais ! Ces dernières sortiront de l'enceinte aquatique de la piscine où elles étaient invitées et s'en repartiront vers d'autres cieux.

Dès lors, n'oubliez jamais et souvenez-vous toujours que vous n'êtes plus seul face à vos épreuves. Même si l'océan de souffrances a débordé et submergé ses rivages pour vous et sur vous, Dieu peut tout !

Hier comme aujourd'hui, vous êtes sous la protection de la puissance divine. Comment ? ... Par la présence et l'action des anges, ces esprits admirables au service de Dieu. Certes, vous ne les voyez pas physiquement, mais soyez certains qu'ils veillent sur vous jour et nuit. Au sujet des anges, la Bible nous rappelle[43] que :

✓ « Les anges sont des esprits chargés d'un ministère, et envoyés pour l'exercer en faveur de ceux qui recueilleront l'héritage du salut. »

Dans le même ordre d'idée, apprenez ou souvenez-vous que si les anges du démon sont légion, ceux du Seigneur Dieu Tout-Puissant sont myriades[44] !

L'action de Dieu est souveraine et capable de nous sortir de toutes mauvaises situations, de tous périls, de tous dangers comme de tous nos plus terribles combats tant intérieurs qu'extérieurs. Ainsi, je ne résiste pas à la tentation de vous publier le Psaume quatre-vingt-dix, tant il nous exprime tout sur le sujet.

« Quand je me tiens sous l'abri du Très-Haut et repose à l'ombre du Puissant, je dis au Seigneur :

« Mon refuge, mon rempart, mon Dieu, dont je suis sûr ! »

---

[43] Paul aux Hébreux : 1, 14
[44] Jean 1, 51

✓ C'est Lui qui te sauve des filets du chasseur et de la peste maléfique ; Il te couvre et te protège. Tu trouves sous son aile un refuge : sa fidélité est une armure, un bouclier. Tu ne craindras ni les terreurs de la nuit, ni la flèche qui vole au grand jour, ni la peste qui rôde dans le noir, ni le fléau qui frappe à midi.

✓ Qu'il en tombe mille à tes côtés, qu'il en tombe dix mille à ta droite, Toi, tu restes hors d'atteinte. Il suffit que tu ouvres les yeux, tu verras le salaire du méchant. Oui, le Seigneur est ton refuge ; tu as fait du Très-Haut ta forteresse. Le malheur ne pourra te toucher, ni le danger, approcher de ta demeure : Il donne mission à ses anges de te garder sur tous tes chemins. Ils te porteront sur leurs mains pour que ton pied ne heurte les pierres ; tu marcheras sur la vipère et le scorpion, tu écraseras le lion et le Dragon.

Accrochez-vous sans découragement à Dieu qui vous dit maintenant :

✓ « Puisqu'il s'attache à moi, je le délivre ; je le défends, car il connaît mon nom. Il m'appelle, et Moi, je lui réponds ; je suis avec lui dans son épreuve. «Je veux le libérer, le glorifier ; de longs jours, je veux le rassasier, et je ferai qu'il voit mon salut. »

Que ces mots s'inscrivent pour l'éternité dans votre esprit et votre mémoire. Aujourd'hui, maintenant, ne craignez plus vos problèmes vous empêchant de dormir, ne craignez plus vos ennemis qui peuvent certes, selon les circonstances, tuer le corps, mais pas votre esprit. Priez et croyez dans le Seigneur. Ayez confiance en Lui, le Tout-Puissant, Il marche à vos côtés.

Et si Dieu est pour vous, qui sera contre vous ? [45]

---

[45] Paul aux Romains : 8, 31

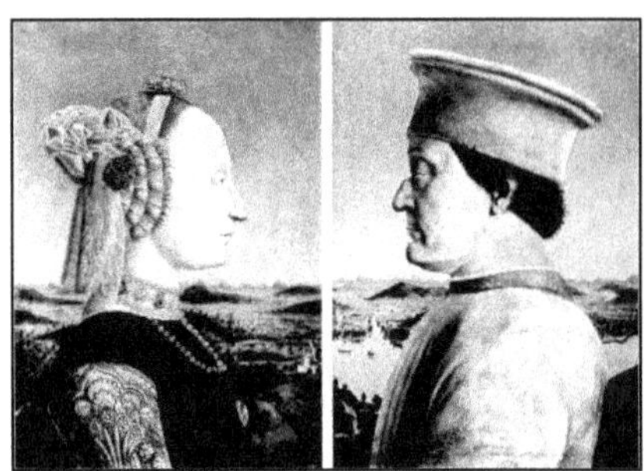

*Le triomphe de la chasteté*
*(Œuvre de Pietro della Francesca)*

« Obéissance », « Pauvreté » et « Chasteté », tels sont les trois vœux monastiques explicitement demandés depuis des siècles à tous les novices qui souhaitent rentrer dans la vie religieuse. J'aborderai ici sommairement, uniquement la question de la chasteté. Vous comprendrez aisément par ailleurs que ces trois simples mots vont bien au-delà du sens premier qu'on leur attribue généralement...

À une époque aujourd'hui révolue où la morale, parfois très, trop rigide de l'Église régnait en maître sur les esprits d'avant mai 1968, les mœurs se sont totalement libérées une fois le célèbre printemps historique écoulé. De nos jours, les changements de partenaires, de conjoints, de cohabitants sont légion. Dans certains pays, France, Belgique, Pays-Bas et d'autres encore, le mariage gay est devenu légal. Écrire dans ces conditions sociétales quelques mots sur la chasteté pourrait donc sembler complètement réactionnaire, incongru, anachronique et carrément hors du temps présent. Je le concède bien volontiers. Pourtant, il n'en est rien. L'esprit du monde, soutenu par une certaine élite intellectuelle et la société, vous encouragent par des moyens soutenus de marketing à ne vivre « que », dans un pseudo orgasme sexuel consumériste et permanent. Ainsi, il est devenu quasi interdit de ne pas jouir. Après avoir récupéré les esprits post 68', notamment au travers de l'éducation actuelle des plus jeunes, le corps humain a été parfaitement et complètement récupéré par le système. De la sorte, l'être humain est devenu une marchandise comme les autres. Comme pour les « like » sur Facebook, si de nos jours, nous n'avons pas connu sexuellement « 20 000 » corps d'hommes, de femmes, les deux à la fois ou séparément, sans omettre de changer de sexe « entre deux rencontres, « tu as raté ta life » ! C'est du moins, ce que le monde d'aujourd'hui veut nous faire croire et intégrer par tous les moyens mis à sa disposition et Dieu sait qu'ils sont nombreux. Alors qu'autrefois l'épouse offrait sa virginité à son mari la nuit de noces, la société civile s'est empressée d'abaisser la majorité sexuelle de 21 ans dans les années 60'-70' à 14 ans en 2018.

Passant d'un extrême à l'autre, nous avons migré en moins de cinquante ans d'un puritanisme excessif façon « protestante » vers une sorte de Sodome et Gomorrhe à ciel ouvert.

Comme pour le jeûne, alimentaire ou autre, l'expérience de la chasteté librement consentie est porteuse de beaucoup de fruits spirituels. En ce sens, l'abstinence sexuelle peut répondre à un appel temporaire ou définitif de Dieu. Encore et toujours dans ce cas, un discernement sérieux et profond doit être demandé dans la prière, tant il touche au plus intime de notre être.

La chasteté correctement, volontairement, librement consentie et désirée en son for intérieur est une expérience humainement riche qui vous libère et vous épanouit « Si et seulement si », elle est correctement vécue à tous les étages de votre personnalité propre. Dans le cas contraire, une chasteté imposée, mal vécue peut amener à des déséquilibres psychologiques pouvant conduire à des dérives autant dangereuses que condamnables.

Inutile de préciser que c'est un combat spirituel fort. Les tentations sont et seront nombreuses, particulièrement au début. Elles font pleinement partie du « jeu spirituel » dans lequel le Malin, fin psychologue, ne manquera pas de venir vous harceler pendant un certain temps, voire un temps certain. Sœur Emmanuelle et bien des saints l'ont vécu. Tout se jouera au niveau de votre point faible. Soyons pragmatiques : si vous êtes un adepte inconditionnel de la pratique sexuelle, il est évident que l'abstinence sera plus ardue et difficile que si la « bagatelle » ne vous intéresse pas ni ne vous concerne aucunement.

Si vous êtes marié devant Dieu, vous pouvez offrir de commun accord un « jeûne sexuel » temporaire pour soutenir et renforcer votre prière dans l'espérance d'une grâce spécifique. Je précise qu'il s'agit d'un choix, nullement d'une obligation. Vous offrez cette abstinence, ce sacrifice temporaire ou définitif au Seigneur avec cœur, mais jamais dans l'intention de le forcer à vous exaucer.

En rencontrant le Christ en Vérité, il est fréquent de voir des personnes, hommes ou femmes, n'ayant au préalable aucun engagement religieux à devenir « chastes » pendant un temps, voire pour certains définitivement. En effet, une rencontre authentique avec le Tout-Puissant marque fortement et durablement l'homme ou la femme vivant une telle visite. Une des résultantes de cette rencontre est que la personne concernée s'aperçoit immédiatement que la sexualité n'offre en fait que peu d'attrait et de « joie » en regard d'une rencontre authentique avec Dieu. Nous ne sommes plus ici dans l'expérience du 7ᵉ ciel, mais dans une autre dimension, une dimension totalement inénarrable. Pourriez-vous me décrire le goût d'une orange, du pain ou d'une tomate ?

Ce désintéressement soudain post « divine rencontre » pour les choses du sexe n'est ni anormal, ni forcément définitif. Souvenez-vous toujours que Dieu n'impose rien, Il invite. La décision finale de devenir chaste ou non vous incombera toujours. Dans la vie spirituelle, autrement dit, votre vie dans et avec l'Esprit, mettons à l'avant-plan que le discernement est absolument essentiel. La vie spirituelle doit toujours et dans tous les cas vous mener vers la Vérité de l'Amour avec un grand A dans l'équilibre de votre personne. Dieu vous respecte profondément, Il ne vous demandera jamais rien qui vous porterait préjudice sous quelque forme que ce soit. Si tel n'est pas le cas, cela ne vient pas de Dieu.

En devenant chaste par choix, vous êtes en plein accord avec le premier commandement du Décalogue : « Tu aimeras le Seigneur ton Dieu de tout ton cœur, de toute ton âme, de tout ton esprit ». Des mystiques comme Marthe Robin, Sainte Thérèse d'Avila, mais aussi Saint Jean de la Croix ou encore Sainte Rita de Cascia après être devenue veuve, connaîtront intimement Jésus à travers la chasteté et la prière. Nous entrons alors dans la dimension spirituelle ultime : le « Mariage mystique » entre l'humain et le divin. Je terminerai ce point en m'adressant particulièrement aux personnes mariées devant le Seigneur. L'acte d'amour s'exprimant par les relations sexuelles au sein d'un couple s'aimant sincèrement est naturel, humain et normal. Si vous rencontrez, à ce sujet, un problème au sein de votre couple, si le choix de la chasteté imposée dans la durée à votre conjoint, homme ou femme, sert de prétexte fallacieux à l'absence de tous rapports au sein de votre couple au détriment dudit conjoint, interpellez-vous et comprenez que la communication au sein d'un couple est la base de toute relation. Le meilleur exemple de couple chrétien, hormis celui de Joseph et Marie, est celui du couple formé par Saints Louis et Zélie Martin, parents de Sainte Thérèse de l'Enfant Jésus.

- ✓ Ne blesse pas, ne repousse jamais ; la colère de l'homme n'accomplit pas la justice de Dieu. Qui es-tu pour être impitoyable ? Pour prononcer et pour juger ? Supporte et aime ».
  Citation de Henri-Frédéric Amiel — Journal intime (1849.)

- ✓ « L'homme, quand un accès de colère l'égare, court lui-même au-devant du mal qu'il se prépare ».
  Citation de Publilius Syrus — Sentences — I$^{er}$ siècle av. J.-C.

- ✓ « La colère est le désir qui nous excite à faire du mal à celui que nous haïssons ».
  Citation de Baruch Spinoza — Éthique (1677)

✓ « La colère est à la fois le plus aveugle, le plus violent et le plus vil des
   conseillers.
         Citation de Louis-Philippe de Ségur — Pensées et maximes (1823)


✓ « L'homme colère est plus souvent dehors que chez lui ».
         Citation de l'Angleterre — Les proverbes et adages anglais (1840)


✓ « Celui dont la colère éclate est moins dangereux que celui qui la cache
   sous un air modéré ».
   Citation de Euripide ; Fragments — V$^e$ siècle av. J.-C.


✓ « La colère est le commencement de la folie ».
   Citation de Quintus Ennius ; Les fragments — III$^e$ siècle av. J.-C.


✓ « La colère est une maîtresse impérieuse et méchante, elle récompense
   toujours mal ceux qui lui obéissent, et vendent cher les pernicieux
   conseils qu'elle donne. Dans combien d'excès honteux, indignes,
   quelquefois irréparables et suivis de cruels remords, ne précipite-t-elle
   pas !


✓  La colère porte à dire et à faire mille choses qui avilissent toujours, et
   qui souvent déshonorent le colérique [46] ».


✓ « Chacun a ses faiblesses et ses misères, mais malheureux l'homme
   qui a la colère pour partage ! »


✓ « La colère ? ... ça énerve, ça donne des rides, ça te rend moche, c'est
   une perte de temps, c'est trop nul ».
   Citation d'une jeune voisine, 12 ans

---

[46] Citation de Jean Baptiste Blanchard
Les maximes de l'honnête homme (1772)

Il n'est pas dans le dessein de Dieu que vous viviez dans cette émotion humaine, même s'il peut être naturel, instinctif de la ressentir. Les bonnes peurs existent, celle par exemple qui vous maintient en vie en vous empêchant de sauter du centième étage d'un immeuble à New York ou Dubaï. Celle encore d'avoir peur devant un fauve en liberté ou encore, celle face à une personne armée vous menaçant directement. Un soldat au combat connaît la peur tout comme les civils au cours des bombardements. Face aux dangers, ces peurs sont salutaires. Elles vont vous maintenir autant que faire se peut en vie.

Puis, il existe ces peurs que je qualifierai d'irraisonnées qui submergent tant de nos contemporains. Peur d'une souris, de prendre le train, de monter dans un avion, de « perdre » son travail, etc.

Ces peurs-là ne menacent pas directement votre existence. Nous sommes donc bien en présence de ce que je qualifierai de deux types de peur : la peur rationnelle et la peur irrationnelle. Le tout est de ne jamais nous laisser submerger par nos peurs et pour cela, le Seigneur nous y aide. Avez-vous peur en ce moment ? Comme pour la colère, la bonne réaction est de confier immédiatement notre émotion à Dieu et de demander sa Paix.

*La Bible déclare*[47] : « Dites à ceux qui perdent courage » :

**« Ressaisissez-vous, n'ayez pas peur, voici votre Dieu ».**

*Ou encore...*
**« N'ayez plus peur ! Reprenez courage ! »** [48]

*Mais aussi...*

---

[47] Ésaïe 35,4
[48] Zacharie 8, 13

« Ne crains pas à cause d'eux, parce que Moi,
Je suis avec toi, afin que je te délivre ». [49]

Au cœur de chaque être humain, subsiste et subsistera éternellement, un désir, celui d'être en paix. Ceci, autant au-dedans qu'au-dehors et autour de nous. Avec la paix de Dieu dans notre vie, nous pouvons construire et bâtir durablement ce que nous voulons. Sans la paix de Dieu, tout est éphémère, tout n'est que sable. Au moindre problème, tout s'effondre comme château de cartes.

Encore, toujours et sans relâche, tournez-vous vers Jésus-Christ, le seul, vrai et authentique Prince de la Paix, car Il est bon pour chacun de nous. Ne perdons jamais de vue qu'Il a vécu en tant qu'homme parmi les hommes. Il a étudié, Il a travaillé de ses mains en tant que charpentier, Il a parcouru des milliers de kilomètres à pied, souvent comme un sans domicile fixe. Il connaît parfaitement la rudesse de la vie. Il sait combien les hommes et les femmes peuvent rencontrer de souffrances au cours de leur existence. Dieu, dans sa bonté, voyant nos difficultés, nous a envoyé bien plus qu'un Sauveur, Il nous a envoyé et donné un ami véritable, sincère, honnête et fidèle : Jésus.

Imaginez-vous vivant une situation difficile où ni solution et issue se profilent. Criez vers Dieu ! Oui, invoquez la puissance de Dieu pour sortir d'une addiction, d'un comportement décidément trop nuisible à vous-même, vos proches, mais aussi d'une emprise contre vous. À ce sujet, remémorez-vous le Psaume 34 et particulièrement le verset 7 : « Voilà, un pauvre qui a crié au secours ; le Seigneur l'a entendu et l'a sauvé de tout ce qui l'angoissait ». Oui, Dieu est à vos côtés !

En d'autres mots, mais dans le même esprit...

« Quand un malheureux crie, l'Éternel l'entend,
et Il le sauve de toutes ses détresses »

Vous avez osé vous tourner vers le Christ ?
Vous Lui avez ouvert votre cœur sincèrement et honnêtement ?

Un seul mot : Bravo !

Vous l'avez trouvé et rencontré dans un face à face intérieur intense ?

– Félicitations ! –

---

[49] Jérémie 1,8

85

À présent, ne le perdez plus de vue, jamais ! Si dans votre existence, il vous est probablement arrivé de perdre de vue une personne, Jésus, quant à Lui l'ayant trouvé, gardez-le toujours dans votre champ de vision. Facile ? Détrompez-vous ! Rien n'est jamais acquis ! Nul ne sait d'où vient l'Esprit ni où Il va. Il est totalement libre. Ici encore, la persévérance et la confiance dans la prière, dans votre intimité avec Dieu sont incontournables.

Soyons honnêtes, les tentations extérieures sont nombreuses. Nous vivons dans un monde où tout va très et de plus en plus vite. Un monde nous individualisant, mais où nous ne vivons pas seul. Un monde qui nous fait croire que vous n'avez pas le temps, mais qui dans le même temps, met tout en œuvre pour accaparer votre esprit. Ce mode de vie s'exprime tant dans votre travail, votre ménage, avec les enfants, dans la préparation de vos prochaines vacances, mais aussi les dernières soldes à acheter, le dernier produit à la mode à acquérir, sans oublier les rencontres faciles dans une société aux mœurs décomplexées, libérées et débridées. Cette société où, comme je l'ai évoqué précédemment, tous les interdits ont été progressivement levés « post Mai 68' » par l'abandon progressif de la pratique religieuse. La vie spirituelle peut sembler anachronique pour beaucoup de nos contemporains. Si votre cercle d'amis est composé principalement de personnes athées, vivant sans Dieu, je ne doute pas qu'en leur avouant votre pratique quotidienne de la prière, ces mêmes personnes vous regardent avec des yeux de merlans frits.

*« Quoi ? toi tu pries, non ne me dis pas ça ?! ».*

Ayant désormais rencontré Dieu ou si vous êtes en chemin vers Lui, la question fatale, mais incontournable se pose à vous : dois-je plaire à Dieu, au Christ, ou au monde ? ... Aller dans le sens du monde ou aller à contre-courant de ce monde dans lequel vous vivez ? ...

Vous avez un choix à faire et il faudra impérativement vous y tenir afin de ne pas, plus perdre ce qu'on appelle : la Grâce. Tout dépendra de votre approche de la vie spirituelle, ce à quoi vous aspirez vraiment. Un pied dedans et un dehors, ou les deux dedans ? Je vous rappelle que Dieu a en horreur les tièdes et des tièdes, il y en a malheureusement beaucoup.

Tout cela nous ramène donc à cette fameuse «conversion» de cœur à opérer en profondeur, à une modification tout aussi profonde de notre état d'esprit sur tout ce qui nous entoure, et tout particulièrement de notre relation à la vie. Introspection, introspection, êtes-vous prêt à franchir le pas définitivement ?

Si oui, vous rencontrerez Dieu, je n'en doute pas. Dans le cas contraire, je vous invite à continuer votre quête de la Vérité. En effet, peut-être n'êtes-vous pas encore disposé à rendre les armes ? Car vivre Dieu, c'est être et vivre dans le Monde, mais sans ne plus être du Monde.

Au fil des prières reprises dans ce livre et dans bien d'autres, il s'avère que sur le fond, l'homme aime demander. En effet, nous aspirons légitimement à ce que nos ardentes prières et supplications se transforment et deviennent des réalités concrètes pour nous-mêmes comme pour les personnes qui nous ont demandé de prier pour elles. En somme et par extrapolation, nous pouvons en conclure que béni par Dieu, il n'existe pas de meilleure et plus belle vie pour chacun de nous, qu'une existence humaine vécue entièrement sous le regard de Dieu. Il est alors pleinement notre Père et agit en Père toujours soucieux du bonheur et du bien-être de ses enfants qui le reconnaissent.

Voici une petite histoire qui vous aidera à comprendre comment Dieu agit et bénit celui ou celle qui vit sincèrement sous le regard divin.

L'histoire se déroule dans un petit village de Bretagne, voici un peu plus d'un siècle.

Un paysan, Jean-Baptiste de son prénom, avait un fils Nikolazig et habitait dans sa petite ferme avec sa femme, Azeline. Ils priaient toujours ensemble Dieu de les bénir et, le faisaient dès l'aube venue. Il ne se passait pas un repas sans que le bénédicité ne soit récité. Ils louaient Dieu pour tout dès qu'ils en avaient la possibilité. Jean-Baptiste passait sa vie aux champs et entretenait sa ferme. Ses vaches lui donnaient du lait, le surplus était transformé en bon beurre qu'Azeline revendait au marché hebdomadaire de la région.

Il possédait également quelques bœufs qui l'aidaient au labour, car les tracteurs n'existaient pas encore. Quelques poules aussi et puis un cheval. L'animal encore jeune était visiblement un superbe étalon en devenir. Notre fermier entretenait de bonnes relations avec tous ses voisins qui venaient lui rendre visite régulièrement, mais aussi, admirer ce poulain pas comme les autres.

Ayant appris l'existence de ce magnifique poulain promis aux plus belles destinées sur les champs de courses, de riches Parisiens vinrent le visiter pour lui acheter l'équidé, l'élever pour en faire ce que l'on appelle communément « une bête de course ». Les propositions pleuvaient toutes plus alléchantes les unes que les autres. Pas breton pour rien donc très têtu, notre paysan opposait une résistance décidée à toutes ces offres de rachat qui auraient pourtant changé leur condition de vie pénible.

Au vu des allées et venues de ces riches étrangers se rendant à la ferme de Jean-Baptiste, les villageois eurent connaissance des transactions proposées et refusées par le paysan pour le rachat du cheval. Ils vinrent trouver notre homme qui répondait inlassablement. « Jamais je ne vendrai mon cheval ! ». Les gens ne comprenaient pas que l'on puisse refuser un tel pont d'or pour un animal, aussi beau soit-il...

Le temps passa. Nikolazig, fierté de son père, aimait beaucoup cet étalon et le dressait à la monte. En quelques mois, une belle complicité naquit entre eux deux ! Au soir couchant ou dès que l'aube pointait ses premiers rayons de soleil, il n'était pas rare de les voir se promener dans toute la région. Voyant l'évolution du cheval, les candidats acheteurs revenaient de plus belle mais notre paysan restait sur sa position, non, c'est non !

Un jour, au cours d'une galopade soutenue, le fils du paysan chuta de son fier étalon. Catastrophe, l'enfant blessé ne savait plus marcher qu'en claudiquant. Ne le voyant pas revenir à la ferme comme à son habitude, après quelques recherches, des paysans le trouvèrent et le ramenèrent au bercail sur un brancard, sous les yeux en larmes du père et de la mère.

Apeuré puis calmé, le cheval fut récupéré et ramené à son propriétaire. Les villageois vinrent tour à tour consoler les parents du funeste sort qui avait frappé cette famille priante et sans histoire. Certains envieux, lui firent le reproche de ne pas avoir revendu l'animal, en rappelant à Jean-Baptiste que s'il l'avait laissé partir contre un pont d'or en monnaies sonnantes et trébuchantes, cette catastrophe ne serait jamais arrivée, que le fils marcherait toujours puis que surtout, il pourrait encore aider son père aux champs. D'autres encore suggérèrent de faire mourir cette sale bête bien trop fière. Jean-Baptiste, lui, restait encore et toujours sur sa position : non, je garde mon cheval.

Le temps passa. Nikolazig se remit, mais resta handicapé de sa chute. Il aidait vaille que vaille ses parents comme il le pouvait. Pas facile la vie sur une jambe... Malgré cette blessure de la vie, il ne tenait aucune rancune au cheval son ami et le soir, la famille rendait grâce à Dieu qu'il soit toujours vivant pour partager le bénédicité.

Un jour de 1914, l'église du village sonna le tocsin. La Première Guerre mondiale venait de commencer. Sur toutes les mairies de France, les affiches ordonnant la mobilisation générale étaient placardées. Les ordres étaient clairs, tous les jeunes hommes du village étaient appelés sous les drapeaux. Le fils du paysan, désormais quelque peu handicapé, bien que désireux de s'en aller botter le cul aux fridolins, fut exempté et renvoyé illico à la ferme.

Guerre ou pas, la vie continuait et s'écoulait au rythme des saisons dans le petit village. Les mois passèrent puis les années. La victoire, c'était pour demain... Chaque semaine, la poste apportait les faire-part barrés du tricolore de la République annonçant que telle ou telle famille avait perdu un fils, mort courageusement au combat dans la Somme ou quelque part dans les lointaines tranchées perdues des Ardennes.

Un dimanche après la messe, Jean-Baptiste vint boire l'apéro au bistrot du village. Il était accompagné de sa petite famille. Des villageois dévisagèrent Jean-Baptiste et son fils en leur disant sur un ton méprisant qu'ils avaient bien de la chance d'être préservés par la guerre.

Que derrière chaque porte de chaque maison du village, une famille avait perdu au moins un enfant mort pour la patrie, mais qu'eux avaient été épargnés. Pour peu, on lui aurait dit que c'était injuste. Le paternel, d'habitude toujours bourru, les fixa un par un du regard et leur répondit alors calmement, mais fermement : « Aujourd'hui, vous nous jugez, aujourd'hui vous nous reprochez de ne pas avoir de mort à pleurer. Pourtant, vous souvenez-vous que vous me conseilliez de vendre, à une époque mon bel étalon ? ... Si je vous avais écouté, j'aurais vendu mon cheval et j'aurais eu, il est vrai, beaucoup d'argent. Nous aurions pu engager des domestiques et autres valets pour les rudes besognes de l'été. C'est vrai. Notre vie aurait été moins dure. Mon Nikolazig n'aurait pas chuté et ne serait pas aujourd'hui handicapé. Comme vos fils, il serait parti à la guerre.

En le vendant, je n'aurais plus eu de cheval, c'est encore vrai, mais comme vous aujourd'hui, je n'aurais plus de fils non plus. Je rends donc grâce à Dieu, oui je le bénis, car nos prières ont toujours été entendues. Aujourd'hui, je compatis et nous participons à votre douleur d'avoir perdu vos fils, mais je bénis le Seigneur d'avoir toujours le mien bien en vie ainsi que mon cheval qu'il a pour seul ami.

Méditez cette petite histoire dont nul ne sait si elle est authentique, mais qui nous apprend combien et comment Dieu bénit les humbles, les petits, les sans rien. Entraînez-vous à reconnaître au fil du texte, chaque action de Dieu. Si vous aviez été un personnage, quel aurait été votre rôle ?

Celui d'un villageois, d'un parisien ou de Jean-Baptiste le paysan breton ?

Dieu est le Maître du temps, de l'espace et de ses bénédictions. Il veut nous bénir et Il n'a de cesse de vouloir nous envoyer ses bénédictions, mais nous, le comprenons-nous ? Force est de constater que c'est bel et bien dans la durée et après avoir discerné les événements que nous commençons à comprendre l'action divine dans notre vie.

Combien d'hommes et de femmes n'auraient pas maudit Dieu après la chute de cheval de Nikolazig sans être à même de deviner que ce douloureux accident allait plus tard sauver la vie de leur fils. Trouvant ce Dieu ingrat et injuste, combien n'auraient-ils pas cessé et abandonné toutes prières ? Je vous le dis sans crainte de me tromper, la majorité ! Jésus nous le rappelle encore et toujours, beaucoup d'appelés, peu d'élus. Voulez-vous être dans le camp des élus ? Faites comme Jean-Baptiste, bénissez le Seigneur. Bénissez Dieu pour tout ce que vous avez reçu de la vie, bénissez-Le aussi pour tout ce que vous n'avez pas reçu. La raison vous échappe probablement, mais soyez en paix et considérez qu'en fait, c'était pour votre bien. Au lieu de maudire à tout bout de champ, prenez l'habitude de bénir. Bénissez vos parents, bénissez vos enfants, bénissez votre patron, la société qui vous emploie, même votre banquier grâce à qui vous avez reçu le financement inespéré pour l'acquisition de votre nouvelle voiture ou maison. Il ne s'agit pas de bénir pour bénir, il ne s'agit pas de bénir n'importe quoi et pour n'importe quoi. Non, en bénissant, vous signifiez à Dieu que vous reconnaissez ses bienfaits pour vous, sur vous, pour votre famille, pour vos amis.

Avez-vous remarqué combien les gens, les jeunes particulièrement, sont négatifs à notre époque ?

Petit exemple vécu : ma nièce, 26 ans, sortait avec des amies. L'une d'elles la voyant sourire, la voyant heureuse de son nouveau travail, l'entendant souhaiter « bonne journée », « bon week-end », l'interloqua et lui demanda ouvertement : « pourquoi nous souhaites-tu bonne journée et bon week-end à chacune de nous alors que la vie, c'est de la "merde" ?

Dois-je préciser que ces propos ont été tenus voici peu, en 2018 par de jeunes femmes de 25 ans dans un pays vivant en paix, loin des guerres du Moyen-Orient ou de l'Afghanistan ? ... Dois-je souligner que ces mêmes jeunes femmes ont eu la chance de faire de hautes études comme ma nièce et ne manquent ni de travail, ni d'argent, ni de vêtements luxueux, ni du smartphone dernier cri ni de la voiture de gamme ? Oui ? Alors je le confirme.

Ma nièce fut secouée et fort choquée par ces propos inattendus et blessants. Connaissant mon engagement chrétien, elle vint me trouver pour me demander le pourquoi de ces réactions négatives et me partager son souhait de changer l'esprit de son cercle d'amis. Je lui répondis tout simplement que par la prière elle comprendrait que c'est Dieu à travers elle qui s'adressait à ses amies. Se laissant faire et guider par le Seigneur, elle collabora pleinement au dessein de Dieu. L'Éternel entendant et voyant la détresse intérieure de ces jeunes femmes, souhaitait leur exprimer, leur montrer surtout, qu'à travers son exemple, ma nièce, en tant que croyante et priante, la vie n'était pas vaine, que tout était possible si elles se tournaient vers Lui. Que non, la Vie n'était pas de la "merde". La mauvaise réaction aurait été que ma nièce coupe les ponts avec ces personnes. Je ne l'ai pas encouragée à cela, mais je l'ai invitée à les rencontrer moins fréquemment, et à oser aborder, tout en douceur, avec chacune d'elle la question de la Foi. Ainsi, peu à peu, à travers les mots de ma nièce, elles comprendraient que Dieu les aime. Qu'en dénigrant la vie, leur vie, ce n'était pas celle-ci qu'elle rejetait, mais leur personne, elle-même. Maintenir le dialogue les aiderait aussi à prendre conscience que pour Dieu qui est la Vie, elles avaient chacune une valeur unique aux yeux du Tout-Puissant. Bien qu'elles s'étaient senties intérieurement rejetées, Dieu les accueillait les bras grands ouverts. Étymologiquement, bénir vient du latin "bene et dicere", littéralement : "dire du bien" de...

En tant que membre du Corps du Christ par votre baptême, vous devenez en bénissant, intercesseur auprès de Dieu. En implorant une bénédiction à Jésus, vous faites davantage que demander à Dieu de vous bénir, vous demandez l'intercession du Christ en votre faveur ou pour autrui. Fort de notre certitude grâce à l'approche théologique, conscient qu'aucune prière adressée par Jésus au Père n'est refusée, vous pouvez pleinement mesurer les grâces qui jalonneront votre vie et qui seront données aux personnes pour qui vous priez. Lorsque vous bénissez vos parents, comme le décrit le 4ᵉ Commandement de la loi mosaïque, vous honorez vos parents et montrez à Dieu combien vos parents ont été bons pour vous. Toute parole qui sort de votre bouche vous reviendra toujours. C'est ce qu'Abraham, le père des croyants avait compris. Bénissez, vous serez béni. Maudissez, vous vous maudirez vous-même. Pardonnez et vous serez pardonné, peut-être pas par les hommes, mais par Dieu avec certitude. Simple, non ?

Essayez et vous verrez de vos yeux votre vie se transformer petit à petit, jour après jour au rythme du Seigneur. Soyez-en sûr. En bénissant, même vos ennemis, vous semez aussi des graines dans le cœur de Dieu et des hommes que vous avez bénis. Laissez le temps aux graines de germer et vous récolterez ce que vous aurez semé, une belle moisson.

En revenant sur l'aparté entre ma nièce et ses amies, nous constatons que derrière ces paroles, de prime abord, banales, ce "bonjour, bonne journée, bon week-end" interpellent toutefois ses amies. Interloquées, dérangées, elles se posent des questions. À cet instant précis, Dieu a déjà agi ! Les graines ont germé. Ce "réveil" intérieur amènera ces jeunes femmes à s'interroger durablement sur leur rapport à la vie, au genre humain, à Dieu. Elles sont sans le savoir, sans aucunement le réaliser encore, sur le chemin de la conversion. Certaines d'entre elles finiront par porter du fruit en abondance, d'autres, hélas, se retourneront vers leur passé refusant de croître dans l'Amour et la Sagesse. Tout est réellement question d'état d'esprit. Changez votre état d'esprit et votre bénédiction ne sera pas vaine. Vous recueillerez joie, santé, prospérité pour vous comme pour vos proches. Là où les catholiques et les orthodoxes sont souvent renfermés, austères à l'excès et font triste mine, je suis, bien que catholique, souvent admiratif envers nos frères protestants. En effet, ils savent parfaitement maîtriser la louange et user des bénédictions prescrites par la Bible et cela à leur plus grand profit. Dieu vous bénit sans mesure. Il est le Père des Miséricordes, le Père des Bénédictions, le Père du Pardon. Allez les chercher, recevez-les, reconnaissez-les et surtout vivez-les ! ... Vous pensez manquer de Foi, de confiance en Dieu, en vous-même, sollicitez auprès du Christ, cette confiance dont vous manquez. Je ne doute pas une seconde qu'elle vous sera généreusement accordée.

Bien des gens aiment Jésus. Pour ma part, ayant beaucoup voyagé, je n'ai encore jamais rencontré une personne me disant, même chez les personnes incroyantes les plus rabiques, "je n'aime pas Jésus". En général, ce qu'ils n'aiment pas, c'est l'Église institution, la religion, les prêtres, les rites, les obligations. Cette confusion fait naître le vide, le mal-être, l'abandon de la Foi et par extension, toute pratique. Or l'espace a horreur du vide et ce vide sera systématiquement rempli rapidement par "autre chose". Pourtant, je vous invite à méditer cette simple phrase, mais combien riche :

### La Foi, le dépôt de la Foi et ce qu'en font les hommes.

Autrement dit, le Christ, l'Église et ce que les hommes en font, ce que nous en faisons. Et notre Foi quelle est-elle, sur quoi repose-t-elle sinon sur le Credo. Mais aussi sur un fait historique inscrit dans le temps et l'espace qui s'est répandu sur la terre au fil de l'histoire humaine en attestant que Jésus le Nazaréen, célibataire, charpentier de son état, "master es Thora", est mort sur une croix et est ressuscité des morts voici environ deux mille ans. En nous tournant vers Dieu, vers le Christ, en nous lançant dans la belle aventure que sont la prière et la vie spirituelle authentique, le doute ne nous habite-t-il pas parfois ? Croyons-nous, croyez-vous vraiment balayé entre vos certitudes intellectuelles et votre for intérieur en sa Résurrection ?

En d'autres mots, quelle est réellement la profondeur de votre Foi ? Croyez-vous réellement et intimement en la vie éternelle ?

Peut-être ne vous êtes-vous jamais posé ces questions. Dans ce cas, il est temps de vous interroger. Qui est réellement Dieu pour vous ?

Croire, ne pas croire, le sujet de la Résurrection est délicat face à la mort, et tout particulièrement face à notre propre mort. Ce sont pourtant des questions essentielles auxquelles le Christ nous interpelle sans cesse.

### "Et vous, qui dites-vous que je suis ?"...

Si vous aviez la Foi comme une graine de sénevé, vous diriez à cette montagne de se jeter dans la mer et à l'instant elle le ferait » ou encore, « heureux ceux qui croient sans avoir vu »[50]. Nombreux sommes-nous à prier, mais avons-nous conscience, réalisons-nous vraiment la puissance de la Résurrection de Jésus-Christ ?

Comme le dit très justement Saint Paul, « si le Christ n'est pas ressuscité, vaine est notre Foi et nous nous faisons menteurs, notre témoignage ne vaut rien.[51]

---

[50] Jean 20, 24-29
[51] 1 Corinthien 15, 12-33

Du lever au coucher, la vie de l'être humain est jalonnée en permanence de choix, de décisions à prendre. Vous avez sans nul doute remarqué au fil des pages qui précèdent que je vous ai évoqué à maintes reprises l'importance de savoir discerner en nous et autour de nous. En effet, une vie spirituelle authentique ne peut se concevoir, exister en plénitude sans le discernement. Malheureux celui qui ne sait distinguer sa main gauche de sa main droite. Et que dire de celui ou celle qui prie, agit et vit sans aucune clairvoyance, sans cesse ballotté entre le monde de l'esprit où il chemine spirituellement et la société athée, vidée de toutes essences.

Mais encore faut-il s'entendre sur le mot discernement. Selon Monsieur Larousse, le discernement est l'opération de l'esprit qui distingue les choses. En deux mots, discerner c'est la faculté de juger le vrai du faux, d'apprécier sainement les choses grâce à l'intelligence, mais aussi le sens critique qui nous permettent d'agir avec plus de bon sens et de sagesse.

Si dans le monde moderne, le discernement est une nécessité de chaque jour, dans la vie spirituelle, il est vital, essentiel, capital. Petit exemple concret : nous rendant d'un point A vers un point B, nous nous perdons en chemin malgré l'usage de notre GPS dernier cri. Cette erreur de parcours aura pour conséquence éventuelle un léger retard à notre rendez-vous. Dans la vie spirituelle, il en va tout autrement. Les conséquences pour la personne ayant manqué de discernement peuvent s'avérer catastrophiques à court, moyen ou long terme selon les situations du moment.

Que nous dit le Pape François dans son exhortation "Gaudete et exsultate" au point N° 166 et suivants concernant l'importantissime aspect du discernement... ?

Comment donc savoir si une chose vient de l'Esprit Saint ou si elle a son origine dans l'esprit du monde ou dans l'esprit du diable ?

Le seul moyen est le discernement qui ne requiert pas seulement une bonne capacité à raisonner ou le sens commun. C'est aussi un don qu'il nous faut demander. Si nous le demandons avec confiance au Saint-Esprit, et que nous nous efforçons en même temps de le développer par la prière, la réflexion, la lecture et le bon conseil, nous pourrons sûrement grandir dans cette capacité spirituelle. Aujourd'hui, l'aptitude au discernement est redevenue particulièrement nécessaire. En effet, la vie actuelle offre d'énormes possibilités d'actions et de distractions et le monde les présente comme si elles étaient toutes valables et bonnes. Tout le monde, mais spécialement les jeunes, est exposé à un zapping constant. Il est possible de naviguer sur deux ou trois écrans simultanément et d'interagir en même temps sur différents lieux virtuels. Sans la sagesse du discernement, nous pouvons devenir facilement des marionnettes à la merci des tendances du moment ».

Ceci à toute son importance, quand surgit dans nos vies, un fait inattendu, une nouveauté ! Ce sont dans ces moments précis, voire critiques que savoir discerner est primordial, savoir entrevoir, pressentir s'il s'agit du vin nouveau de Dieu ou bien d'un leurre émanant de l'esprit du monde ou de l'esprit du diable. Par contre, soyons vigilants. En effet, les forces du mal peuvent aussi nous induire à ne pas changer, peuvent voiler notre esprit et notre conscience afin de laisser les choses telles qu'elles sont, à choisir l'immobilisme et la rigidité, à nous enliser. En agissant ainsi, nous empêchons le souffle de l'Esprit d'œuvrer en nous et autour de nous. Certes, nous sommes libres, de la liberté de Jésus-Christ ! Mais n'oublions pas qu'Il nous appelle à examiner ce qu'il y a en nous — désirs, angoisses, craintes, aspirations — et ce qui se passe en dehors de nous — « les signes des temps » — pour reconnaître les chemins de la pleine liberté : « Vérifiez tout. Ce qui est bon retenez-le » (I Th 5, 21).

Au-delà de l'importance du discernement dans les moments particuliers de nos vies, au cœur de problèmes majeurs, il est aussi un instrument de lutte pour mieux suivre le Seigneur. Il nous aide en effet à reconnaître les temps de Dieu et de sa grâce, à ne pas gaspiller les inspirations du Seigneur, à ne pas laisser passer son invitation à grandir, à cheminer vers Lui. Souvent cela se joue dans les petites choses, dans ce qui paraît négligeable, parce que la grandeur se montre aussi et surtout dans ce qui est simple et quotidien. Aussi, ne mettons pas de frontières, de barrières à ce qui est grand et beau, mais soyons aussi attentifs au quotidien à ce qui est petit, à ces petits riens, au don de soi.

Aussi, je me permets en toute humilité de demander à tous les chrétiens de faire chaque jour, en un dialogue intime avec le Seigneur qui nous aime, un sincère « examen de conscience ». Par ces chemins, le discernement nous conduit à reconnaître les moyens concrets que le Seigneur prédispose dans son mystérieux plan d'amour, pour que nous n'en restions pas seulement à de bonnes intentions. Il est incontestable que le discernement spirituel n'occulte pas le bénéfice des connaissances humaines, existentielles, psychologiques, sociologiques et morales. Au contraire, il les transcende. Même les sages normes de l'Église n'y suffisent pas. Rappelons-nous toujours que le discernement est une grâce. Bien qu'il inclue la raison et la prudence, il les dépasse dans la volonté d'entrevoir le mystère du projet unique et inimitable que Dieu a pour chacun de nous, et qui se réalise dans des contextes et des limites multiples et variés. Ne sont pas seulement en jeu un bien-être temporel, ni la satisfaction de faire quelque chose d'utile, ni le désir d'avoir la conscience tranquille. Ce qui est en jeu, c'est le sens même de ma vie devant le Père qui me connaît et qui m'aime plus que tout autre !

En définitive, le discernement conduit à la source même de la vie qui ne meurt pas, c'est-à-dire celle de connaître le Père, le seul vrai Dieu, et celui qu'Il a envoyé, Jésus-Christ (cf. Jn 17, 3). Il ne requiert pas de capacités spéciales ni n'est réservé aux plus intelligents ou aux plus instruits, et le Père se révèle volontiers aux humbles (cf. Mt II, 25). »

Ayant assisté à bien des erreurs de discernements de personnes parfois proches, autour de moi, j'ai en effet pu constater que ce manque de discernement qu'elles auraient pu obtenir dans la prière les avait entraînées dans des errements regrettables, mais aux conséquences toujours fâcheuses, souvent coûteuses. Souvenons-nous encore et toujours de l'adage populaire ô combien exact qui nous prévient que l'enfer est toujours pavé de bonnes intentions. Typiquement, le Malin donne toujours une solution immédiate nous semblant comme une aide de Dieu face à une situation critique pouvant éventuellement nous « sauver dans l'instant », mais jamais pour longtemps. La note finale sera, disons-le, toujours « salée ».

Relevons pour l'exemple, l'erreur du choix de la carrière professionnelle ou d'un mauvais employeur. Mais aussi d'une union précipitée par l'aveuglement amoureux du partenaire conjugal. Il suffit pour s'en convaincre de se rendre un matin aux audiences des tribunaux où sont prononcés des dizaines de divorces chaque jour. Pourtant, ces personnes se sont « aimées », surtout se sont « choisies », mais sans le discernement divin un « soir d'été ». Par ailleurs, je confirme sans détour que les personnes priantes, vivant vraiment dans la foi, divorcent rarement. Je n'ai pas connaissance de statistiques sérieuses concernant le taux de divorces chez les personnes priantes chrétiennes, mais c'est un constat personnel qui peut sembler toutefois troublant en regard d'une société actuelle incontestablement débridée. Tout ceci m'amène à affirmer et confirmer, sans porter de jugement sur quiconque, qu'une vie en couple établie dans une foi sincère en Dieu, sous le regard bienveillant de Jésus-Christ, évite bien des déboires et autres drames familiaux dont les enfants seront toujours les premières victimes. Pourtant, nous savons par expérience que le discernement véritable reçu de Dieu amène l'humain à devenir une personne équilibrée et que le bénéfice global du discernement reçu l'amènera vers une vie pleine, saine et généralement réussie. À regret, observons pourtant d'une manière générale, en portant notre regard sur la société occidentale actuelle, sans exclure pour autant ce monde globalisé vidé de toute spiritualité que l'argent, la monétisation scandaleuse de l'être humain sont devenus le sens commun général.

L'homme d'aujourd'hui est devenu « l'homo oeconomicus », l'homme économique en latin avec tout ce que cela sous-tend. Affirmons dès lors que le terrain économique à toutes les échelles de la société a littéralement supplanté l'être humain. Ce dernier est réduit à subir des politiques mises en place par les financiers et certains politiciens sans aucun scrupule ou état d'âme. Ce monde et cette société usent et abusent de tout ce que peut encore nous offrir notre planète jusqu'à plus soif. La vie de l'homme d'aujourd'hui est réduite à ne plus vivre l'existence que par procuration, par écrans interposés, en l'isolant de lui-même et des autres de plus en plus, jour après jour. Qu'en sera-t-il demain qui ouvre grand ses portes au cœur d'une société ultra technologique, développant l'intelligence artificielle et la robotique développée sans aucune éthique à coup de milliards de dollars ?

Ce n'est plus de la science-fiction ! Elle est dépassée, obsolète. Selon les plans concoctés par les grands de ce monde, l'avenir de l'humanité n'est plus à édifier. Il est déjà décidé, planifié et scellé pour vous par quelques firmes multinationales. Les robots humanoïdes standardisés mesurant environ 1,60 m sont prêts pour l'industrialisation à grande échelle. Pourtant, l'homme n'est pas un code binaire, il a une âme, un cœur et un esprit, mais malheureusement il ne les utilise plus que pour sa propre destruction. Sachez que les robots « New Generation » disposent d'une « pseudo conscience » implantée par l'homme. Selon certains experts, ceux ayant reçu un tel dispositif sont quelques fois « troublants » par leur réaction. Question : qu'ont-ils inclus dans cette « pseudo conscience au point d'être quelques fois tellement « déconcertant ? ». Personne ne répond clairement.

Pourtant, ils sont déjà aujourd'hui une des réalités poussées et développées au pas de charge par de puissantes sociétés japonaises telles Honda ou Toyota. Inutile de préciser qu'ils ne sont pas destinés à fabriquer des voitures ou des motos de ces célèbres marques. Que dire encore des développements expérimentaux tout aussi accélérés du « soldat fantassin dit « aux capacités augmentées », déjà existants et expérimentés dans l'armée américaine ?

Constatons enfin le désarroi parfois abyssal de nombre de nos contemporains se manifestant autant par l'apathie généralisée que par la perte de tout repère dans le monde actuel. Ce mal-être s'exprime concrètement par des « Burn out », mais aussi, et pire encore par un nombre toujours plus croissant de suicides. Ces constatations nous conduisent à une conclusion qui est terrifiante. Tout est parfaitement organisé et planifié sous nos yeux avec comme seul et ultime but in fine de profiter exclusivement à cette machination économique et à quelques ego surdimensionnés qui tirent les ficelles.

Une génération aura suffi pour qu'aujourd'hui les notions mêmes du sacré, des valeurs morales, de la prière et de la Foi en Dieu soient balayées, foulées à nos pieds. Nos contemporains aveuglés par les choses du monde et ses artifices ont été plongés dans la nuit noire et aveugle de l'errance et se dirigent vers le tout, le n'importe quoi, voire le néant !

Le Christ a demandé à ses fidèles de pardonner à ses ennemis et de prier pour eux...

Alors, vous mes amis qui lisez ces pages, vous qui avez pris conscience de l'importance de la prière, du dialogue à vivre, à entretenir avec notre Seigneur, ne laissez pas cette flamme s'éteindre en vous ! Au contraire, il vous appartient aujourd'hui et vous appartiendra toujours davantage demain d'apporter au sein de ce monde par la prière, votre prière, mais aussi par votre témoignage, votre exemple et votre discernement reçu du Seigneur, la lumière faisant désormais cruellement défaut à ce monde. Vous êtes et serez alors le « sel de la terre » réalisant pleinement la Parole de Jésus-Christ dans les Évangiles. Il est devenu réellement urgent pour notre terre assoiffée de Sagesse et de Vérité de lui apporter ce vin nouveau, fruit de Dieu dont parle dans son exhortation apostolique S.S. le Pape François.

Toutefois, à l'opposé de ce qui nous est montré et démontré par la société d'aujourd'hui, l'exemple le plus typique de mise en application du discernement reçu de Dieu, nous le trouvons au sein de l'Église. Ainsi, il est d'usage pour les novices souhaitant entrer dans un ordre religieux d'y vivre une période de trois à cinq ans avant de prononcer des vœux perpétuels. Ce temps, hors du temps, sera mis à profit par les deux parties, le postulant et la communauté, pour prier, s'observer, apprendre à se connaître.

Si on accuse souvent l'Église d'immobilisme ou d'attentisme, ce qui peut sembler parfois vrai et agaçant, il n'en est pourtant rien. Au contraire, l'Église authentique regarde, observe, prie, cherche et n'agit que dans le plus strict discernement pour le bien de chacun et de tous. Sans ce discernement, fût-ce au prix parfois d'erreurs politiques regrettables comme les différents schismes, l'Église chrétienne dans son ensemble n'aurait jamais survécu 2000 ans.

Je vous invite donc fermement à demander au Seigneur, assidûment et régulièrement dans votre prière quotidienne, le discernement.

Soyez certains qu'Il répondra favorablement à vos demandes.

Ci-dessous, un petit aide-mémoire pour vous aider sur la route du discernement...

1. Je prie et demande le discernement au Seigneur.
2. Je discerne le bon du mauvais, le Bien du Mal.
3. Je discerne entre plusieurs bonnes choses.
4. Je m'informe sérieusement.
5. Je décide fermement.
6. Je mets en œuvre mes décisions.
7. Je vérifie régulièrement les fruits attendus.
8. Je recommence avec un autre sujet, une autre question, je suis plus riche de l'expérience acquise.

*Le Jugement de Salomon*

Au cours de la première partie de ce livre, je vous ai partagé les bases essentielles pour cheminer le mieux possible vers Dieu jusqu'à sa rencontre.

Pour approfondir votre quête spirituelle, pour vivre plus profondément encore votre connaissance et votre relation avec le « Tout autre », je vous encourage vivement à vous inscrire à des cours d'études bibliques ou de « Lectio Divina ». Le curé de votre paroisse ou l'évêché de votre diocèse pour les catholiques pourront sans nul doute vous donner les modalités pratiques pour une éventuelle inscription. Pour les autres branches chrétiennes, prenez contact avec les référents des différents rites.

Participez si vous en avez l'occasion dans votre région, à des soirées organisées par des groupes de prière, charismatiques ou non. Cela enrichira votre expérience spirituelle et vous ouvrira à de nouvelles relations dans le monde chrétien riche de plus de deux milliards d'individus. Il est aussi intéressant de participer à une rencontre œcuménique, où vous pourrez apprendre comment d'autres chrétiens vivent la spiritualité en Christ, comme les protestants, les orthodoxes ou les chrétiens d'Orient. Ces moments de partage sont riches et féconds. Osez, n'ayez pas peur de franchir le pas en ce sens.

Toujours dans le cadre de l'approfondissement de votre Foi, différentes écoles de spiritualités chrétiennes vous ouvrent leurs portes. Elles sont très nombreuses. Choisissez, selon vos aspirations, dans le discernement, la prière, et en fonction de votre propre sensibilité. Telle personne appréciera la spiritualité ignacienne[52], telle autre, la spiritualité de Sainte Thérèse de l'Enfant Jésus[53], telle autre encore, se dirigera vers la spiritualité franciscaine, carmélitaine, cistercienne, maronite ou bénédictine... Ce ne sont que quelques exemples que je vous suggère, mais qui vous démontrent incontestablement toute la grandeur de la richesse de la spiritualité chrétienne. Oserais-je dire : « Peu importe le flacon pourvu qu'on ait l'ivresse » ou encore « Tous les chemins mènent à Rome ». Si chacun a « son Jésus » dans sa manière de le vivre au quotidien, ces spiritualités encadrées sont utiles afin d'éviter de dévier du bon chemin et du vécu spirituel. Notre monde a besoin de saints, il a donc besoin de vous. Il a besoin de cette lumière qui jaillit de la nuit et perce dans votre cœur et votre regard, les ténèbres, embrasant ainsi les personnes autour de vous. Une personne bien dans sa tête et bien dans son esprit, conscient de la valeur qu'elle a aux yeux de Dieu, se sent, se ressent autour de cette personne.

---

[52] Les exercices spirituels de Saint Ignace de Loyola, fondateur des jésuites.
[53] Appelée également Sainte Thérèse de Lisieux en France, Docteur de l'Église

Chez certaines d'entre elles, « flotte » dans l'air comme un parfum de sainteté qu'il nous est difficile de définir, mais toujours de quitter. Nous pouvons les reconnaître immédiatement à leur regard, à leur sourire, à leur accueil, à chaque bonne parole qu'elles vous adressent et sont autant de bénédictions pour vous. Recevez-les et bénissez-les à votre tour. L'ingratitude n'a pas de place dans le christianisme.

Comme le positif et le négatif s'opposent en électricité, il est tout aussi remarquable de constater que les personnes vivant loin de Dieu, tels les satanistes, voire beaucoup d'athées, évitent, fuient toutes relations avec les gens vivant vraiment dans la Foi. Ayant été lors d'un cocktail inaugural d'une société, en présence de satanistes très gothiques, je peux vous témoigner de facto que ces personnes ne restent jamais dans l'entourage immédiat de chrétiens vivant et témoignant au grand jour de leur foi en Jésus-Christ. Cela commence systématiquement par des sarcasmes, des propos ironiques, mais bien vite, les chrétiens concernés par ces propos désagréables les confient au Seigneur qui sans ambages remet à leur place ces opposants en leur faisant sentir sa présence.

En vivant le Christ concrètement au quotidien, vous êtes le sel de la terre dont parlent les Évangiles. Vous êtes le bon grain qui portera beaucoup de bons fruits dans un monde de trahisons, d'injustices, de perversités diverses, de violences inouïes. Découvrez ou redécouvrez progressivement le christianisme à travers la prière, mais aussi sa culture, son art et son histoire bimillénaire. Tout cela fait partie de vos racines profondes que le monde cherche par tous moyens à vous enlever de nos jours. Transmettez sans relâche ces valeurs chrétiennes à vos enfants, à vos petits-enfants. Découvrez ou redécouvrez toute la beauté de la vocation chrétienne authentique. Cette richesse vous aidera sur le chemin de la rencontre avec le Christ.

Revêtu de l'humilité vraie, apprenez avec Jésus et en Jésus, toute la beauté, mais aussi la puissance infinie de l'humilité authentique face à vos ennemis qui ne peuvent rien contre elle. Elle est votre bouclier face à toutes les méchancetés et Dieu sait combien les hommes ne manquent pas d'imagination pour ce faire ou de ce dont ils sont capables. Eu égard aux fortes pressions sociales dont sont victimes les chrétiens actuellement, mais aussi les moqueries, les propos cyniques, les agressions tant verbales que physiques, malgré tout, tenez bon et soyez ferme dans la Foi ! J'ai coutume de dire qu'un chrétien doit être doux comme un agneau au milieu des loups, mais doit aussi avoir une main ferme dans un gant de velours. Ne soyez jamais naïf, mais revêtez-vous de l'innocence de l'enfant. En effet, dans votre vie spirituelle, vous allez être confronté à des épreuves tantôt faciles, tantôt difficiles, tantôt encore elles vous sembleront invivables. Intégrez dans votre esprit que rien n'est impossible à Dieu. Définitivement, Il est votre rocher, votre abri, votre forteresse.

Assimilez que toutes ces épreuves n'ont pour seul but que de vous rendre plus fort, plus ferme dans votre Foi. Vous passerez peut-être par le feu, mais vous en sortirez comme l'or sept fois épuré. Souvent au travers de ces épreuves, c'est Dieu Lui-même qui vous taille selon son projet, sa vision du diamant que vous êtes. Vous éprouvez parfois, souvent, la plus grande incompréhension de ce que vous vivez dans l'instant. Mais en agissant dans la confiance la plus totale, vous gagnerez l'amitié de Dieu. Et être ami de Dieu, c'est pénétrer et entrer dans la belle famille des saints du Seigneur.

Que voulez-vous de plus dans cette vie et dans l'autre ?

Habité par la modestie et l'espérance, arrivé en toute humilité au terme de ce chapitre, chemin vers le cœur de la prière, j'espère toutefois ne pas avoir déçu vos attentes légitimes en regard de votre situation particulière, tant il est vrai que ce sujet est un puits sans fin.

Ce modeste ouvrage ne prétend pas avoir répondu absolument et forcément à toutes vos questions du moment. Telle n'était pas par ailleurs mon intention en l'écrivant. Il est surtout une invitation à vous mettre en marche, muni d'outils solides et fiables, ayant fait leurs preuves dans le temps. Bible, Évangiles, Eucharistie, sacrements, méditations, prières, retraites, pèlerinages, sont et seront désormais je l'espère, votre quotidien au travers de vos épreuves actuelles certes, mais aussi de vos joies à venir, que le Seigneur ne manquera pas de vous procurer par ses chemins. Je n'en doute pas. Si vous voulez voir vos rêves devenir réalités, la première chose est de vous réveiller spirituellement, car tout passe d'abord par l'Esprit et en l'Esprit Saint qui vous a été donné au baptême. Ensuite, apprendre à vous laisser faire et conduire par Dieu dans le discernement sera votre challenge de chaque jour.

Sans les apprécier véritablement, sans forcément les approuver humainement, au risque peut-être de me répéter, souvenons-nous néanmoins que c'est bien souvent au travers des épreuves de la vie, si elles sont sereinement vécues, que nous devenons plus fort. Aussi, au cœur de vos dialogues intérieurs, lorsque vous entendez le méchant singe bavard, ne vous laissez pas humilier, ne vous laissez pas séduire à croire que vous ne valez rien, que vous n'êtes bon à rien, que vous avez tout raté, que votre vie est finie, que vous n'avez pas ou plus d'avenir. Vous avez la VIE.

À chaque jour suffit sa peine, le monde ne s'est pas fait en un jour. Les erreurs passées ne se regrettent pas, elles s'assument. La peur ne se fuit pas, elle se surmonte. L'amour ne se crie pas, il se prouve dixit Voltaire. Dans tous les cas, si vous êtes bienveillant, on vous accusera peut-être d'avoir des arrière-pensées égoïstes, soyez bon quand même...

Si vous réussissez, vous gagnerez quelques faux amis, et quelques vrais ennemis, réussissez quand même... Si vous trouvez la sérénité et le bonheur, certains peuvent en être jaloux, soyez heureux quand même... Le bien que vous faites aujourd'hui, sera souvent oublié demain, faites-le quand même... En fin de compte, tout se déroule entre vous et Dieu. Cela n'a jamais été entre eux et vous de toute façon dixit aussi, Mère Teresa.

Rejetez catégoriquement avec la plus ferme intransigeance au nom du Très-Haut Jésus-Christ, toutes ces incitations qui vous attirent dans la nuit noire de la dépression et du suicide. Ces paroles et provocations négatives sont toujours et systématiquement suggérées par le mauvais, le Malin. Jamais par Dieu, jamais par le Christ !

Transformez vos échecs et vos épreuves de votre vie passée ou présente en succès avec et dans le Nom de Jésus en Lui remettant tout. Prenez le temps d'être heureux et de rendre heureux un instant vous-même et vos proches, car cet instant, c'est votre vie.

Éviter de tomber est appréciable, mais savoir se relever est nettement mieux. Quand on ose, on se trompe souvent. Quand on n'ose pas, on se trompe toujours. Quels que soient les orages dans votre vie, l'Éternel est votre plus sûr abri. Soyez rassuré, vous étant tourné vers le Christ, Jésus vous conduira et vous défendra toujours. Aujourd'hui, Il est présent, aujourd'hui, Il est à côté de vous. Dieu est Amour, Il vous aime et comme nous le rappelle vivement Saint Paul dans sa Première Lettre aux Corinthiens :

- ❖ « J'aurais beau parler toutes les langues des hommes et des anges, si je n'ai pas la charité, s'il me manque l'amour, je ne suis qu'un cuivre qui résonne, une cymbale retentissante.

- ❖ J'aurais beau être prophète, avoir toute la science des mystères et toute la connaissance de Dieu, j'aurais beau avoir toute la foi jusqu'à transporter les montagnes, s'il me manque l'amour, je ne suis rien.

- ❖ J'aurais beau distribuer toute ma fortune aux affamés, j'aurais beau me faire brûler vif, s'il me manque l'amour, cela ne me sert à rien.

- ❖ L'amour prend patience ; l'amour rend service ; l'amour ne jalouse pas ; il ne se vante pas, ne se gonfle pas d'orgueil ; il ne fait rien d'inconvenant ; il ne cherche pas son intérêt ; il ne s'emporte pas ; il n'entretient pas de rancune ; il ne se réjouit pas de ce qui est injuste, mais il trouve sa joie dans ce qui est vrai ; il supporte tout, il fait confiance en tout, il espère tout, il endure tout.

❖ L'amour ne passera jamais. Les prophéties seront dépassées, le don des langues cessera, la connaissance actuelle sera dépassée.

❖ En effet, notre connaissance est partielle, nos prophéties sont partielles. Quand viendra l'achèvement, ce qui est partiel sera dépassé.

❖ Quand j'étais petit enfant, je parlais comme un enfant, je pensais comme un enfant, je raisonnais comme un enfant.

❖ Maintenant que je suis un homme, j'ai dépassé ce qui était propre à l'enfant. Nous voyons actuellement de manière confuse, comme dans un miroir ; ce jour-là, nous verrons face à face.

❖ Actuellement, ma connaissance est partielle ; ce jour-là, je connaîtrai parfaitement, comme j'ai été connu.

❖ Ce qui demeure aujourd'hui, c'est la foi, l'espérance et la charité ; mais la plus grande des trois, c'est la charité ».

Je vous invite maintenant à relire ce texte ci-dessus et d'y remplacer le mot amour par votre prénom.

Exemple : Valérie/Arthur prend patience ; Valérie/Arthur rend service ; Valérie/Arthur ne jalouse pas, etc. ...

Ces mots seront votre engagement inébranlable envers Dieu que vous venez de rencontrer, qui vous regarde, vous tend les bras et qui vous aime !

À présent, je me retire. Non sur la pointe des pieds, mais de la plume. Comme le dit si bien Job[54], « J'ai parlé une fois, j'ai trop parlé. J'ai parlé deux fois, j'ai encore trop parlé. » Le Seigneur qui vous aime vous attend désormais pour vous le dire en Personne. Qu'il en soit ainsi pour vous.

**« Il viendra ; un soir sera le dernier soir du monde.
Un silence d'abord... Et l'hymne éclatera.
Un chant de louange sera le dernier mot dans l'aube nouvelle »[55]**

*Fin de la première partie*

---

[54] Livre de Job : 40, 1-5
[55] Liturgie des Heures

# Deuxième Partie

> *« Nous demandons à Dieu ce qu'il nous plaît.*
> *Il nous donne ce qu'il nous faut »*

Léon Bloy, écrivain français

**Au Nom du Père** : Le Père qui nous a créés
**Et du Fils** : Le Fils Jésus-Christ qui nous a sauvés
**Et du Saint-Esprit** : L'Esprit qui nous sanctifie
Un seul Dieu. Amen

Le signe de croix, faire le signe de croix, se signer, constitue en soi déjà une prière. En le faisant calmement, sans précipitation, nous déclarons à Dieu notre désir de nous mettre en route pour le rejoindre.

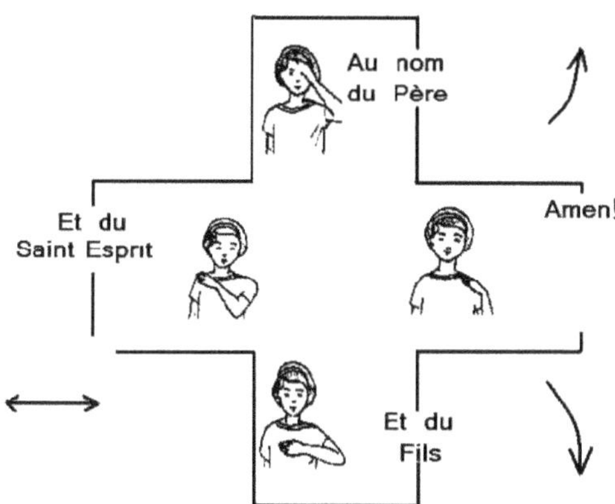

Le Crédo indique et affirme devant Dieu et devant les hommes de votre Foi en Dieu, en Jésus-Christ et en l'Esprit Saint. Il est régulièrement prononcé à voix haute lors des célébrations en église.

Que vous soyez catholique, orthodoxe ou protestant,
il est le fondement des Vérités de la Foi chrétienne.

Le Crédo vous invite à méditer chaque mot, chaque phrase.
En le proclamant avec un cœur ouvert et sincère,
vous affirmez à Dieu Trinitaire que vous croyez et espérez en Lui fermement.

Il existe deux versions du Credo. La première est une version dite « courte », elle est appelée : « Symbole des Apôtres ».
Marcel d'Ancyre, Évêque d'Ancyre en Galatie, le cite en grec dans une lettre adressée au Pape Jules Ier, dès le IIIe siècle apr. J.-C.

La deuxième version dite usuellement « longue » ne concerne que les catholiques dans la forme telle que présentée dans ce livre.

Le Credo catholique fut promulgué
lors du Concile de Nicée (325) — Constantinople (381).

Le Credo « orthodoxe » et celui « protestant » ne sont pas proposés dans cet ouvrage. Il existe enfin une version liturgique du Credo prononcée lors des célébrations solennelles telle que la fête de Pâques. Il consiste en un dialogue entre le prêtre officiant qui pose des questions essentielles sur la Foi chrétienne et catholique en demandant aux fidèles d'y répondre à l'unisson.

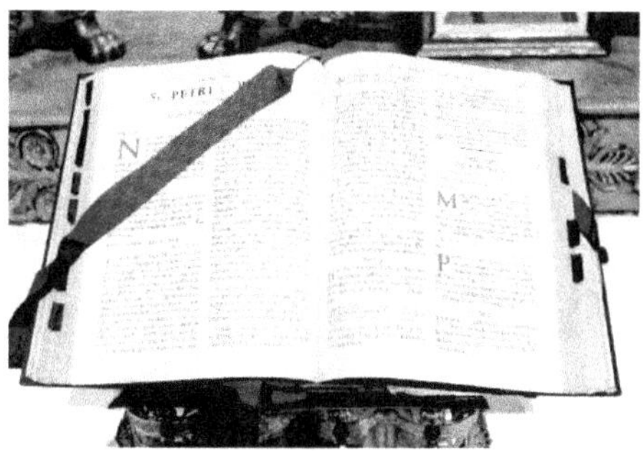

Je crois en Dieu, Le Père Tout-Puissant
Créateur du ciel et de la terre.

Et en Jésus-Christ, son Fils unique, notre Seigneur ;
Qui a été conçu du Saint-Esprit, est né de la Vierge Marie,
À souffert sous Ponce Pilate, a été crucifié,
Est mort et a été enseveli, est descendu aux enfers ;

Le troisième jour est ressuscité des morts, Est monté aux cieux,
est assis à la droite de Dieu le Père tout-puissant,
d'où il viendra juger les vivants et les morts.

Je crois en l'Esprit Saint,
À la sainte Église catholique,
À la communion des saints,
À la rémission des péchés,
À la résurrection de la chair,
À la vie éternelle.
Ainsi soit-il.

Version française :

Je crois en un seul Dieu, le Père tout-puissant
Créateur du ciel et de la terre, de l'univers visible et invisible.

Je crois en un seul Seigneur, Jésus-Christ, le Fils unique de Dieu,
né du Père avant tous les siècles.

Il est Dieu, né de Dieu, Lumière, née de la lumière, vrai Dieu, né du vrai Dieu,
engendré, non pas créé, de même nature que le Père, et par Lui tout a été fait.

Pour nous les hommes, et pour notre salut, Il descendit du ciel ;
par l'Esprit Saint, Il a pris chair de la Vierge Marie, et s'est fait homme.

Crucifié pour nous sous Ponce Pilate,
Il souffrit sa passion et fut mis au tombeau.

Il ressuscita le troisième jour, conformément aux Écritures, et Il monta au ciel ;
Il est assis à la droite du Père. Il reviendra dans la gloire, pour juger les vivants
et les morts ; et son règne n'aura pas de fin.

Je crois en l'Esprit Saint, qui est Seigneur et qui donne la vie ; Il procède du
Père et du Fils ; avec le Père et le Fils, Il reçoit même adoration et même gloire ;
Il a parlé par les prophètes.

Je crois en l'Église, une, sainte, catholique et apostolique.
Je reconnais un seul baptême pour le pardon des péchés.
J'attends la résurrection des morts, et la vie du monde à venir. Amen.

Credo in unum Deum, Patrem omnipotentem, factorem caeli et terrae, visibilium omnium et invisibilium.

Et in unum Dominum Jesum Christum Filium Dei unigenitum.
Et ex Patre natum ante omnia saecula. Deum de Deo, lumen de lumine, Deum verum de Deo vero.

Genitum, non factum, consubstantialem Patri : per quem omnia facta sunt.
Qui propter nos homines, et propter nostram salutem decendit de caelis. Et incarnatus est de Spiritu sancto ex Maria Virgine : Et homo factus est.

Crucifixus etiam pro nobis : sub Pontio Pilato passus, et sepultus est. Et resurrexit tertia die, secundum Scripturas. Et ascendit in caelum : sedet ad dexteram Patris. Et iterum venturus est cum gloria, judicare vivos et mortuos : cujus regni non erit finis.

Et in Spiritum sanctum, Dominum, et vivificantem : qui ex Patre Filioque procedit. Qui cum Patre et Filio simul adoratur, et conglorificatur : qui locutus est per Prophetas.

Et unam, sanctam, catholicam, et apostolicam Ecclesiam.
Confiteor unum baptisma in remissionem peccatorum.
Et expecto resurrectionem mortuorum. Et vitam venturi saeculi.

Amen.

Le Credo, au moment de la vigile pascale, change de forme, pas de fond. Il consiste alors en un dialogue entre le prêtre qui pose des questions sur la Foi chrétienne et les fidèles qui lui répondent d'une seule voix.

P : Frères bien-aimés, par le mystère pascal nous avons été mis au tombeau avec le Christ dans le baptême, afin qu'avec Lui nous vivions une vie nouvelle. C'est pourquoi, après avoir terminé l'entraînement du Carême, renouvelons la renonciation à Satan que l'on fait lors du baptême, renouvelons notre profession de foi au Dieu vivant et vrai et à son Fils, Jésus-Christ dans la sainte Église catholique. Ainsi donc :

P : Renoncez-vous à Satan, au péché et à tout ce qui conduit au péché ?
℟ : Nous y renonçons.

P : Pour vivre dans la liberté des enfants de Dieu, rejetez-vous le péché ?
℟ : Oui, je le rejette

P : Pour échapper au pouvoir du péché, rejetez-vous ce qui conduit au mal ?
℟ : Oui, je le rejette

P : Pour suivre Jésus-Christ, rejetez-vous Satan qui est l'auteur du péché ?
℟ : Oui, je le rejette

P : Croyez-vous en Dieu le Père Tout-Puissant, Créateur du Ciel et de la terre ?
℟ : Nous croyons

P : Croyez-vous en Jésus-Christ, son Fils unique, notre Seigneur, qui est né de la Vierge Marie, a souffert sa passion, a été enseveli, est ressuscité d'entre les morts, et qui est assis à la droite du Père ?
℟ : Nous croyons

P : Que Dieu Tout-Puissant, Père de notre Seigneur Jésus-Christ, qui nous a fait renaître par l'eau et l'Esprit Saint, et qui nous a accordé le pardon de tout péché, nous garde encore par sa grâce dans le Christ Jésus notre Seigneur pour la vie éternelle. Amen.

## 7. Bénédiction solennelle de Noël

P : Dans son amour infini, Dieu a donné son Fils au monde pour en dissiper les ténèbres ; Par le mystère de la nativité du Christ, Il a fait resplendir cette nuit très sainte (ou ce jour béni) : Qu'Il vous sauve de l'aveuglement du péché et qu'Il ouvre vos yeux à sa lumière.

℟ : Amen.

P : Il a voulu que les bergers reçoivent d'un ange l'annonce d'une grande joie pour tout le peuple ; qu'Il place en vos cœurs cette même joie et vous prenne comme messagers de sa Bonne Nouvelle. « Aujourd'hui, il vous est né un Sauveur ».

℟ : Amen.

P : Par l'incarnation de son Fils, Il a scellé l'Alliance du ciel et de la terre : Qu'Il vous donne sa paix, qu'Il vous tienne en sa bienveillance et qu'Il vous unisse dès maintenant à l'Église du Ciel.

P : ✝ Et que Dieu Tout-Puissant vous bénisse, le Père, le Fils et le Saint-Esprit

℟ : Amen.

Comme vous, j'aime Jésus. Les chrétiens, tous les chrétiens, aiment Jésus le Christ Notre Seigneur. Béni et loué soit-Il. Après avoir pris conscience de son Amour envers nous, tant son regard et sa douceur nous comblent, il nous est parfois difficile de regarder au-dessus de son épaule, de regarder vers le Père !

Pourtant, si ce n'est qu'en et avec Jésus-Christ, que nous pouvons trouver notre épanouissement d'homme et de femme vivant ici-bas, il est juste et bon de rappeler que le Christ n'est pas le but ultime en Lui-même. En effet, nombreux sont ceux qui, dans leur pratique de la vie chrétienne, l'oublient ou l'ignorent.

Soyons christocentriques, mais faisons attention à un « christocentrisme » excessif qui nous amènerait à une forme d'aveuglement nous privant de la relation au Père. Notre Bon Jésus miséricordieux n'a jamais voulu prendre la place du Père.

Le Christ est le Chemin, la Vérité et la Vie !
Oui absolument, sinon vaine est notre Foi en Lui !

Il prendra par ailleurs toute sa place dans mon quatrième livre de la série « Connexion ». Parce qu'Il est le Chemin, la Vérité et la Vie, nous devons entreprendre tout ce qui nous est humainement possible pour le suivre et l'imiter. Cette conduite de vie est une évidence pour nous qui sommes chrétiens ! Nous devons toutefois, pour rester dans cette Vérité, être disposés à accueillir le Père, comme nous sommes ouverts au Fils et à l'Esprit Saint à égales parts.

En effet, beaucoup de nouveaux convertis, ayant rencontré Jésus dans leur vie, sont devenus des « amoureux du Christ » et ne voient plus que Lui en négligeant involontairement le Père et l'Esprit Saint, soit la Trinité Sainte, UN Seul Dieu. Or, Jésus ne dit pas :

*« Notre Jésus qui est aux Cieux que mon Nom soit sanctifié, etc. »*

Au contraire, Il affirme et atteste rigoureusement sans aucune confusion possible : « Notre Père qui est aux Cieux ». Contempler, admirer, vivre avec et aimer le Christ, oui absolument !

Toutefois, sans cette ouverture au Père céleste, à la contemplation de toute la Création, notre vocation de baptisé devient incompréhensible, incohérente et inachevée. J'irai même plus loin. Privation, aveuglement spirituel seraient notre lot si nous ne nous épanouissions pas à travers une relation filiale avec le Père.

C'est en Christ que nous trouvons le Chemin, la Vérité et la Vie vers et dans le Père ET l'Esprit Saint. Conscient de cette finalité, répondant à son désir ultime, Jésus peut alors nous guider vers la demeure du Père qu'Il nous a préparée.

De plus, souvenons-nous des propos de Jésus à Marie de Magdala après sa Résurrection[56] afin de dissiper tous les doutes :

« Va trouver les frères et dis-leur :
Je monte vers le Père et votre Père, vers mon Dieu et votre Dieu »

Ou encore...

« Nul n'est bon que Dieu seul »[57]

Ne minimisons donc jamais dans notre prière la double attitude du Christ Tout-Puissant. D'une part, Il est entièrement tourné vers les hommes pour les sauver, mais dans le même temps, Il est tout autant tourné vers le Père éternel. Si nous abandonnons un des deux aspects de cette attitude du Christ, notre prière ne sera plus chrétienne. Nous ne verrions que l'homme Jésus tellement beau, puissant et attirant, en occultant le Fils de Dieu qui souhaite faire de nous des fils dans la puissance de son Esprit. Il en est de même, par ailleurs, pour les « amoureux » de la Sainte Vierge Marie et des saints à qui nous implorons leur puissante intercession. Comme nous le rappelle très justement la formule latine : « Per Mariam ad Jesum »[58], nous vénérons les saints, mais nous n'adorons qu'un seul Dieu. Et Dieu seul nous renvoie sine die vers le Credo. De plus, j'apprécie beaucoup deux citations bibliques où le Père éternel parle directement aux hommes au sujet du Fils, ce qui a l'avantage de tout remettre à sa place. La première se situe lors du baptême de Jésus : « Dès que Jésus fut baptisé, il remonta de l'eau, et voici que les cieux s'ouvrirent : il vit l'Esprit de Dieu descendre comme une colombe et venir sur lui. Et des cieux, une voix disait : « Celui-ci est mon Fils bien-aimé ; je mets en lui toute ma joie »[59]. La seconde citation est évoquée lors de la Transfiguration du Christ...

« Il fut transfiguré devant eux ; son visage devint brillant comme le soleil, et ses vêtements, blancs comme la lumière. Voici que leur apparurent Moïse et Élie, qui s'entretenaient avec lui.

Pierre alors prit la parole et dit à Jésus :

---

[56] Jean 20, 17
[57] Luc 18, 19
[58] « Par Marie à Jésus
[59] Matthieu 3, 17

« Seigneur, il est bon que nous soyons ici ! Si tu le veux, je vais dresser ici trois tentes, une pour toi, une pour Moïse, et une pour Élie ». Il parlait encore, lorsqu'une nuée lumineuse les couvrit de son ombre, et voici que, de la nuée, une voix disait :

**Celui-ci est mon Fils bien-aimé, en qui je trouve ma joie :**
**Écoutez-le !**[60]

Quand ils entendirent cela, les disciples tombèrent face contre terre et furent saisis d'une grande crainte. Jésus s'approcha, les toucha et leur dit :

« Relevez-vous et soyez sans crainte ! »[61]

[60] Mathieu 17, 5
[61] Matthieu 17, 2-7

## 9.   Le Notre Père  - Version officielle et œcuménique

Notre père qui es aux Cieux,
Que ton Nom soit sanctifié
Que ton règne vienne
Que ta volonté soit faite sur la terre comme au Ciel

Donne-nous aujourd'hui notre pain de ce jour
Pardonne-nous nos offenses
Comme nous pardonnons aussi à ceux qui nous ont offensés.
Et ne nous laisse pas entrer en tentation
Mais délivre-nous du mal, car c'est à Toi qu'appartiennent le règne,
la puissance et la gloire pour les siècles des siècles. Amen.

*Lac de Tibériade*

## 10.  Pater Noster – Le Notre Père, version en latin

Pater Noster qui es in caelis,
Sanctificetur nomen tuum.
Adveniat regnum tuum.
Fiat voluntas tua, sicut in caelo et in terra.
Panem nostrum quotidianum da nobis hodie,
Et dimitte nobis debita nostra sicut
Et nos dimittimus debitoribus nostris.
Et ne nos inducas in tentationem, Sed libera nos a malo. Amen.

Imaginez-vous il y a deux mille ans du côté de Capharnaüm dans l'ancienne province de Galilée. Il fait chaud, très chaud cet été-là… Vous suivez depuis quelques mois un certain Jésus, Yeshoua pour les juifs. Cet homme vous intrigue et vous cherchez la Vérité depuis tant et tant d'années… Répondant à votre question : comment faut-il prier, le Christ se retourne lentement vers vous. Il vous fixe quelques instants de son déjà légendaire regard vous semblant une éternité. Puis rassemblant ses disciples, Il vous répond ceci…

*« … Quand vous priez, fermez la porte de votre chambre et dites… »*

### Version araméen oriental

Abun d-bashmayo
nithqadash shmokh
tithe malkuthokh
nehwe sebyonokh
aykano d-bashmayo
oph bar`o
hab lan lahmo d-sunqonan
yowmono
washbuq lan hawbayn
wahtohayn
aykano doph hnan shbaqan
l-hayobayn
lo ta`lan l-nesyuno
elo paso lan men bisho metul
d-dylokh hi malkutho
whaylo wteshbuhto
l`olam `olmin … Amin

### Version araméen occidental

Awoun douèshméïa,
Nèth (q) radash (e) shmarh
Tété merkouzarh
(z = th anglais)
Névé sévianarh
Eikén en douèshméya abb'hara
Haoul'ann lar'man-sourane
èn'yomana
Ouérsh'ourl'ann houbènn ou
arbarènn
Eikén ann-ap nann shouaria
faïawénn
Oulla tal'ann in tçiona
Ella-pass' ann èn bicha
Motorrl-dilar'y merkouzarh
Ourhail'o tèchporta all'almine

## 12.  Le Notre Père, version liturgique catholique[62]

Notre père qui es aux Cieux,
Que ton Nom soit sanctifié
Que ton règne vienne
Que ta volonté soit faite sur la terre comme au Ciel

Donne-nous aujourd'hui notre pain de ce jour
Pardonne-nous nos offenses comme nous pardonnons aussi
à ceux qui nous ont offensés.

Et ne nous laisse pas entrer en tentation
Mais délivre-nous du mal.

Délivre-nous de tout mal Seigneur et donne la Paix à notre temps.
Par ta grâce et ta miséricorde, libère-nous du péché, rassure-nous devant les
épreuves en espérant le Bonheur que Tu nous promets et l'avènement de Jésus-
Christ, ton Fils, notre Seigneur.

℟ : Car c'est à Toi qu'appartiennent le règne, la puissance et la gloire
pour les siècles des siècles. Amen.

## 13.  Gloire au Père

✝ Gloire Au Père, Au Fils et au Saint-Esprit,
comme il était au commencement, maintenant et toujours
et dans tous les siècles, des siècles. Amen.

---

[62] Rite romain

## *Version de l'Assemblée des évêques orthodoxes de France*

### Prières élémentaires pour chaque jour et Prières initiales.

Gloire à toi notre Dieu, gloire à toi !

Roi céleste, Consolateur, Esprit de vérité, Toi qui es partout présent
et qui remplis tout, Trésor des biens et Donateur de vie, viens
et demeure en nous, purifie-nous de toute souillure et sauve nos âmes,
Toi qui es bonté.

Saint Dieu, Saint fort, Saint immortel, aie pitié de nous ! (3 fois)
Gloire au Père et au Fils et au Saint-Esprit, maintenant et toujours
et dans les siècles des siècles. Amen !

Trinité toute sainte aie pitié de nous !
Seigneur purifie-nous de nos péchés !
Maître, pardonne-nous nos iniquités !

Saint, visite-nous et guéris nos infirmités, à cause de ton Nom !
Seigneur, aie pitié ! (3 fois)
Gloire au Père et au Fils et au Saint Esprit, maintenant et toujours
et dans les siècles des siècles. Amen !

Notre Père qui es aux Cieux !
Que ton Nom soit sanctifié !
Que ton Règne vienne !
Que ta volonté soit faite sur la terre comme au ciel !
Donne-nous aujourd'hui notre pain essentiel !
Remets-nous nos dettes
Nous aussi les remettons à nos débiteurs !
Et ne nous conduit pas dans l'épreuve, mais délivre-nous du Malin.
Amen !

Seigneur, aie pitié ! (12 fois)

Gloire au Père et au Fils et au Saint Esprit,
maintenant et toujours et dans les siècles des siècles. Amen !

Gloire à Dieu au plus haut des Cieux,
Et Paix sur la terre aux hommes qu'il aime.

Nous te louons, nous te bénissons, nous t'adorons, nous te glorifions.
Nous te rendons grâce pour ton immense Gloire.

Seigneur Dieu, Roi du Ciel, Dieu le Père Tout-Puissant,
Seigneur Fils Unique Jésus-Christ,
Seigneur Dieu, Agneau de Dieu, le Fils du Père.

Toi qui enlèves le péché du monde, prends pitié de nous,
Toi qui enlèves le péché du monde, reçois notre prière.
Toi qui es assis à la droite du Père, prends pitié de nous.

Car Toi seul es Saint, Toi seul es Seigneur,
Toi Seul es le Très Haut Jésus-Christ,
Avec le Saint-Esprit dans la Gloire de Dieu le Père. Amen.

Gloria in excelsis Deo
Et in terra pax homínibus bonae voluntátis.
Laudámus te, Benedícimus te, Adorámus te, Glorificámus te.

Grátias ágimus tibi Propter magnam glóriam tuam,
Dómine Deus, Rex cælestis,

Deus Pater omnípotens. Dómine Deus, Agnus Dei, Fílius Patris,
Qui tollis peccáta mundi, miserere nobis ;
Qui tollis peccáta mundi, Súscipe deprecatiónem nostram,
Qui sedes ad déxteram Patris, Miserere nobis.

Quóniam tu solus Sanctus, Tu solus Dóminus,
Tu solus Altíssimus, Iesu Christe,
Cum Sancto Spíritu, In Glória Dei Patris. Amen

À Toi, Dieu, notre louange !
Nous t'acclamons : tu es le Seigneur !
À toi, Père éternel, l'hymne de l'univers.

Devant toi se prosternent les archanges, les anges et les esprits des cieux ; ils
rendent grâce ; ils adorent et ils chantent : Saint, Saint, Saint, le Seigneur,
Dieu de l'univers ; le ciel et la terre sont remplis de ta gloire.

C'est Toi que les apôtres glorifient, Toi que proclament les prophètes, Toi dont
témoignent les martyrs ; c'est Toi que par le monde entier,
l'Église annonce et reconnaît.

Dieu, nous t'adorons : Père infiniment saint ;
Fils éternel et bien-aimé, Esprit de puissance et de paix.

Christ, le Fils du Dieu vivant, le Seigneur de la gloire,
Tu n'as pas craint de prendre chair dans le corps d'une Vierge pour libérer
l'humanité captive.

Par ta victoire sur la mort, Tu as ouvert à tout croyant les portes du Royaume ;
Tu règnes à la droite du Père ; Tu viendras pour le jugement.

Montre-toi le défenseur et l'ami des hommes sauvés par ton sang :
Prends-les avec tous les saints dans ta joie et dans ta lumière.
Sauve ton peuple, bénis ton héritage ; veille sur lui, protège-le à jamais.

Je veux te bénir chaque jour, louer ton Nom, toujours et à jamais.
En ce jour, garde-nous de tout péché ; aie pitié de nous,
Seigneur aie pitié de nous !

Ton amour, Seigneur, soit sur nous, comme notre espoir est en Toi.
En Toi, Seigneur, j'espère et ne serai jamais confondu. Amen.

Je m'abandonne à Toi, fais de moi ce qu'Il te plaira.
Quoi que tu fasses de moi, je te remercie.
Je suis prêt à tout, j'accepte tout.
Pourvu que ta volonté se fasse en moi, en toutes tes créatures.
Je ne désire rien d'autre, mon Dieu.

Je remets mon âme entre tes mains. Je te la donne mon Dieu, avec tout l'amour de mon cœur, parce que je T'aime, et que ce m'est un besoin d'amour de me donner, De me remettre entre Tes mains sans mesure, avec une infinie confiance, car tu es mon Père. Amen.

## 19.  Béni sois-tu !

Béni sois-tu Père des miséricordes,
Dieu de clémence et de toutes consolations ;
Béni sois ton Fils et l'Esprit Saint qu'il nous a donné
Hier, aujourd'hui et pour l'éternité. Amen.

## 20.  Gloire au Père, qui a créé le monde

Gloire au Père qui a créé le monde avec sagesse et par amour.
Gloire au Dieu de la vie, qui nous a créés à son image
Et nous appelle à communier à sa vie.

Gloire au Dieu d'amour, présent dans notre vie comme un Père
Soucieux du bonheur de ses enfants.

Gloire au Fils qui a sauvé le monde par amour.
Gloire au Dieu de miséricorde devenu l'un de nous pour nous donner la Vie
divine. Gloire à Jésus, devenu notre frère.

Gloire à l'Esprit, souffle créateur, vent de liberté qui renouvelle toute chose.
Gloire au Dieu de l'avenir, Esprit de Jésus, Souffle de l'Église,
Qui nous mènera auprès du Père et du Fils pour un bonheur sans fin.

Amen.


## 21.  Le Trisagion - Louanges au Dieu trois fois Saint

Dieu Saint, Dieu fort, Dieu immortel, prends pitié de nous.
À Toi louange, à Toi gloire, à Toi action de grâces dans les siècles des siècles,
Ô Bienheureuse Trinité.

Saint, Saint, Saint, le Seigneur Dieu de l'univers ; le ciel et la terre sont remplis
de ta gloire.

Ô Père non engendré, Ô Fils engendré, Ô Esprit Saint consolateur,
sainte et indivisible Trinité, c'est de tout cœur et de bouche que nous te
bénissons.

Gloire à Toi dans tous les siècles !

Dieu notre Père, tu as envoyé dans le monde ta Parole de vérité et ton Esprit
de sainteté pour révéler aux hommes son admirable mystère ; donne-nous de
professer la vraie foi en reconnaissant la gloire de l'éternelle Trinité, en adorant
son Unité toute-puissante. Par Jésus-Christ, notre Seigneur. Amen.

Nous te rendons grâce, Notre Père pour la vie et la connaissance
Que tu nous as fait connaître en Jésus ton serviteur.
À toi la gloire pour les siècles des siècles !

Comme ce pain rompu, d'abord dispersé sur les montagnes, a été recueilli
pour devenir un, qu'ainsi ton Église soit rassemblée des extrémités de la terre,
dans ton royaume, car à toi appartiennent la gloire et la puissance par Jésus
Christ pour les siècles !

Nous te rendons grâce, Père Saint, pour ton saint nom que tu as fait habiter
dans nos cœurs et pour la connaissance, la foi et l'immortalité que tu nous as
fait connaître, par Jésus ton serviteur à toi la gloire pour les siècles !

C'est à toi, Maître Tout-Puissant qui as créé l'univers pour la gloire de ton
nom et qui as donné aux hommes la nourriture et le breuvage, en jouissance
pour qu'ils te rendent grâce. Mais tu nous as gratifiés d'une nourriture et d'un
breuvage spirituel et de la vie éternelle par Jésus ton serviteur. Par-dessus tout,
nous te rendons grâce, car tu es puissant.

À toi la gloire pour les siècles !

Souviens-toi de ton Église, pour la préserver de tout mal, et la rendre parfaite
dans ton amour. Et rassemble-la des quatre vents, cette Église que tu as
sanctifiée, dans ton royaume que tu lui as préparé,
Car à toi appartiennent la puissance et la gloire pour les siècles ! Amen.

*Ecrivain immortel de l'Académie Française (1925 –2017)*
**« Un jour je m'en irai sans avoir tout dit »**

C'est à vous maintenant que je m'adresse, Dieu du Ciel et de la Terre,
origine et soutien des idées et des choses, maître du temps et de l'éternité.

J'ai toujours pensé que je vous devais tout et d'abord mon passage dans ce
monde dont j'ai cru avec force que vous l'avez créé et qu'il ne durait que par
vous. Il n'est pas exclu, je suis si faible et si bête, que je me sois trompé et que
vous n'existiez pas.

Parce que mon rêve aura été beau et qu'il m'aura empêché de sombrer dans
l'absurde et dans le désespoir, parce que, légende ou réalité, vous m'aurez fait
vivre un peu au-dessus de ma bassesse inutile, je n'en bénirai pas moins votre
grand et saint nom.

Mais si vous existez, d'une façon ou d'une autre, dans votre éternité...
Ah ! si vous existez... alors, quand je paraîtrai devant vous et votre gloire cachée,
l'esprit encore plein de Marie et m'inclinant à vos pieds, je vous dirai
seulement : Merci.

Et vous, si vous existez, et si vous le voulez bien, dans votre amour sans bornes
pour tout ce qui a été, vous vous pencherez vers moi qui ne serai plus qu'un
souvenir et vous me direz avec bonté et peut-être un sourire :

Je te pardonne.

Sainte Thérèse-Bénédicte de la Croix (1891-1942) née Édith Stein.
Allemande d'origine Juive devenue religieuse carmélite.
*Elle fut déportée au camp d'Auschwitz.*

« Mon Seigneur et mon Dieu, Tu m'as conduite sur un long chemin, obscur, pierreux et dur. Maintes fois mes forces faillirent m'abandonner, à peine j'espérais voir un jour la Lumière.

Pourtant, au plus profond de la douleur où mon cœur se figeait, une étoile claire et douce se leva pour moi. Elle me conduisit fidèlement ; je la suivis d'abord hésitante, puis de plus en plus confiante, je me tenais enfin à la porte de l'Église.

Elle s'ouvrit ; je demandai d'entrer. Est-il possible, Seigneur, que renaisse celui qui a franchi la moitié de sa vie ? Tu l'as dit, et pour moi, c'est devenu réalité.

Le fardeau d'une longue vie de fautes et de souffrances est tombé de moi. Oh ! Aucun cœur d'homme ne peut comprendre ce que Tu réserves à ceux qui T'aiment. Maintenant je T'ai et ne Te lâcherai plus. Où que conduise le chemin de ma vie, Tu es toujours auprès de moi, rien ne pourra jamais me séparer de Ton Amour. Amen ».

Seigneur me voici à genoux devant vous,
vous suppliant pour tous mes péchés que j'ai commis en pensée,
en paroles, par action et par omission soit en vous offensant,
en offensant mes prochains ou moi-même.

Seigneur Dieu Tout-Puissant soyez toujours à mes côtés,
que votre lumière me parvienne, moi qui suis un pécheur
que votre lumière m'ouvre les yeux aux merveilles du monde à venir,
les mains à la charité. Seigneur ma foi est faible, augmentez ma foi,
rendez ma foi certaine et inébranlable.

Gloire à vous Dieu de Bonté
Gloire à vous Dieu de Miséricorde
Gloire à vous Dieu trois fois Saint

Que votre règne arrive en ce monde, que votre volonté soit faite
Que les hommes reconnaissent Jésus comme sauveur,
Celui qui a effacé nos péchés.

Faites-nous connaître notre mission sur cette terre
Que votre grâce atteigne ceux qui vous aiment
Et votre miséricorde ceux qui vous dédaignent

Donnez aux malades la guérison
Aux prisonniers la liberté
Aux victimes la vie éternelle
Aux affamés le pain de vie

Faites cultiver en nous l'amour, la foi et la charité.
À vous Dieu soit la gloire, la puissance et le règne
dans les siècles des siècles par Jésus-Christ,
l'agneau offert en sacrifice suprême. Amen.

J'avais devant les yeux les ténèbres. L'abîme qui n'a pas de rivage et qui n'a pas de cime était là, morne, immense et rien n'y remuait. Je me sentais perdu dans l'infini muet.

Au fond, à travers l'ombre, impénétrable voile, on apercevait Dieu comme une sombre étoile, je m'écriai : Mon âme ! Mon âme !

Il faudrait, pour traverser ce gouffre où nul bord n'apparaît, et pour qu'en cette nuit jusqu'à ton Dieu tu marches, bâtir un pont géant sur des millions d'arches.

Qui ne le pourra jamais ? Personne !
Ô deuil ! Effroi ! Pleure !

Un fantôme blanc se dressa devant moi pendant que je jetais sur l'ombre un œil d'alarme, et ce fantôme avait la forme d'une larme ; c'était un front de vierge avec des mains d'enfant, il ressemblait au lys que sa blancheur défend Ses mains en se joignant faisaient de la lumière.

Il me montra l'abîme où va toute poussière, si profond que jamais un écho n'y répond, Et me dit :

- Si tu veux, je bâtirai le pont.

Vers le pâle inconnu je levai ma paupière.
Quel est ton nom ? lui dis-je.

Il me dit : la prière !

# Prières au Fils

*(Aquarelle de Olivier Bartoli – 2014)*

« Moi, je suis le Chemin, la Vérité et la Vie
Personne ne va vers le Père sans passer par moi »

Le Christ
Le Fils du Père

Le Verbe fait chair
L'Alpha et l'Omega

Le Seigneur
Le Messie

L'Oint de Dieu

Le Fils de Dieu
Le Chemin,
La Vérité et La Vie

Le Bon Berger
Le Sauveur
Yeshoua

L'Emmanuel
Dieu avec nous

Yessou'
El Massih'
Yehoshuah

Le Crucifié
Le Ressuscité
Le Prince de la Paix

Le Nom au-dessus
de tous noms

✝

Le Très-Haut et Tout-Puissant
Jésus-Christ

Moi votre père, Moi votre époux,
Moi votre demeure, Moi votre nourrice,
Moi votre racine, Moi votre fondation,
Quoi que vous désiriez, Je serai.

    Vous ne manquerez de rien : Je travaillerai pour vous,
    Car je suis venu servir et non pour être servi.

Je serai votre ami et votre hôte, votre chef et votre frère,
Votre sœur et votre mère. Je serai tout.
Soyez seulement intime avec Moi !

    Je serai pauvre pour vous, errant pour vous,
    Sur la Croix pour vous, dans le tombeau pour vous ;

En haut, J'ai plaidé auprès du Père à cause de vous ;
sur terre, je suis devenu intercesseur auprès du Père à cause de vous.

    Vous êtes tout à Moi,
    Frère, cohéritier, ami et membre,
    Que voulez-vous de plus ? »

La prière appelée « Prière du Cœur » ou « prière de Jésus » consiste en une répétition inlassable de la même phrase. La prière du cœur est au centre de la spiritualité orthodoxe et de l'Orient chrétien où, elle vise à rendre présent le Christ dans le cœur de celui qui prie à l'infini sur son chapelet :

**« Seigneur Jésus-Christ, Fils de Dieu, aie pitié de moi pécheur. »**

« Le cœur de l'orthodoxie », insistait même l'écrivain roumain Nichifor Crainic à propos de ce que les chrétiens de tradition gréco-slave appellent : « La prière du cœur » ou « prière de Jésus ».

« Le propre de la prière de Jésus, c'est d'être principalement composée du nom de Jésus, qui en est comme la substance », explique le P. Placide Deseille.

Pour l'higoumène (supérieur) du monastère Saint-Antoine-le-Grand à Saint-Laurent-en-Royans, le nom de Jésus apparaît dans cette prière comme « une icône verbale ».

« Quand nous disons la prière de Jésus, le nom de Jésus que nous prononçons est en quelque sorte une icône du Christ », souligne-t-il. « Et à travers ce nom divin, bien qu'il ne soit qu'une parole humaine en sa substance, l'énergie déifiante du Christ ressuscité nous atteint. C'est une sorte de sacrement, de réalité sensible toute pénétrée de la présence agissante du Christ. De là viennent la force, le pouvoir de l'invocation de ce nom très doux de Jésus ».

« Si les chrétiens n'ont que tardivement adressé leur prière au Fils de Dieu, préférant d'abord se tourner vers le Père, la Tradition a toutefois très vite accordé une grande importance au nom même de Jésus. Certains lui attribuaient même des vertus thérapeutiques ».

« Aujourd'hui encore le nom de Jésus apaise les âmes troublées, consume les démons, guérit les maladies ; son usage infuse une sorte de douceur merveilleuse ; il assure la pureté des mœurs ; il inspire l'humanité,
la générosité, la mansuétude », écrit Origène au IIIe siècle.

## 29.  Je sais, mon frère ...

*Saint François d'Assise*

Je sais mon frère, que tu as bien des raisons de désespérer, mais je voudrais te crier qu'il y a des milliers de raisons d'espérer !

Ne laisse pas gagner ton cœur par les marées noires des mauvaises nouvelles. Pour changer le monde, change d'abord ton regard. Moi, frère François, ton petit serviteur, je te prie et je te supplie :
regarde le monde avec les yeux du Christ Jésus.
Lui, notre Seigneur et notre frère, sut voir les moindres gestes, tel celui de l'obole d'une pauvre veuve, et s'en émerveiller...

Regarde et vois tous ces hommes et toutes ces femmes qui,
au lieu de crier que Dieu est aveugle, lui prêtent leurs yeux ;
au lieu de crier que Dieu est manchot, lui prêtent leurs mains :
au lieu de crier que Dieu est muet, lui prêtent leurs voix ...

Car le monde actuel a besoin de retrouver ce « regard du cœur » et de cueillir ces fleurs de l'espérance pour mieux respirer et pour mieux vivre.


## 30.  Jésus miséricordieux

Jésus miséricordieux, nous croyons en Toi et nous avons confiance en Toi. Viens en aide à notre incapacité et à notre faiblesse.

Fais que nous puissions te faire connaître et aimer de tous les hommes. Confiants dans l'immensité de ton amour, nous voulons combattre le mal en nous et dans le monde pour Ta gloire et pour notre salut. Amen ✝


## 31.  Fais de moi un homme libre

Je ne suis pas un homme libre (femme), Seigneur. Tu m'avais créé dans la liberté, à ton image et à ta ressemblance, mais j'ai perdu ta ressemblance et ma liberté, jour et après jour et morceau par morceau. J'ai perdu ma liberté en m'éloignant de Toi et en me séparant de mes frères, en m'enfermant dans mon orgueil, en me retranchant dans mon égoïsme, en me livrant au péché et en m'asservissant au mal.

Délivre-moi Seigneur, en me rapprochant de Toi et en me rapprochant de mes frères. Donne-moi de comprendre que je serai d'autant plus libre que je serai plus proche de Toi. Fais de moi un homme (femme) libre Seigneur. Amen.

## 32.  Psaume 22 – Le Bon Berger

Le Seigneur est mon berger, Je ne manque de rien.
Sur des prés d'herbe fraîche, Il me fait reposer.

Il me mène vers les eaux tranquilles et me fait vivre ;
Il me conduit par le juste chemin pour l'honneur de son nom.

Si je traverse les ravins de la mort, je ne crains aucun mal, car Tu es avec moi.
Ton bâton me guide et me rassure.
Tu prépares la table pour moi devant mes ennemis ;
Tu répands le parfum sur ma tête, ma coupe est débordante.

Grâce et bonheur m'accompagnent tous les jours de ma vie ;
J'habiterai la maison du Seigneur pour la durée de mes jours.


## 33.  Ô Jésus, Lumière éternelle

Ô Jésus, lumière éternelle et créateur de l'univers

Toi notre unique Sauveur, daigne exaucer nos prières.
Dans ta pitié pour notre monde qui allait à sa perte par les pièges du démon ;
tu l'as sauvé du péché en lui donnant la guérison.
Quand le mal courbait le monde entier, tu as pris corps de la Vierge Marie ; tu
as expié nos péchés, tu nous as sauvés par la Croix.

Sous la puissance de ta gloire, tout s'agenouille et se prosterne ; dans les cieux
et sur la terre chacun proclame ta puissance.

Nous te prions avec confiance, ô juge du siècle à venir ; préserve-nous sur cette
terre des ruses de l'ennemi perfide. Ô Christ, Roi d'immense bonté, à toi la
gloire et à ton Père ainsi qu'à l'Esprit Paraclet, pendant l'éternité des siècles.
Amen.

Jésus, toi le Sauveur qui brises les liens par lesquels Satan veut nous emprisonner. J'invoque ton Nom sur moi (sur... nommer la personne).
À toi la victoire. Alléluia !

Jésus, toi le Ressuscité, qui as pris à la mort son pouvoir et nous offre une nouvelle vie avec Dieu, j'invoque ton Nom sur moi (sur...).
À toi la victoire. Alléluia !

Jésus, toi l'Agneau de Dieu qui as brisé le pouvoir de Satan.
Tu as libéré nos cœurs pour y régner, j'invoque ton Nom sur moi (sur...).
À toi la victoire. Alléluia !

Jésus, toi le Seigneur Tout-Puissant, tu as tout pouvoir sur terre comme au ciel, j'invoque ton Nom sur moi (sur...) et je proclame ta victoire, car la droite de l'Éternel est élevée, la droite de l'Éternel manifeste sa puissance.

Alléluia ! Amen.

## 35. Ô Jésus Sauveur

Ô Jésus Sauveur, mon Seigneur et mon Dieu, mon Dieu et mon tout, qui nous as rachetés par le sacrifice de la croix et as vaincu le pouvoir de Satan, je te prie de me délivrer de toute présence maléfique et de toute influence du Malin.

Je te le demande par ton Nom, je te le demande par tes plaies, je te le demande par ton sang, je te le demande par ta Croix, je te le demande par l'intercession de Marie, immaculée et douloureuse. Que le sang et l'eau qui jaillissent de ton côté descendent sur moi pour me purifier, me libérer, me guérir. Amen.

## 36.  Âme du Christ - Anima Christi

Âme de Jésus, sanctifie-moi
Corps de Jésus-Christ, sauve-moi
Sang de Jésus-Christ, enivre-moi
Eau du côté de Jésus-Christ, lave-moi
Passion de Jésus-Christ, fortifie-moi
Ô bon Jésus, exauce-moi
Dans tes saintes plaies, cache-moi
De l'ennemi pervers, défends-moi
À l'heure de ma mort, appelle-moi
Ordonne-moi de venir à toi, pour qu'avec tes saints
Je te loue dans les siècles des siècles. Amen.


## 37.  Prière de Saint Augustin (430+)

### Me connaître, Te connaître ...

Seigneur Jésus, donne-moi de me connaître et de te connaître, de ne rien désirer d'autre que toi ; me haïr comme pécheur et t'aimer ; n'agir que pour l'amour de toi ; m'abaisser pour te grandir. N'avoir que toi dans ma pensée. Mourir à moi pour vivre de toi. Tout recevoir de toi. Me renoncer pour te suivre ; désirer te suivre toujours. Me fuir, me réfugier en toi, pour être défendu par toi. Craindre pour moi, et te craindre, pour être parmi tes élus. Me défier de moi, ne me fier qu'en toi. Vouloir obéir à cause de toi ; ne m'attacher à rien d'autre qu'à toi ; Être pauvre à cause de toi.

Regarde-moi et je t'aimerai ; appelle-moi, pour que je te voie et jouisse de toi éternellement. Amen.

## 38.  Aime et fais ce que tu veux


*Saint Augustin*

Aime et fais ce que tu veux.
Si tu te tais, tais-toi par amour.
Si tu parles, parle par amour.
Si tu corriges, corrige par amour.
Si tu pardonnes, pardonne par amour.
Aie au fond de ton cœur la racine de l'amour.
De cette racine, il ne peut sortir que du bon.


## 39.  Bien pauvre, naïf et maladroit...

*Dom Helder Camara*

Bien pauvre tu resteras tant que tu n'auras pas découvert que ce n'est pas les yeux ouverts que tu vois le mieux !

Bien naïf tu resteras tant que tu n'auras pas appris que, les lèvres closes, il est des silences plus riches que la profusion de mots.

Bien maladroit tu resteras tant que tu n'auras pas compris que, les mains jointes, tu peux bien plus agir qu'en agitant les mains.

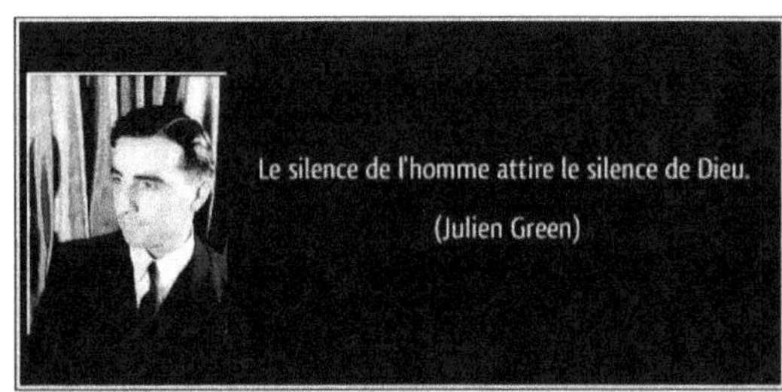

*Michel Quoist*

Si la note disait :
« Ce n'est pas une note qui peut faire de la musique »
Il n'y aurait pas de symphonie...

Si le mot disait :
« Ce n'est pas un mot qui peut faire une page »
Il n'y aurait pas de livre...

Si la goutte d'eau disait :
« Ce n'est pas une goutte d'eau qui peut faire des rivières »
Il n'y aurait pas d'océan...

Si l'homme disait :
« Ce n'est pas un geste d'amour qui peut sauver l'humanité »
Il n'y aurait jamais de justice et de paix., de dignité et de bonheur sur la terre
des hommes...

Comme la symphonie a besoin de chaque note,
Comme le livre a besoin de chaque mot,
Comme l'océan a besoin d'une goutte d'eau,
L'humanité entière a besoin de toi, là où tu es, unique, irremplaçable...

Saint Clément de Rome
Ier siècle
IIIe après Saint Pierre
IVe Pape de l'Église
Évêque de Rome
Martyr

En dehors des nombreuses prières qui jalonnent la Bible, la plus ancienne prière connue serait celle de Saint Clément de Rome, évêque et troisième successeur de Pierre donc quatrième pape de l'Église. Sans rentrer dans les détails historiques, Saint Clément selon saint Irénée, a bien connu saint Pierre et saint Paul et reçu leurs enseignements. Cette prière extraite du texte fait partie d'une longue lettre (épitre) adressée aux Corinthiens. Cette épitre (lettre à...) a fait partie du Nouveau Testament jusqu'au Vème siècle avant d'être retirée puis de disparaître complètement jusqu'au XVIIe siècle. Saint Clément est mort martyr pour sa Foi en étant précipité au fond de la mer avec une ancre attachée au cou.

Bien des années ont passé depuis mais cette prière est toujours aussi parlante pour les chrétiens d'aujourd'hui...

## Prière à Dieu de Saint Clément de Rome, Pape et Martyr

### Nous t'en prions Ô Tout-Puissant, sois notre secours et notre défenseur !

Nous t'en prions, ô Tout-Puissant, sois notre secours et notre défenseur. Sauve les opprimés, prends en pitié les petits, relève ceux qui sont tombés, montre-toi à ceux qui sont dans le besoin, guéris les malades, ramène ceux qui de ton peuple se sont égarés, donne la nourriture à ceux qui ont faim, la liberté à nos prisonniers ; redresse les faibles, console les pusillanimes ; et que tous les peuples reconnaissent que seul tu es Dieu, que Jésus-Christ est ton enfant, que nous sommes ton peuple et les brebis de ton bercail.

Donne la concorde et la paix, à nous et à tous les habitants de la terre, comme tu l'as accordée à nos pères, qui te priaient dans la foi et dans la vérité, soumis à ta toute-puissance et à ta sainteté. Aux princes et à nos chefs, sur la terre, c'est toi, Maître souverain, qui leur as donné pouvoir et royauté, par ta puissance merveilleuse et ineffable, afin que, reconnaissant la gloire et l'honneur que tu leur as départis, nous leur demeurions soumis, pour ne pas contredire ta volonté. Accorde-leur, Seigneur, la santé, la paix, la concorde, la stabilité, pour qu'ils exercent sans erreur la souveraineté que tu leur as octroyée.

Oui, c'est toi, Maître céleste et Roi des âges, qui dispenses aux fils des hommes gloire, honneur et puissance sur les choses de la terre ; dirige, Seigneur, leur conseil, suivant ce qui est bien, suivant ce qui est agréable à tes yeux, en sorte qu'ils exercent avec piété, dans la paix et la mansuétude, le pouvoir que tu leur as donné, et reçoivent tes faveurs.

Seul, tu as la puissance de réaliser ces choses et d'en procurer de plus grandes encore. Nous te rendons grâces par le grand prêtre et le protecteur de nos âmes, Jésus-Christ. Par Lui te soient rendues gloire et magnificence et maintenant et de génération en génération et dans les siècles des siècles ! Amen. »

## Autre prière de Saint Clément

### <u>Qu'ils sont heureux et admirables, les Dons de Dieu, ô bien-aimés !</u>

« Qu'ils sont heureux et admirables, les Dons de Dieu, ô bien-aimés ! La vie dans l'immortalité, l'épanouissement dans la justice, la vérité dans la franchise, la foi dans la confiance, la maîtrise de soi dans la sanctification ; et toutes ces choses sont devenues accessibles à notre intelligence !

Quels sont donc les biens préparés par Dieu pour ceux qui L'attendent ?

Le Créateur et Père des siècles, le Très-Saint en connaît seul le nombre et la beauté. Luttons donc afin d'être trouvés au nombre de ceux qui L'attendent, afin d'avoir part aux Dons qu'Il a promis.

Mais comment cela se fera-t-il, bien-aimés ?

Si notre esprit est fixé sur Dieu avec foi, si nous recherchons ce qui Lui plaît et ce qui Lui est agréable, si nous accomplissons ce qui convient à sa Volonté irréprochable et si nous suivons le chemin de la Vérité, en rejetant loin de nous toute injustice.

Par Lui, le Christ, nous fixons notre regard sur les hauteurs des cieux ; par Lui nous contemplons comme en miroir la Face immaculée et incomparable de Dieu ; par Lui se sont ouverts les yeux de notre cœur ; par Lui notre pensée inintelligente et enténébrée refleurit à la lumière ; par Lui, le Maître a voulu nous faire goûter à la connaissance immortelle ! Amen. »

*1641 – 1682*

Jésus, tu es le seul et le véritable ami. Tu prends part à mes maux, tu t'en charges et tu as le secret de les tourner en bien. Tu m'écoutes avec bonté lorsque je te raconte mes afflictions et tu ne manques jamais de les adoucir. Je te trouve en tout lieu ; tu ne t'éloignes jamais et, si je suis obligé de changer de demeure, je puis te trouver là où je vais.

Tu ne t'ennuies jamais de m'entendre ; tu ne te lasses jamais de me faire du bien. Je suis assuré d'être aimé si je t'aime. Tu n'as que faire de mes biens et tu ne t'appauvris pas en me communiquant les tiens. Quelque misérable que je sois, un plus noble, un plus bel esprit, un plus saint même ne m'enlèvera point ton amitié ; et la mort qui nous arrache à tous les autres amis doit me réunir avec toi.

Toutes les disgrâces de l'âge ou de la fortune ne peuvent te détacher de moi ; au contraire, je ne jouirai jamais de toi plus pleinement, tu ne seras jamais plus propice que lorsque tout me sera le plus contraire. Tu souffres mes défauts avec une patience admirable ; mes infidélités même, mes ingratitudes ne te blessent point tellement que tu ne sois toujours prêt à revenir si je le veux.

Ô Jésus, accorde-moi de le vouloir afin que je sois tout à toi, pour le temps et l'Eternité. Amen.

*1881 - 1963*

Ô Jésus, bon Pasteur, voici ton troupeau, le troupeau que tu as rassemblé des quatre coins de la terre. Jésus, ce peuple immense accourt vers toi. Il veut répondre à sa vocation humaine et chrétienne, avec une nouvelle ardeur, disposé au sacrifice dont tu as donné, en paroles et en actes, un exemple admirable.

Jésus, vrai Pain, unique et seule nourriture substantielle des âmes, rassemble tous les peuples autour de la table. Elle est une divine réalité sur la terre, la garantie de bonne entente dans la justice entre les peuples et de pacifiques compétitions pour le véritable progrès de la civilisation.

Nourris par toi et de toi, Ô Jésus, les hommes seront forts dans la foi, joyeux dans l'espérance, actifs dans les multiples applications de la charité.

Amen.

*1873 - 1914*

## Jésus est là parmi nous pour l'éternité

Il est là. Il est là comme au premier jour.
Il est là parmi nous comme au premier jour.
Il est là parmi nous comme au jour de sa mort.

Éternellement il est là parmi nous autant qu'au premier Jour.
Éternellement tous les jours. Il est là parmi nous dans tous les jours de son éternité.

Son corps, son même corps, pend sur la même croix ;
Ses yeux, ses mêmes yeux, tremblent des mêmes larmes ;
Son sang, son même sang, saigne des mêmes plaies ;
Son cœur, son même cœur, saigne du même amour.

Le même sacrifice fait couler le même sang.
Une paroisse a brillé d'un éclat éternel. Mais toutes les paroisses brillent éternellement, car dans toutes les paroisses, il y a le corps de Jésus-Christ.

Le même sacrifice crucifie le même corps, le même sacrifice fait couler le même sang. Le même sacrifice immole la même chair, le même sacrifice verse le même sang. Le même sacrifice sacrifie la même chair et le même sang.

C'est la même histoire, exactement la même, éternellement la même, qui est arrivée dans ce temps-là et dans ce pays-là et qui arrive tous les jours dans tous les jours de toute éternité. Dans toutes les paroisses de toute chrétienté.

Amen.

Seigneur Jésus, souviens-Toi de cette petite maison là-bas à Emmaüs et du bout du chemin qui y conduit quand on vient de la grand-route.

Souviens-Toi de ceux qu'un soir Tu abordas là-bas, souviens-Toi de leurs cœurs abattus, souviens-Toi de Tes paroles qui les brûlèrent.

Viens sur notre chemin, brûle-nous le cœur à nous aussi.
Entre avec nous T'asseoir à notre Feu...
Et qu'exultant de joie triomphale, à notre tour nous nous relevions pour bondir et révéler la joie à tout homme du monde en l'Amour à jamais vivant jusqu'à notre dernier souffle. Amen.

Tantum ergo Sacramentum
Veneremur cernui : Et antiquum documentum
Novo cedat ritui : Praestet fides supplementum
Sensuum defectui.

        Genitori, Genitoque
        Laus et Jubilatio,
        Salus, honor, virtus quoque
        Sit et benedictio :
        Procedenti ab utroque
        Compar sit laudatio. Amen

*Traduction*

Un si auguste Sacrement,
Adorons-le, prosternés ;
Que les vieilles cérémonies fassent place au nouveau rite ;
Que la foi de nos cœurs supplée aux faiblesses de nos sens.

        Au Père et à son Fils unique, Louange et vibrant triomphe !
        Gloire, honneur Et Toute-Puissance ! Bénissons-les à jamais !
        À l'esprit procédant des deux, égale adoration. Amen

C'est à toi seul, Jésus, que je m'attache
C'est en tes bras que j'accours et me cache,
Je veux t'aimer comme un petit enfant
Je veux lutter comme un guerrier vaillant.

Ton cœur qui garde et qui rend l'innocence
Ne saurait pas tromper ma confiance !
En toi, Seigneur, repose mon espoir
Après l'exil, au Ciel j'irai te voir.

Tu veux mon cœur, Jésus, je te le donne,
Tous mes désirs, je te les abandonne
Et ceux que j'aime, ô mon Epoux, mon Roi
Je ne veux plus les aimer que par toi. Amen.

Il est des événements
majeurs survenus pour
notre salut dont
l'Écriture nous signale
l'heure précise.

- 9 h, la descente du
  Saint-Esprit sur les Apôtres
- 12 h, le crucifiement de Jésus
- 15 h, la mort de Jésus sur la Croix

Vous pouvez également prier avec :
**« La Liturgie des Heures »**

## 48. Ô petit Enfant-Jésus !

Ô petit Enfant-Jésus ! Mon unique trésor, je m'abandonne à tes divins caprices, je ne veux pas d'autre joie que celle de Te faire sourire. Imprime en moi tes Grâces et tes vertus enfantines, afin qu'au jour de ma naissance au ciel, les Anges et les saints reconnaissent en Ta petite épouse : Thérèse de l'Enfant-Jésus.

Amen

## 49. Jésus, Tu connais mon nom – Sainte Thérèse de Lisieux

Jésus, Tu connais mon nom, et Ton doux regard m'appelle...
Il me dit : « Simple abandon, je veux guider ta nacelle ».

De Ta petite voix d'enfant, Oh ! Quelle merveille !
De Ta petite voix d'enfant, Tu calmes le flot mugissant, et le vent.

Si Tu veux Te reposer alors que l'orage gronde, sur mon cœur daigne poser Ta petite tête blonde.

Que ton sourire est ravissant lorsque Tu sommeilles !
Toujours avec mon plus doux chant, je veux Te bercer tendrement,

« Bel Enfant ! Ainsi soit-il ».

## 50.  L'abandon est le fruit délicieux de l'Amour

Il est sur cette terre un Arbre merveilleux
Sa racine, ô mystère ! Se trouve dans les Cieux...
Jamais sous son ombrage rien ne saurait blesser.
Là sans craindre l'orage on peut se reposer.

De cet Arbre ineffable l'Amour, voilà le nom et son fruit délectable s'appelle
l'abandon. Ce fruit dès cette vie me donne le bonheur.
Mon âme est réjouie par sa divine odeur.

Ce fruit quand je le touche me paraît un trésor.
Le portant à ma bouche Il m'est plus doux encore.
Il me donne en ce monde un océan de paix.
En cette paix profonde, je repose à jamais.
Seul l'Abandon me livre en tes bras.
Ô Jésus. C'est Lui qui me fait vivre de la vie des Élus.

À Toi je m'abandonne Ô mon Divin Epoux et je n'ambitionne
Que ton regard si doux. Moi je veux te sourire m'endormant sur ton cœur.
Je veux encore te redire que je t'aime, Seigneur !

Comme la pâquerette au calice vermeil, moi petite fleurette je m'entrouvre au
soleil. Mon doux Soleil de Vie, Ô mon Aimable Roi, c'est ta Divine Hostie
petite comme moi...

De sa Céleste Flamme, le lumineux rayon fait naître dans mon âme le parfait
abandon. Toutes les créatures peuvent me délaisser, je saurai sans murmures
près de toi m'en passer. Et si tu me délaisses Ô mon Divin Trésor, privée de
tes caresses, je veux sourire encore.

En Paix je veux attendre Doux Jésus ton retour et sans jamais suspendre mes
cantiques d'amour. Non, rien ne m'inquiète, rien ne peut me troubler.
Plus haut que l'alouette, mon âme sait voler.

Au-dessus des nuages le Ciel est toujours bleu,
On touche les rivages où règne le Bon Dieu.
J'attends en paix la gloire du céleste séjour, car je trouve au Ciboire le doux
fruit de l'Amour ! Ainsi soit-il.

Sainte Thérèse de L'Enfant Jésus

Cette litanie est prononcée lors du week-end de la Pentecôte et de l'anniversaire  du miracle eucharistique du Saint-Sang survenu en 1405 en la chapelle de l'Abbaye de Bois Seigneur Isaac - Monastère Saint Charbel, Belgique (Brabant Wallon).

Le sanctuaire est accessible tous les jours de l'année.

**Seigneur**, ayez pitié de nous Seigneur, *ayez pitié de nous*
**O Christ**, ayez pitié de nous O Christ, *ayez pitié de nous*
**Seigneur**, ayez pitié de nous Seigneur, *ayez pitié de nous*
**Jésus,** écoutez-nous Jésus, *écoutez-nous*
**Jésus**, exaucez-nous Jésus, *exaucez-nous*
**Père du Ciel** qui êtes Dieu, *ayez pitié de nous*

**Fils**, Rédempteur du monde qui êtes Dieu, *ayez pitié de nous*
**Saint-Esprit** qui êtes Dieu, *ayez pitié de nous*
**Sainte Trinité** qui êtes un seul Dieu, *ayez pitié de nous*

**Jésus,** Agneau sans tache, sacrifié dès le commencement du monde, *ayez pitié de nous.*
**Jésus,** qui avez désiré répandre votre Sang pour le salut des hommes, *ayez pitié de nous.*
**Jésus,** qui, pour racheter les hommes, avez répandu tout votre Sang sur la croix, *ayez pitié de nous.*
**Sang précieux,** qui coulez avec abondance des plaies sacrées de Jésus, *rejaillissez sur nous.*
**Sang précieux,** qui sortez de l'adorable Cœur de Jésus ouvert par la lance, *ayez pitié de nous.*
**Sang précieux,** rançon d'un prix infini, *ayez pitié de nous.*
**Sang précieux,** bain salutaire toujours préparé à nos âmes pécheresses, *ayez pitié de nous.*
**Sang précieux,** source toujours jaillissante de grâces et de bénédictions, *ayez pitié de nous.*
**Sang précieux,** du Testament nouveau et éternel, *ayez pitié de nous.*
**Sang précieux,** dont la voix s'élève au Ciel et crie miséricorde, *ayez pitié de nous.*

**Sang précieux,** force et soutien des âmes languissantes,
*ayez pitié de nous.*
**Sang précieux,** qui êtes le grand océan de la miséricorde divine,
*ayez pitié de nous.*
**Sang précieux,** céleste rafraîchissement et divin breuvage des âmes saintes,
*ayez pitié de nous.*
**Sang précieux,** qui effacez les péchés du monde,
*ayez pitié de nous.*

**Par votre précieux Sang,** *écoutez-nous, Jésus.*
**Par votre précieux Sang,** *exaucez-nous, Jésus.*

**De tout péché,**
*par votre précieux Sang, délivrez-nous, Jésus.*
**De l'esprit de mensonge et d'incrédulité,**
*par votre précieux Sang, délivrez-nous, Jésus.*
**Du mépris des choses saintes,**
*par votre précieux Sang, délivrez-nous, Jésus.*
**De la réception indigne de votre Corps sacré et de votre Sang adorable,**
*par votre précieux Sang, délivrez-nous, Jésus.*
**De la damnation éternelle,**
*par votre précieux Sang, délivrez-nous, Jésus.*
**Par la sueur de sang** qui découla de tous vos membres pendant votre agonie
au jardin des Oliviers, *exaucez-nous, Jésus.*

**Par le Sang précieux** que la couronne d'épine fit couler de votre tête sacrée,
*exaucez-nous, Jésus.*
**Par le Sang précieux** que vous avez répandu en portant votre croix jusqu'au
Calvaire, *exaucez-nous, Jésus.*
**Par le Sang précieux** qui coula de vos mains et de vos pieds quand vous fûtes
attaché à la croix, *exaucez-nous, Jésus.*
**Par le Sang précieux** que vous avez versé pendant les trois heures de votre
agonie sur la croix, *exaucez-nous, Jésus.*
**Par le Sang précieux** et l'eau sacrée qui sortirent après votre mort de votre
cœur percé par la lance, *exaucez-nous, Jésus.*

**Daignez** nous donner la persévérance finale et la vie éternelle, que vous nous
avez méritée en répandant votre précieux Sang, *exaucez-nous, Jésus.*
**Daignez** accorder aux âmes des fidèles trépassés la jouissance éternelle de
votre gloire, acquise au prix de votre précieux Sang, *exaucez-nous, Jésus.*

**Agneau de Dieu,** qui effacez les péchés du monde, par votre précieux Sang,
*pardonnez-nous, Jésus.*

**Agneau de Dieu,** qui effacez les péchés du monde, par votre précieux Sang, *exaucez-nous, Jésus.*

**Agneau de Dieu,** qui effacez les péchés du monde, par votre précieux Sang, *ayez pitié de nous, Jésus.*

**Jésus-Christ,** *écoutez-nous.*
**Jésus-Chris**t, *exaucez-nous.*

**Prions :**

O Jésus ! Sauveur adorable, qui avez daigné répandre miséricordieusement votre Sang sur la croix pour nous racheter de nos péchés, daignez nous accorder un pardon que nous ne méritons point, ne vous souvenant que de votre infinie miséricorde et de votre tendre amour pour nos âmes.

Répandez sur nous l'abondance de vos grâces, afin que nous arrivions au Ciel pour jouir de votre gloire pendant toute l'éternité. Vous qui vivez et régnez avec Dieu le Père et le Saint-Esprit, dans les siècles des siècles. Amen.

*Le Saint Sang de Notre Seigneur Jésus-Christ*
*en l'Abbaye de Bois Seigneur Isaac*
*Monastère Saint Charbel, Belgique*

## 52.  Prière de guérison au Cœur Sacré de Jésus

Cœur sacré de Jésus,

Viens me guérir et me délivrer de tout mal.
Guéris ma mémoire de tout souvenir douloureux.
Guéris, dans mon imagination, la fuite du réel et l'illusion.
Guéris mon cœur de toute blessure et du refus de pardonner.

Guéris ma volonté de toute domination.
Guéris-moi de tout déséquilibre dans ma sensibilité, mon affectivité, mon émotivité.

Guéris-moi de la honte, de la culpabilité, du sentiment d'infériorité.
Guéris-moi des idées suicidaires, de tout esclavage : de la drogue, de l'alcool, du tabac, et du jeu...

Guéris mon intelligence de toutes ténèbres.
Guéris-moi de toute déviation venant de l'hérédité, de l'éducation première, des pressions exercées sur moi dans mon milieu familial, scolaire, social, ecclésial, qui auraient brimé ma liberté intérieure.
Guéris-moi de tout ce que mon être a subi de négatif, de pénible, qui a été refoulé dans mon inconscient ou mon subconscient... Ainsi soit-il – Amen.

## 53.  Pardon, Seigneur ...

Pardon Seigneur pour les mots que nous disons et qui blessent, pour les mots que nous ne disons pas et qui pourraient réconforter, pour nos paroles qui dénigrent le voisin, le concurrent, l'immigré, le chômeur, les pauvres, pour nos silences, nos paresses et lâchetés.

Pardon Seigneur, pour nos divisions et nos violences qui alimentent les conflits, pour nos querelles entre croyants qui rompent l'unité du Christ et nous font confondre la foi et nos opinions personnelles.

Pardon Seigneur, nous disons souvent que nous sommes incompétents pour faire advenir la paix ; mais nous ne cherchons pas les moyens pour devenir artisans de paix. O Seigneur, guéris-nous, O Seigneur, sauve-nous, O Seigneur, donne-nous la paix. Amen.

*Introduction au Chemin de Croix.*

Le Chemin de Croix est une dévotion typiquement catholique qui nous invite à méditer et revivre avec le Christ les dernières heures de sa vie terrestre parmi les hommes. Il ne fait pas partie de la liturgie de l'Eglise mais est toujours riche d'enseignements par ses méditations pour mieux discerner et comprendre qui est Jésus-Christ. Cette dévotion a toujours été fortement encouragée par les Papes.

Tout le monde sait, même le dernier des mécréants que Jésus a souffert le martyr. Il nous faut donc aller au-delà de notre rejet dû à notre sensibilité naturelle face aux atrocités, pour pouvoir appréhender mentalement et correctement le traitement infligé au Christ par les romains.

Le sort réservé à Jésus en tant qu'être humain comme vous et moi, a été particulièrement cruel, brutal et raffiné dans les sévices infligés. Ils sont de manière générale en totale conformité avec cette époque de l'Histoire et des pratiques romaines. Martyr, c'est encore peu de le dire lorsque nous connaissons d'un point de vue historique, archéologique et scientifique, ce que le Fils de Dieu a réellement souffert gratuitement par pur amour de l'être humain de tous les temps.

Le Chemin de Croix est donc pour nous une invitation pour nous rapprocher et pour établir la connexion avec Celui dont le Nom est au-dessus de tous noms.

Deux mille ans se sont écoulés et pourtant, en tant que croyants, sentons-nous toujours concernés et interpellés par ces tragiques événements ?

Jésus est vivant, Il est ressuscité et nous avons cette chance de pouvoir vivre cette grande joie au quotidien de notre existence le plus souvent possible par la prière. Cependant, sans vouloir tomber dans une complaisance exagérée et morbide, il est essentiel de ramener à notre mémoire et à notre intelligence, les faits historiques tels qu'ils se sont déroulés, de l'arrestation de Jésus au Jardin de Gethsémani au Tombeau, à travers les sévices commis et les souffrances endurées pour le plus grand sacrifice de tous les temps, celui du Christ.

Nous le savons, refusant l'existence de Dieu, la vie spirituelle et la communion au Tout-Puissant, l'homme et la femme d'aujourd'hui, tombés dans les pièges du Mal et de la société consumériste, souffrent et souffrent beaucoup. Le plus souvent, l'être humain a besoin de se réconcilier tant avec lui-même qu'avec Dieu. Cette nécessaire et indispensable réconciliation n'a pu être rendue possible que par le sacrifice volontaire et par pur Amour du Christ pour les hommes et les femmes de toujours et ce, jusqu'à la fin des temps. Par son sacrifice ultime, Jésus a rétabli et rendu à nouveau possible la divine connexion perdue au Jardin d'Eden avec ce Dieu Amour et Eternel qui nous semble toujours si lointain, si indifférent à nos souffrances. En somme, Jésus, par son Calvaire, a rapproché Dieu au point de le rendre accessible à tous.

Lorsque cette rencontre est vécue en plénitude, Dieu qui est la Vie, notre vie, nous fait instantanément comprendre que son Amour nous est offert gratuitement. Indescriptible, tant nous sommes pauvres en mots, cet amour surpasse toute sensation terrestre et tout amour humain. Tout cela ne fut rendu possible que et uniquement que par le sacrifice librement consenti du Christ au Jardin des Oliviers, sur le Calvaire et au lieu-dit du Crâne à Jérusalem sur la Croix.

Par cet Amour unique et divin, si la mort arrête encore chaque jour physiquement l'homme, elle n'a plus aucune prise spirituelle sur lui. Dieu nous permet de la sorte de rentrer et vivre dans l'éternité tellement recherchée de tous temps et encore de nos jours par les transhumanistes.

À la demande de S.S le Pape François, les textes des méditations sur les quatorze stations du rite du Chemin de Croix 2018 ont été écrits par quinze jeunes, âgés de 16 à 27 ans. Il n'a aucun équivalent dans le passé. Il est donc actuel et répond parfaitement aux désirs et nécessités de ce livre de prières se voulant autant que possible « présent » en regard de l'actualité de notre temps et de notre civilisation.

**Traditionnellement après chaque méditation,<br>
on récite le « Notre Père »**

**Nous t'adorons, Ô Christ, et nous te bénissons, parce que tu as racheté le monde par ta sainte croix.**

De l'Évangile selon Luc (Lc 23, 22-25) : Pour la troisième fois, il leur dit : « Quel mal a donc fait cet homme ? Je n'ai trouvé en lui aucun motif de condamnation à mort. Je vais donc le relâcher après lui avoir fait donner une correction. » Mais ils insistaient à grands cris, réclamant qu'il soit crucifié ; et leurs cris s'amplifiaient. Alors Pilate décida de satisfaire leur requête. Il relâcha celui qu'ils réclamaient, le prisonnier condamné pour émeute et pour meurtre, et il livra Jésus à leur bon plaisir. »

❖ Méditation

Je te vois, Jésus, devant le gouverneur, qui par trois fois tente de s'opposer à la volonté du peuple et à la fin, choisit de ne pas choisir, devant la foule qui, interrogée par trois fois, décide toujours contre toi. La foule, c'est-à-dire tout le monde, c'est-à-dire personne. Caché dans la masse, l'homme perd sa personnalité, il est la voix de milliers d'autres voix. Avant de te renier, il se renie lui-même, éparpillant sa propre responsabilité dans celle, fluctuante, de la multitude sans visage. Pourtant il est responsable. Égaré par des meneurs, par le mal qui se propage avec une voix sournoise et assourdissante, c'est l'homme qui te condamne.

Aujourd'hui, nous sommes horrifiés devant une telle injustice, et nous voudrions nous en démarquer. Mais, en faisant ainsi nous oublions toutes les fois où nous, les premiers, avons choisi de sauver Barabbas au lieu de toi. Quand notre oreille a été sourde à l'appel du Bien, quand nous avons préféré ne pas voir l'injustice devant nous.

Sur cette place bondée, il aurait été suffisant qu'un seul cœur doute, qu'une seule voix s'élève contre les mille voix du mal. Chaque fois que la vie nous placera devant un choix, rappelons-nous cette place et cette erreur. Permettons à nos cœurs de douter et imposons à notre voix de s'élever.

Je te prie, Seigneur, veille sur nos choix, éclaire-les de ta lumière, cultive en nous la capacité à nous interroger : seul le Mal ne doute jamais.
Les arbres qui enfoncent leurs racines dans la terre, s'ils sont arrosés par le Mal, se dessèchent, mais tu as placé nos racines dans le Ciel et les feuillages sur la terre pour te reconnaître et te suivre.

**Nous t'adorons, Ô Christ, et nous te bénissons, parce que tu as racheté le monde par ta sainte croix.**

De l'Évangile selon Marc (Mc 8, 34-35) :

Appelant la foule avec ses disciples, [Jésus] leur dit : « Si quelqu'un veut marcher à ma suite, qu'il renonce à lui-même, qu'il prenne sa croix et qu'il me suive. Car celui qui veut sauver sa vie la perdra ; mais celui qui perdra sa vie à cause de moi et de l'Évangile la sauvera ».

❖ Méditation

Je te vois, Jésus, couronné d'épines, tandis que tu accueilles ta croix. Tu l'accueilles, comme tu as toujours accueilli tout et tous. Ils te chargent du bois, pesant, rugueux, mais tu ne te rebelles pas, tu ne rejettes pas cet instrument de torture injuste et ignoble. Tu le prends sur toi et tu commences à marcher en le portant sur tes épaules. Combien de fois ne me suis-je pas rebellé et mis en colère contre les tâches que j'ai reçues, que j'ai perçu comme pesantes ou injustes. Tu ne fais pas ainsi. Tu as seulement quelques années de plus que moi, aujourd'hui on dirait que tu es encore jeune, mais tu es docile, et tu prends au sérieux ce que la vie t'offre, chaque occasion qui se présente à toi, comme si tu voulais aller au fond des choses et découvrir qu'il y a toujours quelque chose de plus que ce qui apparaît, un sens caché et surprenant. Grâce à toi, je comprends que c'est une croix de salut et de libération, croix de soutien face à l'obstacle, joug léger, fardeau qui ne surcharge pas.

Du scandale de la mort du Fils de Dieu, mort de pécheur, mort de malfaiteur, naît la grâce de redécouvrir dans la douleur la résurrection, dans la souffrance ta gloire, dans l'angoisse ton salut. La croix elle-même, symbole pour l'homme d'humiliation et de douleur, se révèle maintenant, par la grâce de ton sacrifice, comme une promesse : de chaque mort resurgira la vie et dans toute obscurité resplendira la lumière. Et nous pouvons nous exclamer :

« Salut ô croix, unique espérance ! ».

Je te prie, Seigneur, fais qu'à la lumière de la Croix, symbole de notre foi, nous puissions accepter nos souffrances et, illuminés par ton amour, embrasser nos croix rendues glorieuses par ta mort et ta résurrection. Donne-nous la grâce de regarder nos histoires et de redécouvrir en elles ton amour pour nous. ...

**Nous t'adorons, Ô Christ, et nous te bénissons, parce que tu as racheté le monde par ta sainte croix.**

Du livre du prophète Isaïe (Is 53, 4) : En fait, c'étaient nos souffrances qu'il portait, nos douleurs dont il était chargé. Et nous, nous pensions qu'il était frappé, meurtri par Dieu, humilié.

❖ Méditation

Je te vois, Jésus, souffrant tandis que tu parcours le chemin vers le Calvaire, chargé de notre péché. Et je te vois tomber, les mains et les genoux à terre, douloureux. Avec quelle humilité es-tu tombé ! Quelle humiliation subis-tu en ce moment ! Ta nature de vrai homme se voit clairement en ce fragment de ta vie.

La croix que tu portes est lourde ; tu aurais besoin d'aide, mais quand tu tombes à terre, personne ne te secourt, bien plus, les hommes se moquent de toi, ils rient devant l'image d'un Dieu qui tombe. Peut-être sont-ils déçus, peut-être se sont-ils fait une fausse idée de toi. Parfois nous pensons qu'avoir foi en toi signifie ne jamais tomber dans la vie. Avec toi, je tombe, moi aussi, et avec moi, mes idées, celles que j'avais sur toi : comme elles étaient fragiles !

Je te vois, Jésus, qui serre les dents et, complètement abandonné à l'amour du Père, tu te relèves et tu reprends ton chemin. Avec ces premiers pas vers la croix, si titubant, Jésus, tu me rappelles un enfant qui fait ses premiers pas vers la vie et perd l'équilibre et tombe et pleure, mais continue ensuite. Il se confie aux mains de ses parents et ne s'arrête pas ; il a peur mais il avance, parce qu'à la peur s'ajoute la confiance.

Avec ton courage, tu nous enseignes que les échecs et les chutes ne doivent jamais arrêter notre chemin et que nous avons toujours un choix : nous rendre ou nous relever avec toi.

Je te prie, Seigneur, réveille en nous, le courage de nous relever après chaque chute comme tu l'as fait sur le chemin du Calvaire. Je te prie, fais que nous sachions toujours apprécier le don très grand et précieux de la vie et que les échecs et les chutes ne soient jamais un motif pour la rejeter, conscients que si nous nous confions à toi nous pouvons nous relever et trouver la force d'avancer, toujours.

**Nous t'adorons, Ô Christ, et nous te bénissons, parce que tu as racheté le monde par ta sainte croix.**

De l'Évangile selon Luc (Lc 2, 34-35) : Syméon les bénit, puis il dit à Marie sa mère : « Voici que cet enfant provoquera la chute et le relèvement de beaucoup en Israël. Il sera un signe de contradiction – et toi, ton âme sera traversée d'un glaive – : ainsi seront dévoilées les pensées qui viennent du cœur d'un grand nombre ».

❖ Méditation

Je te vois, Jésus, quand tu rencontres ta mère. Marie est là, elle marche dans la rue pleine de monde, il y a beaucoup de personnes à côté d'elle. L'unique chose qui la distingue des autres est le fait qu'elle est là pour accompagner son fils. Une situation qui se vérifie quotidiennement : les mamans accompagnent leurs enfants à l'école, ou chez le médecin, ou les amènent avec elles au travail. Mais Marie se distingue des autres mamans : elle accompagne son fils qui va mourir.

Voir son propre fils mourir est le pire destin que l'on puisse souhaiter à une personne, le plus contre nature ; encore plus atroce si le fils, innocent, va mourir par les mains de la justice. Quelle scène contre nature et injuste devant mes yeux ! Ma mère m'a éduqué au sens de la justice et à avoir confiance en la vie, mais ce que mes yeux voient aujourd'hui n'a rien de cela, est privé de sens et plein de douleur. Je te vois, Marie, tandis que tu regardes ton pauvre enfant : il a les marques de la flagellation sur le corps et il est contraint de porter le poids de la croix, probablement il tombera bientôt sous elle en raison de la fatigue. Pourtant tu savais que, tôt ou tard, cela arriverait, cela t'avait été prophétisé, mais à présent ce qui est arrivé est tout différent ; et c'est toujours ainsi, nous sommes toujours démunis devant la vie, devant sa cruauté. Marie, à présent tu es triste, comme le serait n'importe quelle femme à ta place, mais tu n'es pas désespérée. Tes yeux ne sont pas éteints, ils ne regardent pas dans le vide, tu ne marches pas la tête basse. Tu es resplendissante, même dans ta tristesse, parce que tu as l'espérance, tu sais que le voyage de ton fils ne sera pas un aller simple et tu sais, tu le sens comme seules les mamans le sentent, que tu le reverras bientôt.

Je te prie, Seigneur : aide-nous à tenir toujours présent l'exemple de Marie, qui a accepté la mort de son fils comme un grand mystère de salut. Aide-nous à agir avec le regard tourné vers le bien des autres et à mourir dans l'espérance de la résurrection et avec la conscience de n'être jamais seuls, ni abandonnés de Dieu, ni de Marie, mère bonne qui a toujours à cœur ses enfants.

**Nous t'adorons, Ô Christ, et nous te bénissons, parce que tu as racheté le monde par ta sainte croix.**

De l'Évangile selon Luc (Lc 23, 26) : Comme ils l'emmenaient, ils prirent un certain Simon de Cyrène, qui revenait des champs, et ils le chargèrent de la croix pour qu'il la porte derrière Jésus.

❖ Méditation

Je te vois, Jésus, écrasé sous le poids de la croix. Je vois que tu n'y arrives pas tout seul ; en ce moment même de l'effort le plus grand, tu es resté seul, ceux qui se disaient tes amis ne sont pas là : Judas t'a trahi, Pierre t'a renié, les autres t'ont abandonné. Mais voici une rencontre imprévue, quelqu'un, un homme quelconque, qui peut-être avait entendu parler de toi et pourtant ne t'avait pas suivi, et au contraire à présent est là, à tes côtés, épaule contre épaule, à partager ton joug. Il s'appelle Simon et c'est un étranger qui vient de loin, de Cyrène. Pour lui aujourd'hui un imprévu, qui se révèle une rencontre.

Elles sont infinies les rencontres et les heurts que nous vivons chaque jour, nous qui entrons continuellement en contact avec des réalités nouvelles, des personnes nouvelles. Et c'est dans la rencontre inattendue, dans l'incident, dans la surprise qui désoriente qu'est cachée l'opportunité d'aimer, de découvrir le meilleur dans le prochain, même quand il nous semble différent.

Parfois, nous nous sentons comme toi, Jésus, abandonnés de ceux que nous croyions être nos amis, sous un poids qui nous écrase. Mais nous ne devons pas oublier qu'il y a un Simon de Cyrène prêt à prendre notre croix. Nous ne devons pas oublier que nous ne sommes pas seuls, et de cette conscience nous pouvons tirer la force de nous charger de la croix de celui qui est à nos côtés.

Je te vois, Jésus : maintenant il semble que tu éprouves un peu de soulagement, tu réussis un instant à respirer à présent que tu n'es plus seul. Et je vois Simon : qui sait s'il a fait l'expérience que ton joug est léger, qui sait s'il se rend compte de ce que signifie cet imprévu dans sa vie.

Seigneur, je te prie afin que chacun de nous puisse trouver le courage d'être comme le Cyrénéen, qui prend la croix et suit tes pas. Que chacun de nous soit assez humble et fort pour se charger de la croix de ceux que nous rencontrons. Fais que, quand nous nous sentons seuls, nous puissions reconnaître sur notre route un Simon de Cyrène qui s'arrête et se charge de notre fardeau.

Donne-nous de savoir chercher le meilleur dans chaque personne, d'être ouverts à chaque rencontre même dans la différence. Je te prie afin que chacun de nous puisse à l'improviste se découvrir à tes côtés.

## 60. 6<sup>ème</sup> station : Véronique essuie le visage de Jésus

**Nous t'adorons, Ô Christ, et nous te bénissons, parce que tu as racheté le monde par ta sainte croix.**

Du livre du prophète Isaïe (Is 53, 2-3) : Il était sans apparence ni beauté qui attire nos regards, son aspect n'avait rien pour nous plaire. Méprisé, abandonné des hommes, homme de douleurs, familier de la souffrance, il était pareil à celui devant qui on se voile la face ; et nous l'avons méprisé, compté pour rien.

❖ Méditation

Je te vois, Jésus, misérable, presque méconnaissable, traité comme le dernier des hommes. Tu marches péniblement vers ta mort le visage ensanglanté et défiguré, et cependant, comme toujours, doux et humble, tourné vers le ciel. Une femme se fraye un chemin à travers la foule pour voir de près ton visage qui, peut-être, avait tant de fois parlé à son âme, et qu'elle avait aimé. Elle le voit souffrant et elle veut le soulager. Ils ne la laissent pas passer, ils sont trop nombreux, et armés. Mais tout cela n'a pas d'importance pour elle ; elle est déterminée à te rejoindre et elle parvient, un moment, à te toucher, à te caresser avec son voile. Sa force est la force de la tendresse. Vos regards se croisent un instant, le visage dans le visage de l'autre. Cette femme, Véronique, dont nous ne savons rien, dont nous ne connaissons pas l'histoire, gagne le paradis par un simple geste de charité. Elle s'approche de toi, elle observe ton visage torturé et elle l'aime plus encore qu'avant. Véronique ne s'arrête pas aux apparences qui sont si importantes aujourd'hui dans notre société d'images. Mais elle aime inconditionnellement un visage laid, pas soigné, pas maquillé et imparfait. Ce visage, ton visage, Jésus, montre dans son imperfection même la perfection de ton amour pour nous.

Je te prie, Jésus, donne-moi la force de m'approcher des autres personnes, de toute personne, jeune ou âgée, pauvre ou riche, qui m'est chère ou qui m'est inconnue, et de voir en ces visages ton visage. Aide-moi à ne pas tarder à secourir le prochain chez qui tu demeures, comme Véronique a accouru vers toi sur le chemin du Calvaire.

**Nous t'adorons, Ô Christ, et nous te bénissons, parce que tu as racheté le monde par ta sainte croix.**

Du livre du prophète Isaïe (Is 53, 8.10) : Arrêté puis jugé, il a été supprimé. Qui donc s'est inquiété de son sort ? Il a été retranché de la terre des vivants, frappé à mort pour les révoltes de son peuple. (...) Broyé par la souffrance, il a plu au Seigneur.

❖  Méditation

Je te vois, Jésus, tomber de nouveau devant mes yeux. En tombant encore tu me montres que tu es un homme, un homme véritable. Et je vois que tu te relèves de nouveau, plus décidé qu'avant. Tu ne te relèves pas avec orgueil ; il n'y a pas d'orgueil dans ton regard, il y a de l'amour. Et en poursuivant ta marche, en te relevant après chaque chute, tu annonces ta résurrection, tu montres que tu es prêt à charger une fois encore et pour toujours, sur tes épaules sanglantes le poids du péché de l'homme. En tombant encore tu nous as donné un message clair d'humilité ; tu es tombé à terre, sur cet humus dont nous, les humains, sommes nés.

Nous sommes terre, nous sommes boue, nous ne sommes rien comparés à toi. Mais tu as voulu devenir comme nous, et maintenant tu te montres proche de nous, avec nos propres peines, nos propres faiblesses, la même sueur à notre front. Maintenant toi aussi, en ce vendredi, comme il nous arrive à nous aussi, tu es prostré de douleur. Mais tu as la force de continuer, tu n'as pas peur des difficultés que tu peux rencontrer, et tu sais qu'à la fin des peines il y a le paradis ; tu te relèves, justement, pour t'y rendre, pour nous ouvrir les portes de ton Royaume. Tu es un Roi étrange, un roi dans la poussière. Je suis pris de vertige : nous ne sommes pas dignes de comparer nos peines et nos chutes aux tiennes. Les tiennes sont un sacrifice, le sacrifice le plus grand que mes yeux et que toute l'histoire ne pourront jamais voir.

Je te prie, Seigneur, fais que nous soyons prêts à nous relever après être tombés, que nous puissions apprendre quelque chose de nos échecs. Rappelle-nous que, lorsqu'il nous arrive de nous tromper et de tomber, si nous sommes avec toi et que nous serrons ta main, nous pouvons apprendre et nous relever.
Fais que  tous les hommes et les femmes de bonnes volontés puissent porter à tous ton message d'humilité et que les générations à venir ouvrent les yeux sur toi et sachent comprendre ton amour. Enseigne-nous à aider celui qui souffre et tombe à côté de nous, à essuyer sa sueur et à tendre la main pour le remettre debout.

**Nous t'adorons, Ô Christ, et nous te bénissons, parce que tu as racheté le monde par ta sainte croix.**

De l'Évangile selon Luc (Lc 23, 27-31) : Le peuple, en grande foule, le suivait, ainsi que des femmes qui se frappaient la poitrine et se lamentaient sur Jésus. Il se tourna et leur dit : « Filles de Jérusalem, ne pleurez pas sur moi. Pleurez plutôt sur vous-mêmes et sur vos enfants ! Voici venir des jours où l'on dira : "Heureuses les femmes stériles, celles qui n'ont pas enfanté, celles qui n'ont pas allaité !" Alors on dira aux montagnes : "Tombez sur nous", et aux collines : "Cachez nous". Car si l'on traite ainsi l'arbre vert, que deviendra l'arbre sec ? »

❖  Méditation

Je te vois et je t'écoute, Jésus, alors que tu parles aux femmes que tu rencontres sur ta route vers la mort. Durant toutes tes journées tu es passé en rencontrant beaucoup de personnes, tu es allé à la rencontre et tu as parlé avec tous. Maintenant tu parles avec les femmes de Jérusalem qui te voient et qui pleurent. Je suis moi aussi l'une de ces femmes. Mais toi, Jésus, dans ton avertissement, tu utilises des mots qui me touchent, ce sont des paroles concrètes et directes. À première vue elles peuvent sembler dures et sévères, parce qu'elles sont franches. Aujourd'hui nous sommes en effet habitués à un monde de paroles tortueuses.

Une froide hypocrisie voile et filtre ce que nous voulons réellement dire ; on évite de plus en plus les mises en garde, on préfère laisser l'autre à son destin, ne prenant pas la peine de le solliciter pour son bien. Alors que toi, Jésus, tu parles aux femmes comme un père, même en les réprimandant ; tes paroles sont des paroles de vérité, elles sont immédiates avec pour seul but la correction, non pas le jugement. C'est un langage différent du nôtre, tu parles toujours avec humilité et tu parviens droit au cœur.

Dans cette rencontre, la dernière avant la croix, une fois encore ton amour apparaît sans mesure envers les derniers et les exclus. En effet, les femmes à cette époque n'étaient pas considérées comme dignes d'être sollicitées, alors que toi, dans ta gentillesse, tu es vraiment révolutionnaire.

Je te prie, Seigneur, fais que moi, avec les femmes et les hommes de ce monde, nous puissions devenir toujours plus charitables vis-à-vis de ceux qui sont dans le besoin, comme toi tu as fait. Donne-nous la force d'aller à contre-courant et d'entrer en contact authentique avec les autres, en jetant des ponts et en évitant de nous enfermer dans l'égoïsme qui nous conduit à la solitude du péché.

**Nous t'adorons, Ô Christ, et nous te bénissons, parce que tu as racheté le monde par ta sainte croix.**

Du livre du prophète Isaïe (Is 53, 5-6) : C'est à cause de nos révoltes qu'il a été transpercé, à cause de nos fautes qu'il a été broyé. Le châtiment qui nous donne la paix a pesé sur lui : par ses blessures nous sommes guéris. Nous étions tous errants comme des brebis, chacun suivait son propre chemin. Mais le Seigneur a fait retomber sur lui nos fautes à nous tous.

❖  Méditation

Je te vois, Jésus, alors que tu tombes pour la troisième fois. Deux fois déjà tu es tombé et deux fois tu t'es relevé. Il n'y a plus de limites à ta fatigue et à ta douleur, tu sembles désormais définitivement vaincu dans cette troisième et dernière chute. Combien de fois, dans la vie de tous les jours, il nous arrive de tomber !

Nous tombons si souvent que nous ne savons plus combien de fois, mais nous espérons toujours que chaque chute sera la dernière, car il faut le courage de l'espérance pour faire face à la souffrance.
Quand quelqu'un tombe si souvent, à la fin les forces disparaissent et l'espérance s'évanouit définitivement.

Je m'imagine près de toi, Jésus, sur le parcours qui te conduit à la mort. Il est difficile de penser que tu es le Fils de Dieu en personne. Quelqu'un a déjà essayé de t'aider mais tu es maintenant épuisé, tu es arrêté, paralysé et il semble que tu ne parviendras plus à continuer. Mais voilà que, soudain, je vois que tu te relèves, tu redresses les jambes et le dos, autant qu'il est possible avec une croix sur les épaules, et tu recommences à marcher. Oui, tu marches vers la mort, mais tu veux le faire jusqu'au bout. C'est peut-être ça l'amour. Ce que je comprends c'est que le nombre de nos chutes n'a pas d'importance. Il y aura toujours la dernière, peut-être la pire, l'épreuve la plus terrible dans laquelle nous sommes appelés à trouver la force pour arriver au bout du chemin. Pour Jésus, la fin est la crucifixion, l'absurdité de la mort, mais qui révèle un sens plus profond, un but plus haut, celui de nous sauver tous.

Je te prie, Seigneur, donne-nous chaque jour le courage pour continuer sur notre chemin. Fais que nous accueillions jusqu'au bout l'espérance et l'amour que tu nous as donnés. Que tous puissent faire face aux défis de la vie avec la force et la foi avec lesquelles tu as vécu les derniers moments de ton chemin vers la mort sur la croix.

**Nous t'adorons, Ô Christ, et nous te bénissons, parce que tu as racheté le monde par ta sainte croix.**

De l'Évangile selon Jean (Jn 19, 23) : Quand les soldats eurent crucifié Jésus, ils prirent ses habits ; ils en firent quatre parts, une pour chaque soldat. Ils prirent aussi la tunique ; c'était une tunique sans couture, tissée tout d'une seule pièce de haut en bas.

❖    Méditation

Je te vois, Jésus, nu, comme je ne t'ai jamais vu. Ils t'ont privé de tes vêtements, Jésus, et ils les ont tirés au sort. Aux yeux de ces hommes, tu as perdu le seul lambeau de dignité qui t'était resté, le seul objet que tu avais en ta possession sur ton chemin de souffrance. À l'aube des temps, ton Père avait cousu des vêtements pour les hommes, pour les revêtir de dignité ; maintenant ce sont des hommes qui te les arrachent.

Je te vois, Jésus, et je vois un sans-abri, le corps abimé au cœur de cette ville trop souvent cruelle, prête à lui prendre son vêtement, son seul bien, et à le vendre ; prête à le laisser comme ça avec sa seule croix, comme la tienne, avec seulement sa peau martyrisée, comme la tienne, avec seulement ses yeux remplis de souffrance, comme les tiens. Mais il y a une chose que les hommes oublient souvent à propos de la dignité : elle se trouve sous ta peau, elle fait partie de toi et sera toujours avec toi, et encore plus en cet instant, dans cette nudité.

La nudité avec laquelle nous naissons est la même avec laquelle la terre nous accueille au soir de la vie. D'une mère à l'autre. Et là, maintenant, sur cette colline, se trouve aussi ta mère qui te voit nu de nouveau.
Je te vois et je comprends la grandeur et la splendeur de ta dignité, de la dignité de tout homme que personne ne pourra jamais supprimer.

Je te prie, Seigneur, fais que tous, nous puissions reconnaître la dignité propre de notre nature, même quand nous nous retrouvons nus et seuls devant les autres. Fais que nous puissions toujours voir la dignité des autres, l'estimer, et veiller sur elle.

Nous te prions de nous accorder le courage nécessaire pour nous comprendre nous-mêmes au-delà de notre apparence ; et d'accepter la nudité qui nous appartient, et qui nous rappelle notre pauvreté, que tu as aimée jusqu'à donner ta vie pour nous.

**Nous t'adorons, Ô Christ, et nous te bénissons, parce que tu as racheté le monde par ta sainte croix.**

De l'Évangile selon Luc (Lc 23, 33-34) : Lorsqu'ils furent arrivés au lieu-dit : Le Crâne (ou Calvaire), là ils crucifièrent Jésus, avec les deux malfaiteurs, l'un à droite et l'autre à gauche. Jésus disait :

« Père, pardonne-leur : ils ne savent pas ce qu'ils font ».

❖  Méditation

Je te vois, Jésus, dépouillé de tout. Ils ont voulu te punir, toi innocent, en te clouant sur le bois de la croix. Qu'est-ce que j'aurais fait à leur place, aurais-je eu le courage de reconnaître ta vérité, et la mienne ? Tu as eu la force de supporter le poids d'une croix, de ne pas être cru, d'être condamné pour tes paroles dérangeantes. Aujourd'hui, nous ne parvenons pas à digérer une critique, comme si chaque parole était prononcée pour nous blesser.

Tu ne tu n'es pas non plus arrêté devant la mort, tu as profondément cru en ta mission et tu as fait confiance à ton Père. Aujourd'hui, dans le monde d'internet, nous sommes tellement conditionnés par tout ce qui circule sur les réseaux que, parfois, je doute même de mes paroles. Mais, tes paroles sont différentes, elles sont fortes dans ta faiblesse. Tu nous as pardonné, tu n'as pas gardé de rancune, tu as enseigné à tendre l'autre joue et tu es allé jusqu'au sacrifice total de ta personne.

Je regarde autour de moi et je vois des yeux fixés sur l'écran du téléphone, occupés sur les réseaux sociaux à épingler toutes les erreurs des autres sans possibilité de pardon. Des hommes qui, sous le coup de la colère, crient se détester pour les motifs les plus futiles.
Je regarde tes blessures et je suis conscient, maintenant, que je n'aurais pas eu ta force. Mais je suis assise ici à tes pieds, et je me dépouille moi aussi de toute hésitation, je me lève de terre pour pouvoir être plus proche de toi, ne serait-ce que de quelques centimètres.

Je te prie, Seigneur, fais que devant le bien, je puisse avoir la promptitude pour le reconnaître ; Fais que devant une injustice, je puisse avoir le courage de prendre en main ma vie et d'agir différemment ; fais que je puisse me libérer de toutes les peurs qui, comme des clous, me paralysent et me tiennent éloignée de la vie que tu as espérée et préparée pour nous.

**Nous t'adorons, Ô Christ, et nous te bénissons, parce que tu as racheté le monde par ta sainte croix.**

De l'Évangile selon Luc (Lc 23, 44-47) : C'était déjà environ la sixième heure (c'est-à-dire : midi) ; l'obscurité se fit sur toute la terre jusqu'à la neuvième heure, car le soleil s'était caché. Le rideau du Sanctuaire se déchira par le milieu. Alors Jésus poussa un grand cri :

« Père, entre tes mains je remets mon esprit ». Et après avoir dit cela, il expira. À la vue de ce qui s'était passé, le centurion rendit gloire à Dieu : "Celui-ci était réellement un homme juste ».

❖   Méditation

Je te vois, Jésus, et cette fois je ne voudrais pas te voir. Tu vas mourir. Tu étais beau à regarder quand tu parlais aux foules, mais maintenant tout est fini. Et, je ne veux pas voir la fin ; tant de fois j'ai tourné le regard de l'autre côté, je me suis presque habitué à fuir la souffrance et la mort, je me suis anesthésié.

Ton cri sur la croix est fort, déchirant : nous n'étions pas préparés à tant de souffrance, nous ne le sommes pas, nous ne le serons jamais. Nous fuyons d'instinct, en proie à la panique, face à la mort et à la souffrance, nous les refusons, nous préférons regarder ailleurs ou fermer les yeux. Au contraire, toi, tu restes là sur la croix, tu nous attends les bras ouverts, en nous ouvrant les yeux.

C'est un grand mystère, Jésus : tu nous aimes en mourant, en étant abandonné, en donnant ton esprit, en accomplissant la volonté du Père, en te retirant. Tu restes sur la croix tout simplement. Tu n'essaies pas d'expliquer le mystère de la mort ; dans l'accomplissement de toutes choses, tu fais davantage : tu l'as traversé avec tout ton corps et tout ton esprit.

Un grand mystère, qui continue à nous interroger et à nous inquiéter ; il nous défie, il nous invite à ouvrir les yeux, à savoir voir ton amour même dans la mort, ou mieux à partir vraiment de la mort. C'est là que tu nous as aimés : dans notre condition la plus vraie, incontournable et inévitable.

C'est là que nous saisissons, bien que ce soit encore de manière imparfaite, ta présence vivante et authentique. De cela, toujours, nous aurons soif : de ta proximité, que tu sois Dieu avec nous.

Je te prie, Seigneur, ouvre mes yeux, que je te voie même dans les souffrances, dans la mort, dans la fin qui n'est pas la vraie fin. Dérange mon indifférence avec ta croix, secoue ma torpeur. Interroge-moi toujours avec ton mystère bouleversant, qui dépasse la mort et donne la vie.

## 67.  13<sup>ème</sup> station : Jésus est descendu de la croix

**Nous t'adorons, Ô Christ, et nous te bénissons, parce que tu as racheté le monde par ta sainte croix.**

De l'Évangile selon Jean (Jn 19, 38-40) : Après cela, Joseph d'Arimathie, qui était disciple de Jésus, mais en secret par crainte des Juifs, demanda à Pilate de pouvoir enlever le corps de Jésus. Et Pilate le permit. Joseph vint donc enlever le corps de Jésus. Nicodème – celui qui, au début, était venu trouver Jésus pendant la nuit – vint lui aussi ; il apportait un mélange de myrrhe et d'aloès pesant environ cent livres. Ils prirent donc le corps de Jésus, qu'ils lièrent de linges, en employant les aromates selon la coutume juive d'ensevelir les morts.

❖  Méditation

Je te vois, Jésus, encore, là, sur la croix. Un homme en chair et en os, avec ses fragilités, avec ses peurs. Comme tu as souffert ! C'est une scène insoutenable, peut-être justement parce qu'elle est empreinte d'humanité : c'est cela le mot-clef, la marque de ton chemin, jalonné de souffrance et de fatigue.

Précisément cette humanité que nous oublions souvent de reconnaître en toi et de chercher en nous-mêmes et dans les autres, trop absorbés par une vie qui appuie sur l'accélérateur, aveugles et sourds face aux difficultés et aux souffrances des autres.

Je te vois, Jésus : maintenant tu n'es plus là, sur la croix ; tu es retourné là d'où tu es venu, étendu sur le sein de la terre, sur le sein de ta mère. Maintenant, la souffrance est passée, elle a disparu. C'est l'heure de la compassion.

Dans ton corps sans vie retentit la force avec laquelle tu as affronté la souffrance ; le sens que tu as réussi à lui donner se reflète dans les yeux de celui qui est encore là et qui est resté à tes côtés et qui toujours le restera dans l'amour, donné et reçu. S'ouvre pour toi, pour nous, une nouvelle vie, celle-là céleste, sous le signe de ce qui résiste et n'est pas brisé par la mort : l'amour. Tu es là, avec nous, à chaque instant, à chaque pas, à chaque hésitation, à chaque obscurité. Alors que l'ombre du sépulcre s'étend sur ton corps gisant entre les bras de ta mère, je te vois et j'ai peur mais je ne désespère pas, j'ai confiance que la lumière, ta lumière, resplendira de nouveau.

Je te prie, Seigneur, fais que, en nous, soit toujours vive l'espérance, la foi en ton amour inconditionnel. Que nous puissions maintenir toujours vivant et ouvert le regard vers le salut éternel, et que nous réussissions à trouver repos et paix sur notre chemin.

## 68. 14ᵉᵐᵉ station : Jésus est déposé dans le sépulcre

**Nous t'adorons, Ô Christ, et nous te bénissons, parce que tu as racheté le monde par ta sainte croix.**

De l'Évangile selon Jean (Jn 19, 41-42) : À l'endroit où Jésus avait été crucifié, il y avait un jardin et, dans ce jardin, un tombeau neuf dans lequel on n'avait encore déposé personne. À cause de la Préparation de la Pâque juive, et comme ce tombeau était proche, c'est là qu'ils déposèrent Jésus.

❖ Méditation

Je ne te vois plus, Jésus, maintenant il fait nuit. De longues ombres tombent des collines, et les lanternes du Sabbat foisonnent à Jérusalem, hors des maisons et dans les chambres. Elles frappent aux portes du ciel, fermé et impénétrable : pour qui est une telle solitude ? Qui peut dormir dans une telle nuit ? La ville résonne des pleurs des enfants, des chants de leurs mères, des patrouilles des soldats : ce jour meurt, et seul tu t'es endormi. Tu dors ? Et sur quel lit ? Quelle couverture te cache au monde ?

De loin, Joseph d'Arimathie a suivi tes pas, et maintenant sur la pointe des pieds, il t'accompagne dans ton sommeil, il te soustrait aux regards des indignés et des méchants. Un linceul enveloppe ton corps froid, éponge le sang et la sueur et les larmes. De la croix tu tombes, mais avec légèreté, Joseph te hisse sur ses épaules, mais tu es léger : tu ne portes pas le poids de la mort, ni de la haine, ni de la rancœur. Tu dors comme lorsque tu étais enveloppé dans la paille tiède et qu'un autre Joseph te tenait dans ses bras. Comme à l'époque il n'y avait pas de place pour toi, maintenant tu n'as rien où poser la tête : mais sur le Calvaire, sur la dure tête du monde, là-bas s'élève un jardin où personne encore n'a été enterré. Où es-tu allé Jésus ? Où es-tu descendu, si ce n'est dans les profondeurs ?

Où, si ce n'est dans cet endroit encore vierge, dans la prison la plus étroite ? Tu es pris dans nos propres pièges, tu es emprisonné dans notre propre tristesse :

comme nous tu as cheminé sur la terre, et maintenant sous la terre, comme nous, tu prends place. Je voudrais courir loin, mais tu es au-dedans de moi ; je n'ai pas à sortir à ta recherche, parce que tu frappes à ma porte.

Je te prie, Seigneur, toi qui ne t'es pas manifesté dans la gloire mais dans le silence d'une nuit obscure. Toi qui ne regardes pas la surface, mais qui vois dans le secret et qui entre dans les profondeurs, des profondeurs écoute notre voix : fais que, fatigués, nous puissions nous reposer en toi, reconnaître en toi notre nature, voir dans l'amour de ton visage endormi notre beauté perdue.

*Œuvre de Diego Velázquez*
*1627 – Musée du Prado, Madrid*

L'auteur de cette prière et dévotion est Jésus Lui-même. Il est donc évident que chaque parole de cette prière doit être prononcée conformément à ce que le Verbe de Dieu a prononcé et donné à Sœur Faustine Kowalska. Il y a donc lieu de ne rien rajouter ni rien retrancher à cette prière tel que cela se produit trop

souvent. Ceci pour l'excellente raison que cela modifie les paroles, le sens voulu et donné par le Christ Lui-même à Sœur Faustine.

Cette prière est un don de Dieu, un signe pour notre temps. Le Seigneur l'a dictée à Sœur Faustine au couvent des Sœurs à Vilnius en Pologne, les 13 et 14 septembre 1935. Sœur Faustine Kowalska eut alors la vision d'un ange, l'exécuteur de la colère de Dieu, qui allait punir la terre pour les péchés qui s'y commettaient. Lorsqu'elle vit ce signe de la colère de Dieu qui allait s'accomplir, elle se mit à supplier l'ange d'éloigner le châtiment pour que le monde fasse pénitence. Soudain, elle fut ravie en présence de la Sainte Trinité. Intimidée, elle n'osa plus répéter sa demande. Ayant senti dans son âme la puissance de la grâce de Jésus, elle se mit à prier avec des paroles inspirées intérieurement. Le résultat ? Écoutons-là nous le partager :

> **« Alors que je priais ainsi, j'ai vu l'impuissance de l'ange qui ne pouvait accomplir la juste punition qui revient de plein droit aux péchés »** [63]

À l'origine, la Dévotion à la Miséricorde Divine était connue à la manière de tant d'autres dévotions, où dominent des litanies, neuvaines et chapelets. C'est ainsi que le Bienheureux abbé Michel Sopoćko, confesseur de Sœur Faustine à Vilnius en Pologne la propageait. Il aura fallu attendre des années pour que des fondements théologiques solides soient établis au sujet de cette Dévotion : l'abbé et professeur Ignacy Różycki, spécialiste reconnu en dogmatique, réalisa une analyse scientifique détaillée de ses écrits, notamment du « Petit Journal » pour les besoins du procès de béatification de l'Apôtre de la Miséricorde. Ses enquêtes nous montrent qu'au cœur même de la Dévotion à la Miséricorde transmise par Jésus à Sœur Faustine, il y a la confiance, entendue comme une attitude biblique de la foi et d'abandon à Dieu. Elle se manifeste par l'accomplissement de la volonté de Dieu qui nous est transmise par ses 10 Paroles dans le Décalogue, nos devoirs d'état, les Béatitudes, les conseils

---

[63] Le « Petit Journal » page 475

évangéliques, et les inspirations de l'Esprit Saint. Avoir confiance en Dieu est donc le principe de la Dévotion à la Divine Miséricorde. Être miséricordieux en est l'autre fondement. Ces deux éléments réunis rendent cette dévotion solide. Cette prière est récitée sur un chapelet ordinaire.

Au début, la prière commence par un Notre Père, suivi par un, Je Vous salue, Marie et un Je Crois en Dieu (le Credo).

*Une fois sur les gros grains :*

- Père Éternel, je T'offre le Corps et le Sang, l'Ame et la Divinité de Ton Fils bien-aimé, notre Seigneur Jésus-Christ, en réparation de nos péchés et de ceux du monde entier.

*Sur les petits grains, 10 fois :*

- Par Sa douloureuse passion, sois miséricordieux pour nous et pour le monde entier.

*Pour terminer, 3 fois :*

- Dieu Saint, Dieu Fort, Dieu Éternel, prends pitié de nous et du monde entier.

La société ouest occidental étant devenue fortement sécularisée et laïcisée, j'ai souvent pu observer lors de mariages, de baptêmes ou de funérailles, des comportements inadéquats, inappropriés voire carrément irrespectueux chez  beaucoup trop de personnes. Ces attitudes déplorables sont hélas, devenues courantes suite à la perte de l'éducation religieuse chrétienne, de tous repaires dans une société athée à 79%[64] dans un pays comme la Belgique. Bref, de tout sens du sacré et du religieux chez nombre de nos contemporains. Par ailleurs, beaucoup de nouveaux chrétiens récemment convertis venus d'horizons divers mais plein de bonnes volontés ne connaissent pas le déroulement d'une messe, d'une célébration eucharistique. Voici donc une petite aide à leur intention.

✓ **Définition d'une messe, appelée aussi Eucharistie.**

Il s'agit du sacrifice du corps et du sang de Jésus-Christ présent sous les espèces du pain et du vin. L'Évêque et les prêtres sont les célébrants habituels de l'Eucharistie.

L'origine du mot « messe » vient d'une déformation du Gallo-Romain « missa » est au départ le participe passé du verbe latin « mittere » qui signifie « envoyer ». À la fin des assemblées de prière eucharistique, le prêtre ou un diacre reprend cette expression « ite missa est » – « Allez, c'est l'envoi » pouvant alors sous-entendre : La messe est dite, allez vivre votre mission de chrétien dans le monde ».

Le mot « Eucharistie » signifie surtout le mystère célébré, en sa plus grande profondeur, le mot « messe » désigne plutôt l'ensemble des rites par lesquels on le célèbre. Il n'y a qu'une Eucharistie, mais il existe de nombreuses façons de célébrer la messe, dans l'espace et dans le temps, suivant les familles liturgiques : messe romaine, messe gallicane, messe ambrosienne, messe dominicaine, messe maronite etc. L'Eucharistie n'est pas susceptible de changement, car son mystère est d'institution divine, mais l'Ordo Missae, ou manière de célébrer la

---

[64] Source : U.C.E.S.M.

messe, est réformable. Les rites essentiels de la messe romaine actuelle (Ordo Missae de Paul VI) sont les suivants :

- ❖ Chant d'entrée (Introït)
- ❖ Salut du, des célébrant(s)
- ❖ Acte pénitentiel
- ❖ Kyrie
- ❖ Gloria
- ❖ Collecte
- ❖ Première lecture (Ancien Testament)
- ❖ Psaume ou Graduel
- ❖ Deuxième lecture (le plus souvent empruntée à Saint Paul)
- ❖ Alléluia, évangile, homélie
- ❖ Credo
- ❖ Prière universelle
- ❖ Préparation des dons
- ❖ Prière sur les offrandes
- ❖ Prière Eucharistique
- ❖ Pater et son embolisme
- ❖ Prière et rite de la paix
- ❖ Fraction du pain
- ❖ Communion
- ❖ Prière après la communion
- ❖ Bénédiction et Renvoi de l'assemblée.

*Note :* Cette liste vaut pour les dimanches, les Solennités et les Fêtes ; les messes des Mémoires et des Féries omettent le Gloria et le Credo ; elles n'ont qu'une lecture (Ancien Testament ou Nouveau Testament) avant l'Évangile. Cette liste ne concerne que le rite romain. Les rites orientaux sont différents dans la forme, pas sur le fond bien entendu.

### Quid de la tenue vestimentaire ?

En Italie, bien des touristes Nord européens souhaitant visiter le Vatican, la Basilique Saint Pierre ou un sanctuaire connu comme celui de Saint Antoine à Padova (Padoue) par une chaude journée d'été, sont tout étonnés voire scandalisés d'être refoulés pour cause de vêtements inappropriés pour visiter les saints lieux. Idem également dans les lieux saints orthodoxes ailleurs dans le monde. Ces refus sont simples à comprendre et à accepter avec de la bonne volonté. Vous viendrait-il à l'idée de vous rendre au Palais de l'Élysée, à la Maison-Blanche ou au Palais de Buckingham en maillot de bain ou en tenue négligée ? Évidemment que non. Aussi, considérez qu'en pénétrant dans une église, un saint lieu, vous pénétrez dans bien davantage qu'un palais de chef d'État. Vous entrez dans la maison de Dieu qui vous reçoit ! L'Église ne demande pas de venir vêtu en « Gucci », « Versace » ou autres grandes maisons de haute couture mais vêtu de manière décente et humble par respect envers le Seigneur, par respect envers les personnes présentes dans l'édifice religieux ou le sanctuaire.

## Quelle tenue vestimentaire adopter ?

Homme ou femme : d'une manière générale les épaules, les bras et les jambes doivent être couverts. Au Moyen-Orient, chez les syriaques par exemple, la femme porte une mantille légère posée sur les cheveux.

<u>Pour les hommes</u> : Un pantalon long est de mise. Chemise avec manches longues ou courtes ou T-shirt. Si une « certaine tolérance » est admise dans certains pays du nord de l'Europe, veuillez noter que les shorts et autres bermudas ne sont pas considérés comme étant des vêtements appropriés pour se rendre dans une église, un sanctuaire ou au Vatican. Il est totalement inutile d'essayer de discuter ou de négocier avec les gardes aux entrées de ces lieux saints. Si vous n'êtes pas correctement vêtu, même en cas de fortes chaleurs, vous ne passerez pas. Sur la Place Saint Pierre à Rome et autres sanctuaires (Lourdes par exemple), des panneaux indiquant les dispositions vestimentaires sont clairement indiqués aux entrées.

<u>Pour les femmes</u> : Les épaules et les bras doivent être couverts jusqu'au coude. Les jupes doivent être assez longues, jusqu'aux genoux au minimum, pas de mini-jupe. Le port de la mantille n'est plus une obligation depuis longtemps mais il reste souhaitable de la porter en tant que catholique si vous avez audience avec le Pape. Au Moyen-Orient, certains rites comme les syriaques demandent le port de la mantille lors des célébrations ou pour prier en église. Si vous n'en possédez pas, n'hésitez pas à en demander une aux femmes présentes, on vous en fournira une bien volontiers. Elle se pose simplement sur les cheveux.

## Comportement dans une église, un lieu saint, un sanctuaire...

En pénétrant dans un saint lieu, vous ne rentrez pas dans un fast-food, au théâtre ou dans un shopping center mais vous allez à la rencontre de Dieu. Aussi, éteignez votre smartphone afin de ne déranger ni les offices ni les messes ni les personnes en prière. De même si vous parlez, faites-le à voix basse, vos propos ne regardent pas l'assemblée présente. En règle générale, dans une église, le silence prévaut. Adoptez une attitude digne et respectueuse des lieux et des personnes. Si vous visitez un lieux religieux en tant que touriste, exemple : la

Basilique du Sacré Cœur de Montmartre et que vous arriviez en cours de célébration, soyez discret(e). Ne perturbez ni la messe ni les fidèles en prière.
Enfin, ayant été témoin direct de tels comportements, je dirai que pour des adultes, manger des popcorns ou des chips tout en jouant sur son smartphone entre deux gorgées d'une boîte de soda ou de bière, pendant une célébration ou en dehors de toute célébration, n'est pas ce que j'appelle un comportement digne, respectueux et approprié, même si déjà vu lors de funérailles et de mariages.

*« Le but de la vie chrétienne est l'accueil
de l'Esprit Saint en nous »*

Saint Séraphin de Sarov

## 71. Viens Esprit Créateur – Veni Creator

Viens Esprit Créateur nous visiter. Viens éclairer l'âme de tes fils. Emplis nos cœurs de grâce et de lumière, Toi qui créas toutes choses avec amour.

Toi le don, l'envoyé du Dieu Très-Haut ; Tu t'es fait pour nous le défenseur. Tu es l'amour, le feu, la source vive ; Force et douceur de la grâce du Seigneur.

Donne-nous les sept dons de ton amour. Toi le doigt qui œuvre au nom du Père ; Toi dont Il nous promit le règne et la venue ; Toi qui inspires nos lèvres pour chanter.

Mets en nous ta clarté, embrase-nous en nos cœurs.
Répands l'amour du Père. Viens fortifier nos corps dans leur faiblesse ;
Et donne-nous ta vigueur éternelle.

Chasse au loin l'ennemi qui nous menace ; Hâte-toi de nous donner la paix ;
Afin que nous marchions sous ta conduite ; Et que nos vies soient lavées de tous péchés.

Gloire à Dieu notre Père dans les Cieux ; Gloire au Fils qui monte des enfers ;
Gloire à l'Esprit de force et de sagesse ; Dans tous les siècles des siècles, Amen.


## 72. Roi Céleste, consolateur – Liturgie byzantine

Roi Céleste, consolateur
Esprit de vérité
Toi qui es partout présent,
Et qui remplis tout.

Trésor de biens et donateur de Vie
Viens et demeure en nous
Purifie-nous de toutes souillures
Et sauve nos âmes, toi qui es bonté.

O Esprit Saint, Amour du Père et du Fils,
Inspire-moi toujours ce que je dois penser,
Ce que je dois dire, comment je dois le dire,
Ce que je dois taire, ce que je dois écrire

Comment je dois agir et ce que je dois faire,
Pour procurer ta Gloire, œuvrer au salut des hommes
Et à ma propre sanctification, Amen[65].

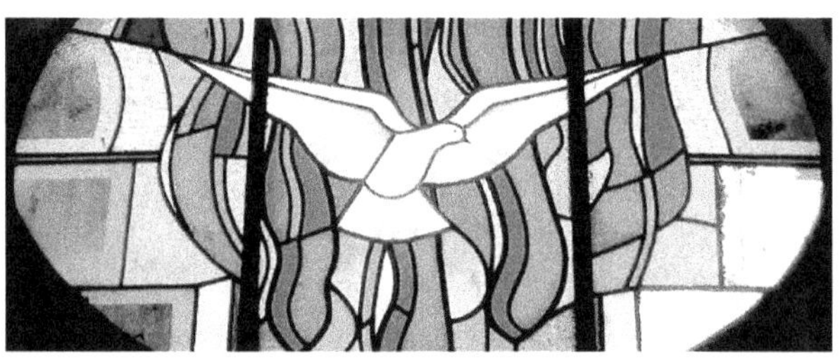

## 74.  Prière avant de lire la Bible par Olivier Abel

O Éternel

Au moment où nous allons méditer les Écritures,
donne-nous d'y plonger nos visages comme dans une source
inédite qui éclaircisse nos voix, libère nos conversations,
nous autorise à parler et à écouter.

Donne-nous, entre les pages ouvertes, de sentir craquer la
jointure de notre monde, de sentir trembler les portes de
notre monde, et les yeux soudain levés vers notre monde,
d'entrevoir son ébranlement, de voir qu'il n'est pas fini.

Donne-nous d'être intrigués, retardés dans nos courses
fébriles ou apeurés, dans notre lecture trop rapide non
seulement de tes Écritures, mais de nos existences,
de notre temps, et de notre monde. Amen.

---

[65] D'après le Cardinal Verdier

O Jésus qui, avant de monter au Ciel, a promis à tes apôtres de leur envoyer l'Esprit Saint, pour les instruire, les consoler et les fortifier, nous te prions de faire descendre en nous l'Esprit de Vérité.

Viens en nous, Esprit de la crainte du Seigneur ; aide-nous à ne pas contrister notre Père céleste et à résister aux séductions du monde.

Viens en nous, Esprit de piété ; remplis nos cœurs de la tendresse la plus filiale pour Dieu et de la compassion la plus grande envers nos frères.

Viens en nous, Esprit de science ; éclaire-nous sur la beauté et la grandeur des choses de ce monde ; fais que, voyant en elles, des images des perfections divines, nous nous en servions pour élever nos cœurs vers Celui qui les crée pour notre service.

Viens en nous, Esprit de force, donne-nous le courage de supporter avec patience les épreuves et les souffrances de la vie, et fais-nous surmonter généreusement tous les obstacles qui s'opposeraient à l'accomplissement de ton plan d'amour en nos vies.

Viens en nous, Esprit de conseil ; accorde-nous la grâce de discerner, dans les occasions difficiles ce que nous devons faire pour accomplir la volonté de Dieu, et ce que nous devons dire pour diriger prudemment ceux dont nous sommes responsables.

Viens en nous, Esprit d'intelligence ; que ta divine lumière nous fasse pénétrer les vérités et les mystères de la religion, et qu'elle rende notre foi si vive qu'elle soit l'inspiration de tous nos sentiments et tous nos actes.

Viens en nous, Esprit de sagesse ; fais-nous découvrir à ce point les choses divines que notre cœur les aime uniquement et qu'il puise dans cet amour une paix inaltérable.

✞ Gloire au Père qui nous a créés,
✞ au Fils qui nous a rachetés,
✞ au Saint-Esprit qui nous a sanctifiés.

Amen.

Veni Sancte Spiritus. Roua, Roua, Roua !
Ni par puissance ni par force, Mais par l'amour du Seigneur.

Viens Esprit Saint, viens Feu d'Amour ; Viens Père des pauvres,
épris de mes blessures.

Viens Esprit Saint, viens en nos cœurs ; Doux Esprit Saint, enflamme-les !

Viens Esprit Saint ; viens en nos cœurs ; Viens Esprit Saint,
viens consolateur.

Esprit de Dieu, viens nous donner la vie ; Souffle sur nous, viens raviver nos
cœurs.

Viens, Esprit Créateur, fais toute chose nouvelle ; Viens Esprit Consolateur,
recrée en nous un cœur pur.

Envoie Ton Esprit, Ô Seigneur. Alléluia ; Qu'Il renouvelle la face de la terre.
Alléluia !

Envoie ton Esprit, Seigneur et tout sera créé ; Tu renouvelleras la face de la
terre.

Viens Esprit du Seigneur, mon âme a soif de Toi ; Viens Esprit du Seigneur.
Amen, Maranatha

Viens Esprit de Sainteté, viens Esprit de Lumière ; Viens Esprit de feu, viens
nous embraser.

Esprit de Dieu, souffle de vie ; Esprit de Dieu, souffle de feu ; Esprit de Dieu
consolateur ; Tu nous sanctifies.

Jésus, Toi qui a promis d'envoyer l'Esprit à ceux qui te prient ;
O Dieu, pour porter au monde ton feu, voici l'offrande de nos vies. Amen.

*1846 – 1879*

## Prière à l'Esprit Saint et à Marie

Esprit Saint, inspirez-moi
Amour de Dieu, consumez-moi
Au vrai chemin conduisez-moi
Marie ma Mère regardez-moi
Avec Jésus, bénissez-moi
De tout mal, de toute illusion
De tout danger préservez-nous.

## 78. Prière pour demander le discernement

Venez Esprit Saint. Remplissez les cœurs de vos fidèles et allumez en eux le feu de Votre Amour. Envoyez votre Esprit, Seigneur, pour obtenir une création nouvelle et Vous renouvellerez la face de la terre.

**Prions :** Ô Dieu, qui avez instruit les cœurs de Vos fidèles par la lumière du Saint-Esprit, donnez-nous, par ce même Esprit, de discerner, de comprendre et d'aimer ce qui est bien et de jouir sans cesse de ses divines consolations. Par Jésus-Christ, Notre Seigneur ! Amen ![66]

---

[66] + 3x Notre Père, 3x Je vous salue Marie, 3x Gloire au Père

Mon Dieu, de tous les jours et de toutes les heures, je te demande une faveur spéciale : de ne me laisser jamais bâiller devant une de tes merveilles !

Laisse-moi jouir du miracle de chaque réveil, du miracle de savoir que je suis encore en vie, du miracle de respirer, de marcher et de penser, du miracle de ton amour et de ta miséricorde. Aide-moi à ne jamais me lasser de tes saisons :

Le printemps est un miracle, l'été est un miracle, l'automne est un miracle, et l'hiver est un beau miracle, chaque jour est un miracle ainsi que chaque nuit ; Merci pour la beauté de cette région Seigneur. Merci pour le lever et le coucher du soleil. Merci pour la lune et les étoiles. Fais-moi ce cadeau, Seigneur : Le don de t'apprécier ainsi que tout ce que tu fais.

Un jour je te demanderai le don suprême : De t'aimer comme je le devrais, plus qu'hier et moins que demain.

Amen.

## 80.  Esprit Saint, Maître de l'impossible

Esprit Saint, Toi qui es depuis toujours le maître de l'impossible,
viens réaliser en nous tout ce qui t'est possible : fais revivre ce qui meurt, fais
éclore ce qui germe, fais mûrir ce qui est tombé en terre.

Sois en nous l'Esprit du Père ; viens nous convaincre de donner notre vie
et de collaborer au grand œuvre de la création, de la terre à transformer
aux terres à partager entre nous.

Sois en nous l'Esprit du Fils : viens nous apprendre à passer par la Croix
pour ouvrir le chemin de ton Royaume et à vivre dans la confiance
les épreuves comme les joies.

Sois en nous l'Esprit de sainteté, qui nous initie aux mœurs de Dieu,
à la générosité du Père, à la fidélité du Fils, et aussi au courage des apôtres
et à la louange de Marie.

Sois en nous l'Esprit qui fait sans cesse une humanité nouvelle,
qui recrée nos libertés quand elles se défont, qui maintient l'espérance
au cœur même des violences, qui ne désespère d'aucun homme,
pas même de ceux qui n'attendent plus rien de Dieu.

Donne-nous à chacun de trouver notre place dans ce grand corps du Christ et
de consacrer tout notre être à sa croissance, pour que le monde ait la Vie, la
Vraie Vie, celle que l'on trouve en perdant la sienne,
avec toi, grâce à toi, Ô maître de l'impossible ! Amen.


## 81.  Esprit Saint – Feu et Lumière

Feu et lumière qui resplendis sur la face du Christ.
Feu dont la venue est parole. Feu dont le silence est lumière.
Feu qui établis les cœurs dans l'action de grâce, nous te magnifions.

Toi qui reposes en Christ. Esprit de Sagesse et d'Intelligence. Esprit de conseil
et de force, Esprit de science et de crainte, nous te magnifions. Toi qui scrutes
les profondeurs de Dieu. Toi qui illumines les yeux de notre cœur, Toi qui te
joins à notre esprit, Toi par qui nous réfléchissons la gloire du Seigneur, nous
te magnifions.

Saint Éphrem le Syrien

186

## 82. L'Esprit Saint dans les Écritures

«J'ai vu l'Esprit descendre, tel une colombe venant du ciel, et demeurer sur lui. Et moi, je ne le connaissais pas, mais celui qui m'a envoyé baptiser sans l'eau m'avait dit : « Celui sur qui descendra l'Esprit descendre et demeurer, c'est lui qui baptise dans l'Esprit Saint ». Et moi, j'ai vu et je témoigne que celui-ci est l'Élu de Dieu ». (Jn 1, 32-34).

« Un vent de Dieu tournoyait sur les eaux ». (Gn 1,2)

« Un rejeton sortira de la souche de Jessé, un surgeon poussera de ses racines. Su lui reposera l'Esprit du Seigneur, esprit de Sagesse et d'Intelligence, Esprit de Conseil et de Force, Esprit de Connaissance et de crainte du Seigneur ». (Is 11,2)

« Quand l'Esprit Saint vient habiter dans un homme, cet homme ne peut plus cesser de prier, car l'Esprit en lui prie sans cesse ; qu'il dorme ; qu'il veille, dans son cœur la prière est toujours à l'œuvre ; qu'il mange, qu'il boive, qu'il se repose ou qu'il travaille, l'encens de la prière monte spontanément de son cœur.

La prière en lui n'est plus liée à un temps déterminé, elle est ininterrompue. Même durant son sommeil, elle se poursuit, bien cachée. Car le silence d'un homme qui est devenu libre est en lui-même déjà prière. Ses pensées sont inspirées par Dieu. Le moindre mouvement de son cœur est comme une voix qui, silencieuse et secrète, chante pour l'invisible ».

Saint Isaac le Syrien

## 83. Dans le doute sur une décision à prendre.

Invocation à l'Esprit Saint puis ...

Seigneur Jésus-Christ, Fils de Dieu, envoyé par le Père pour nous sauver. Toi qui est le Chemin, la Vérité et la Vie, je ne sais plus quoi faire ni quoi décider face à cette situation qui me dépasse. Viens à mon aide, viens vite à mon secours Seigneur Jésus ! Envoie sur moi ton Esprit Seigneur et éclaire-moi sur ce que je dois dire ou faire ou décider. Humble et pauvre, je te le demande ici et maintenant Ô mon Jésus et te remercie de le faire car Tu es Notre Bon Jésus. Amen. Merci Seigneur ! ... (Gloire au Père...)

Viens, lumière véritable.
Viens, vie éternelle.
Viens, mystère caché.
Viens, trésor sans nom.
Viens, réalité ineffable.
Viens, félicité sans fin.
Viens, lumière sans couchant.

Viens, réveil de ceux qui sont couchés. Viens, résurrection des morts.
Viens, ô Puissant, qui toujours tout fais et refais et transformes par ton seul
vouloir. Viens, toi qui toujours demeures immobile et à chaque instant tout
entier te meus et viens à nous, couchés dans les enfers, ô toi au-dessus de tous
les cieux. Viens, joie éternelle.

Viens, toi qu'a désiré et désire mon âme misérable. Viens, toi le Seul, au seul,
puisque, tu le vois, je suis seul. Viens, toi qui m'as séparé de tout et fait
solitaire en ce monde. Viens, toi devenu toi-même en moi désir, qui m'as fait
te désirer, toi l'absolument inaccessible. Viens, mon souffle et ma vie. Viens,
consolation de ma pauvre âme. Viens, ma joie, ma gloire, mes délices sans fin.

Je te rends grâces d'être devenu un seul esprit avec moi, sans confusion, sans
mutation, sans transformation, toi le Dieu au-dessus de tout, et d'être pour moi
devenu tout en tous, nourriture inexprimable et parfaitement gratuite, vêtement
éblouissant, purification qui me baignes de ces impérissables et saintes larmes
que ta présence apporte à ceux que tu visites.

Je te rends grâces d'être pour moi devenu lumière sans couchant, soleil sans
déclin ; car tu n'as pas où te cacher toi qui de ta gloire, empli l'univers !

Non, jamais à personne tu ne t'es caché, mais c'est nous qui toujours nous
cachons de toi, en refusant d'aller à toi : pourquoi te cacherais-tu, toi qui ne te
détournes pas d'un seul entre les êtres, qui n'en repousses pas un seul ? Viens
donc, ô Maître, aujourd'hui dresse en moi ta tente ; fais ta maison et demeure
continuellement, inséparablement, jusqu'au bout, en moi, ton serviteur, ô très
bon, et que moi aussi, à ma sortie de ce monde et après ma sortie, je me
retrouve en toi, ô très bon, et règne avec toi, Dieu qui es au-dessus de tout.

Oui, Maître, de même que tu t'es souvenu de moi quand j'étais dans le monde
et qu'au milieu de mon ignorance, c'est toi qui m'as élu et séparé de ce monde
et établi devant la face de ta gloire, de même, maintenant, garde-moi à
l'intérieur, debout pour toujours, inébranlable, dans ta demeure en moi : qu'en

te voyant perpétuellement, moi, le mort, je vive ; qu'en te possédant, moi, le pauvre, je sois toujours riche ; qu'en te mangeant et te buvant, en me vêtant à chaque instant de toi, j'aille de délices en délices en d'inexprimables biens : car c'est toi qui es tout bien et toute gloire et tout délice et c'est à toi qu'appartient la gloire sainte, consubstantielle et vivifiante Trinité, Toi que vénèrent, que confessent, qu'adorent et que servent dans le Père, le Fils et le Saint-Esprit tous les fidèles, maintenant et toujours et aux siècles des siècles. Amen

## 85. Chapelet de Libération

Cette prière insistante sur le Nom de Jésus est simple, rapide et très efficace. Sa durée ne prend que quelques minutes et peut-être dites en toutes nécessités urgentes.

La prière se dit avec l'aide d'un chapelet. Elle est basée sur cinq supplications faites à Jésus dans les Évangiles :

« Si le Fils vous libère, vous serez alors vraiment libres » (Jn 8, 36)

<u>En entrée et après chaque dizaine, vous direz :</u>

**Si Jésus me libère, je serai vraiment libre !**

Ensuite sur chaque grain...

**Jésus, aie pitié de moi !**
**Jésus, guéris-moi !**
**Jésus, sauve-moi !**
**Jésus, libère-moi !**

Vous aurez ainsi invoqué le nom de Jésus 205 fois...

*1542 - 1591*

## Impose silence à ma prière

Prends-moi, Seigneur, dans la richesse divine de ton silence,
plénitude capable de tout combler en mon âme.

Fais taire en moi ce qui n'est pas de Toi,
ce qui n'est pas ta présence toute pure, toute solitaire, toute paisible !

Impose silence à mes désirs, à mes caprices, à mes rêves d'évasion,
À la violence de mes passions.
Couvre par ton silence la voix de mes revendications, de mes plaintes.

Imprègne de ton silence ma nature trop impatiente de parler,
trop encline à l'action extérieure et bruyante.

Impose même ton silence à ma prière, pour qu'elle soit pur élan vers Toi.

Fais descendre ton silence jusqu'au fond de mon être,
et fais remonter ce silence vers Toi, en hommage d'amour !

## *I – SUPPLICATIO AD DEUM*

Kyrie, eleison.
R. *Kyrie, eleison.* 3x
Christe, eleison.
R. *Christe, eleison* 3x
Kyrie, eleison.
R. *Kyrie, eleison.* 3x
Christe, audi nos.
R. *Christe, audi nos.*
Christe, exaudi nos.
R. *Christe, exaudi nos.*
Pater de caelis Deus,
R. *miserere nobis.*
Fili Redemptor mundi Deus,
R. *miserere nobis.*
Spiritus Sancte Deus,
R. *miserere nobis.*
Sancta Trinitas, unus Deus,
R. *miserere nobis.*

## *II – INVOCATIO SANCTORUM*

Sancta Maria,
R. ora pro nobis.
Sancta Dei Genetrix,
R. ora pro nobis
Sancta Virgo virginum,
R. ora pro nobis.
Sancte Michael, Gabriel et Raphaël
R. ora pro nobis.
Omnes sancti Angeli et Archangeli,
R. orate pro nobis.
Omnes sancti beatorum Spirituum ordines,
R. orate pro nobis.

### *PATRIARCHAE ET PROPHETAE*

Sancte Abraham,
R. ora pro nobis.

Sancte Moyses,
R. ora pro nobis.
Sancte Elia,
R. ora pro nobis.
Sancte Ioannes Baptista,
R. ora pro nobis.
Sancte Ioseph,
R. ora pro nobis.
Omnes sancti Patriarchae et Prophetae,
R. orate pro nobis.

## *APOSTOLI ET DISCIPULI*

Sancte Petre,
R. ora pro nobis.
Sancte Paule,
R. ora pro nobis.
Sancte Andrea,
R. ora pro nobis.
Sancte Iacobe (maior),
R. ora pro nobis.
Sancte Ioannes,
R. ora pro nobis.
Sancte Thoma,
R. ora pro nobis.
Sancte Iacobe (minor),
R. ora pro nobis.
Sancte Philippe,
R. ora pro nobis.
Sancte Bartolomaee,
R. ora pro nobis.
Sancte Matthaee,
R. ora pro nobis.
Sancte Simon,
R. ora pro nobis.
Sancte Thaddaee,
R. ora pro nobis.
Sancte Matthia,
R. ora pro nobis.
Sancte Barnaba,
R. ora pro nobis.
Sancte Luca,
R. ora pro nobis.

Sancte Marce,
R. ora pro nobis.
Omnes sancti Apostoli et Evangelistae,
R. orate pro nobis.
Omnes sancti discipuli Domini,
R. orate pro nobis.


**MARTYRES**

Omnes sancti Innocentes,
R. orate pro nobis.
Sancte Stephane,
R. ora pro nobis.
Sancte Ignati (Antiochene),
R. ora pro nobis.
Sancte Polycarpe,
R. ora pro nobis.
Sancte Iustine,
R. ora pro nobis.
Sancte Laurenti,
R. ora pro nobis.
Sancte Vincenti,
R. ora pro nobis.
Sancti Fabiane et Sebastiane,
R. orate pro nobis.
Sancti Ioannes et Paule,
R. orate pro nobis
Sancti Cosma et Damiane,
R. orate pro nobis.
Sancti Gervasi et Protasi,
R. orate pro nobis.
Sancte Cypriane,
R. ora pro nobis.
Sancte Bonifati,
R. ora pro nobis.
Sancte Stanislae,
R. ora pro nobis.
Sancte Thoma (Becket),
R. ora pro nobis
Sancti Ioannes (Fisher) et Thomas (More),
R. orate pro nobis.
Sancte Paule (Miki),
R. ora pro nobis.

Sancti Ioannes (de Brebeuf) et Isaac (Jogues),
R. orate pro nobis
Sancte Petre (Chanel),
R. ora pro nobis.
Sancte Carole (Lwanga),
R. ora pro nobis.
Sanctae Perpetua et Felicitas,
R. orate pro nobis.
Sancta Maria (Goretti),
R. ora pro nobis.
Omnes sancti martyres,
R. orate pro nobis.

### EPISCOPI ET DOCTORES

Sancte Sylvester,
R. ora pro nobis.
Sancte Leo,
R. ora pro nobis
Sancte Gregori,
R. ora pro nobis.
Sancte Ambrosi,
R. ora pro nobis.
Sancte Augustine,
R. ora pro nobis.
Sancte Hieronyme,
R. ora pro nobis.
Sancte Athanasi,
R. ora pro nobis.
Sancti Basili et Gregori (Nazianzene
R. orate pro nobis
Sancte Ioannes Chrysostome,
R. ora pro nobis.
Sancte Martine,
R. ora pro nobis.
Sancte Nicolae,
R. ora pro nobis.

### SANCTE PATRICI

R. ora pro nobis.
Sancti Cyrille et Methodi,
R. orate pro nobis.

Sancte Carole (Borromeo),
R. ora pro nobis
Sancte Francisce (de Sales),
R. ora pro nobis.
Sancte Pie (Decime),
R. ora pro nobis.
Omnes sancti Pontifices et Confessores,
R. orate pro nobis.
Omnes sancti Doctores,
R. orate pro nobis.

## *PRESBYTERI ET RELIGIOSI*

Sancte Antoni,
R. ora pro nobis.
Sancte Benedicte,
R. ora pro nobis.
Sancte Bernarde,
R. ora pro nobis.
Sancte Dominice,
R. ora pro nobis.
Sancte Francisce,
R. ora pro nobis.
Sancte Thoma (de Aquino),
R. ora pro nobis.
Sancte Ignati (de Loyola),
R. ora pro nobis.
Sancte Francisce (Xavier),
R. ora pro nobis.
Sancte Vincenti (de Paul),
R. ora pro nobis.
Sancte Ioannes Maria (Vianney),
R. ora pro nobis.
Sancte Ioannes (Bosco),
R. ora pro nobis.
Omnes sancti Sacerdotes et Levitae,
R. orate pro nobis.
Omnes sancti Monachi et Eremitae,
R. orate pro nobis.

## *SANCTAE DEI*

Sancta Anna,
R. ora pro nobis.

Sancta Maria Magdalena,
R. ora pro nobis.
Sancta Agatha,
R. ora pro nobis.
Sancta Lucia,
R. ora pro nobis.
Sancta Agnes,
R. ora pro nobis. .
Sancta Caecilia,
R. ora pro nobis.
Sancta Catharina,
R. ora pro nobis.
Sancta Anastasia,
R. ora pro nobis.
Sancta Catharina (Senensis),
R. ora pro nobis.
Sancta Teresia (de Avila),
R. ora pro nobis.
Sancta Rosa (de Lima),
R. ora pro nobis.
Omnes sanctae Virgines et Viduae
R. orate pro nobis.

## LAICI

Sancte Lodovice,
R. ora pro nobis.
Sancta Monica,
R. ora pro nobis.
Sancta Elisabeth (Hungariae),
R. ora pro nobis.
Omnes Sancti et Sanctae Dei,
R. intercedite pro nobis.

## III INVOCATIO AD CHRISTUM

Propitius esto,
R. parce nos, Domine.
Propitius esto,
R. exaudi nos, Domine.
Ab omni malo,
R. libera nos, Domine.
Ab omni peccato,
R. libera nos, Domine.

Ab ira tua,
R. libera nos, Domine.
À subitanea et improvisa morte,
R. libera nos, Domine.
Ab insidiis diaboli,
R. libera nos, Domine.
Ab ira et odio et omni
mala voluntate,
R. libera nos, Domine
A spiritu fornicationis,
R. libera nos, Domine
À fulgure et tempestate,
R. libera nos, Domine
A flagello terraemotus,
R. libera nos, Domine..
A peste, fame et bello,
R. libera nos, Domine
À morte perpetua,
R. libera nos, Domine.
Per mysterium sanctae Incarnationis tuae,
R. libera nos, Domine.
Per adventum tuum,
R. libera nos, Domine.
Per nativitatem tuam,
R. libera nos, Domine..
Per baptismum et sanctum ieiunium tuum,
R. libera nos, Domine.
Per crucem et passionem tuam,
R. libera nos, Domine.
Per mortem et sepulturam tuam,
R. libera nos, Domine
Per sanctam resurrectionem tuam,
R. libera nos, Domine.
Per admirabilem ascensionem tuam,
R. libera nos, Domine.
Per adventum Spiritus Sancti Paracliti,
R. libera nos, Domine.
In die iudicii,
R. libera nos, Domine.

Peccatores,
R. te rogamus, audi nos.
Ut nobis parcas,
R. te rogamus, audi nos.
Ut nobis indulgeas,
R. te rogamus, audi nos.
Ut ad veram paenitentiam nos perducere digneris,
R. te rogamus, audi nos.
Ut Ecclesiam tuam sanctam regere et conservare digneris,
R. te rogamus, audi nos..
Ut domum Apostolicum et omnes ecclesiasticos ordines in sancta religione
conservare digneris,
R. te rogamus, audi nos.
Ut inimicos sanctae Ecclesiae humiliare digneris,
R. te rogamus, audi nos.
Ut regibus et principibus christianis pacem et veram concordiam donare
digneris,
R. te rogamus, audi nos.
Ut cuncto populo christiano pacem et unitatem largiri digneris,
R. te rogamus, audi nos..
Ut omnes errantes ad unitatem Ecclesiae revocare, et infideles universos
ad <u>Evangelii</u> lumen perducere digneris,
R. te rogamus, audi nos..
Ut nosmetipsos in tuo sancto servitio confortare et conservare digneris,
R. te rogamus, audi nos.
Ut mentes nostras ad caelestia desideria erigas,
R. te rogamus, audi nos.

Ut omnibus benefactoribus nostris sempiterna bona retribuas,
R. te rogamus, audi nos. .

Ut animas nostras, fratrum, propinquorum et benefactorum nostrorum ab
aeterna damnatione : eripias,
R. te rogamus, audi nos.
Ut fructus terrae dare et conservare digneris,
R. te rogamus, audi nos.
Ut omnibus fidelibus defunctis requiem aeternam donare digneris,
R. te rogamus, audi nos.
Ut nos exaudire digneris,
R. te rogamus, audi nos.

## V CONCLUSIO

Fili Dei,
R. te rogamus, audi nos.

Agnus Dei, qui tollis peccata mundi,
R. parce nobis, Domine.
Agnus Dei, qui tollis peccata mundi,
R. exaudi nos, Domine.
Agnus Dei, qui tollis peccata mundi,
R. miserere nobis.

Christe,
R. audi nos.
Christe,
R. exaudi nos.

Kyrie, eleison.
R. Kyrie, eleison. Kyrie, eleison.
R. Kyrie, eleison.

Christe, eleison.
R. Christe, eleison. Christe, eleison.
R. Christe, eleison.

Kyrie, eleison.
R. Kyrie, eleison. Kyrie, eleison. Kyrie, eleison

# Prier avec les Saints du Liban

Saint Charbel
Sainte Rafqa
Saint Nimatullah
Bienheureux Frère Estephan
Bienheureux Père Jacques le capucin

Saint Charbel Makhlouf, de son vrai nom Youssef Makhlouf, est le saint libanais le plus vénéré. Né en 1828 et mort en 1898, ce prêtre et moine-ermite libanais attire de nombreux pèlerins du monde entier, notamment en raison de ses nombreux miracles et guérisons. Il a été canonisé en 1977 par le pape Paul VI. Il est officiellement le saint patron du Liban.

*Avec le Saint Sang de Notre Seigneur Jésus-Christ, Saint Charbel peut être vénéré en l'Abbaye de Bois Seigneur Isaac en Belgique, seul pays d'Europe à détenir un reliquaire du sang de Saint Charbel.*

Dieu, infiniment saint et glorifié dans vos Saints, qui avez inspiré au saint moine et ermite Charbel de vivre et de mourir dans une parfaite ressemblance avec Jésus, lui accordant la force de se détacher du monde afin de faire triompher, dans son ermitage, l'héroïsme des vertus monastiques :

La Pauvreté, l'Obéissance et la Chasteté.

Nous vous supplions de nous accorder la grâce de vous aimer et de vous servir à son exemple.

Seigneur Tout-Puissant, qui avez manifesté le pouvoir de l'intercession de saint Charbel par de nombreux miracles et faveurs, accordez-nous la grâce (...) que nous implorons par son intercession. Amen.

*1832 - 1914*

Sainte RAFQA, qui parcourut notre terre, entre nos chênes et nos rochers ; qui vécut dans le silence de ton monastère ; tu es notre sœur et fille de notre terre. Sois notre soutien et notre guide sur le chemin qui nous conduit vers Jésus-Christ Votre Époux Céleste, que tu as tant aimé !

Sois pour notre pays un phare de lumière, et guide ses pas vers le témoignage éclatant de l'Évangile ; apprends-nous tous à revenir aux sources et aux origines de notre foi chrétienne.

Sainte RAFQA, sème le printemps sur les saisons de notre vie ; Fais que les récoltes abondent dans nos champs ; Guéris par la terre prise sur ton tombeau tous nos malades ; Afin que nous puissions, avec toi, rendre gloire à Dieu, notre Père, adoration au Fils, notre Rédempteur, et actions de grâce au Saint-Esprit, maintenant et à jamais. Amen.

Père Céleste, source de toute Sainteté et glorifié dans ses saints, Toi qui as accordé Ta Grâce à Ton élu Nimatullah pour se détacher du monde et vivre pour Toi et avec Toi dans le recueillement du monastère,

Seigneur Jésus, Saint des saints, Toi qui as appelé Ton élu Nimatullah et l'as comblé de Tes Grâces pour Te suivre avec ardeur sur l'étroit chemin de la perfection et de la sainteté, portant dans la joie sa croix – celle de la vie commune – et se sanctifiant,

Esprit Saint, Sanctificateur des saints, Toi qui as inspiré notre Patron Nimatullah pour entrer dans les ordres et vivre avec ses frères dans le couvent, enseignant et arrangeant tout par sa sagesse et sa prudence, maître idéal encourageant Saint Charbel, son disciple et tant d'autres,

Nous te supplions, Ô Sainte Trinité, par l'intercession du Bienheureux Nimatullah, de nous éclairer la voie du salut. Ô Toi, fin première et dernière, ramène-nous à Toi pour que nous renouvelions l'image et l'exemple que Tu as mis en nous, en Te rendant grâce et Te glorifiant avec la Vierge Marie notre mère à laquelle s'est dévoué le Bienheureux Nimatullah, et avec Tes saints, Toi qui vis et règnes à jamais dans la Sainteté. Amen !

*Croix de l'Ordre Libanais Maronite*

Terre du Liban - Terre Sainte

*Vallée de la Qadisha - La Vallée sainte*

*Plaine de la Bekaa à Saghbine*

*Baie de Jounieh, vue depuis Notre Dame du Liban*

*Notre Dame du Liban à Harissa*

Saint Charbel, à Annaya, a allumé son lampion :
Et l'église de toutes régions prie et chante alléluia
*Ô Charbel priez pour nous*

Sur ta colline priante, moine, dans ton ermitage
Tu puises Amour et courage du cœur du Sauveur puissant
*Ô Charbel, priez pour nous*

Tu es un homme parfait, tout pétri de charité,
Fais-nous selon ton portrait, agents de fraternité
*Ô Charbel, priez pour nous*

Hostie et Vin, à la messe, Tu les bénis chaque jour
Pour tout le monde, et toujours Plein de joie et de tendresse !
*Ô Charbel, priez pour nous*

Salue, Cèdre du Liban la Vierge et Saint Charbel
qu'ils jettent du haut du ciel un regard encourageant !
*Ô Charbel, priez pour nous*

Saint Charbel dans ta demeure accueille tes visiteurs,
Partout, accompagne-nous, à jamais chez nous demeure
*Ô Charbel, priez pour nous*

*Sarcophage de Saint Charbel à Annaya*

*1881 – 1953*

## *L'Abbé Paul Couturier*

Seigneur Jésus, qui, à la veille de mourir pour nous, as prié pour que tous tes disciples soient parfaitement un, comme toi en ton Père et ton Père en toi, fais-nous ressentir douloureusement l'infidélité de notre désunion.

Donne-nous la loyauté de reconnaître et le courage de rejeter ce qui se cache en nous d'indifférence, de méfiance et même d'hostilité mutuelle.

Accorde-nous de nous rencontrer tous en toi, afin que, de nos âmes et de nos lèvres, monte incessamment ta prière pour l'unité des chrétiens, telle que tu la veux, par les moyens que tu veux.

En toi, qui es la charité parfaite, fais-nous trouver la voie qui conduit à l'unité dans l'obéissance à ton Amour et à ta vérité. Amen.

*1894 - 1941*

Saint Maximilien Chevalier de l'Immaculée, Imitateur de Saint François,
exaucez cette prière que nous vous adressons avec piété et confiance.

Nous exaltons votre riche activité. Guidés par l'Immaculée,
Reine du monde et Mère de l'Église, faites que nous puissions collaborer de
toutes nos forces à l'extension du Règne du Christ parmi tous les hommes.

Nous admirons l'héroïque offrande de votre vie.
Obtenez-nous la grâce de comprendre que, seule, la fois en Jésus-Christ est
capable de vaincre la perversité du monde.

Donnez-nous aussi le courage des martyrs.
En unissant nos efforts à leur sacrifice suprême et au vôtre,
Obtenez-nous de préparer ensemble le triomphe de la
Justice, de l'Amour et de la Paix. Amen.

Tu as donné le jour à Marie Immaculée,
Qui mettra au monde Jésus, le vrai soleil levant illuminant notre regard.

Sainte Anne, bénie sois-tu !

Tu prépares aujourd'hui notre cœur à accueillir ce mystérieux
Trésor du ciel que Dieu a mis entre tes mains pour nous être donné,

Sainte Anne, bénie sois-tu !

Tu nous ouvres la route dans les nuits de nos hivers
et de nos détresses, vers la même découverte merveilleuse : aux carrefours de
nos solitudes resplendit la Présence de Celui qui est le Chemin, la Vérité et la
Vie, Jésus, le fils adoré de ta fille Marie.

Sainte Anne, bénie sois-tu !

Je sais ou plutôt je ne sais pas combien de malades tu as soulagé,
combien de cœurs en peine tu as réconforté, combien de sourires tu as fait
naître dans les berceaux, combien d'angoisses tu as transformées en
espérance, Sainte Anne, bénie sois-tu !

Saint Anne, en contemplant ton visage si empreint de tendresse maternelle,
nous découvrons le reflet du visage de Dieu qui est Amour et Miséricorde.

Sainte Anne, bénie sois-tu !

*« Le fait qu'on se confesse de plus en plus à la radio
et de moins en moins dans les églises semble indiquer
que la publicité est plus précieuse que le pardon »*

Philippe Bouvard

## Missel de S.S. le Pape Paul VI – Version liturgique

Je confesse à Dieu Tout-Puissant, je reconnais devant mes frères que j'ai péché en pensée, en parole, par action et par omission.

Oui, j'ai vraiment péché.

C'est pourquoi je supplie la bienheureuse Vierge Marie, les anges et tous les saints, et vous aussi mes frères, de prier pour moi le Seigneur notre Dieu.

*Le prêtre dit alors :*

✝ Que Dieu Tout-Puissant nous fasse Miséricorde, qu'Il nous pardonne tous nos péchés et nous conduise à la Vie éternelle, Amen

**96.   Confiteor – En latin**

## Missel de S.S. le Pape Paul VI – Version liturgique

Confìteor Deo omnipotènti et vobis, fratres,
Quia peccàvi nimis cogitatiòne, verbo, òpere et omissiòne :

**Mea culpa, mea culpa, mea maxima culpa.**

Ideo precor beàtam Mariam semper Virginem,
omnes Angelos et Sanctos, et vos, fratres,
oràre pro me ad Dòminum Deum nostrum

*Le prêtre dit alors :*

✝ Misereàtur nostri omnìpotens Deus et, dimìssis peccàtis nostris, perdùcat nos ad vitam aetèrnam. Amen.

Je confesse à Dieu Tout-Puissant, à la Bienheureuse Marie toujours vierge, à Saint Michel Archange, à Saint Jean-Baptiste, aux Saints Apôtres Pierre et Paul, à tous les Saints, et à vous, mon Père, que j'ai beaucoup péché,

> par pensées,
> par paroles,
> par actions,
> par omissions.

*« C'est ma faute, c'est ma faute, c'est ma très grande faute. »*

C'est pourquoi je supplie la Bienheureuse Marie toujours vierge, Saint Michel Archange, Saint Jean-Baptiste, les Saints Apôtres Pierre et Paul, tous les Saints et vous mon Père, de prier pour moi le Seigneur notre Dieu.

Confiteor Deo omnipotenti, beatæ Mariæ semper Virgini,
beato Michæli Archangelo, beato Ioanni Baptistæ, sanctis Apostolis Petro
et Paulo, omnibus Sanctis, et tibi, pater, quia peccavi nimis cogitatione,
verbo et opere :

Mea culpa, mea culpa, mea maxima culpa.

Ideo precor beatam Mariam semper Virginem,
beatum Michælem Archangelum, beatum Ioannem Baptistam, sanctos
Apostolos Petrum et Paulum, omnes Sanctos, et te, pater, orare pro me ad
Dominum Deum nostrum. Amen

**99.  Psaume 6**

Seigneur, tu es irrité contre moi, mais ne me condamne pas.
Tu es indigné contre moi, mais renonce à me punir.
Seigneur, aie pitié de moi, je suis sans force.

Seigneur, guéris-moi, je suis profondément troublé. Je suis en plein désarroi.
Et Toi, Seigneur, jusqu'à quand m'en voudras-Tu ?

Reviens me délivrer Seigneur. Toi qui est si Bon, sauve-moi, car dans la mort,
on ne peut plus penser à toi, chez les défunts, on ne peut plus te louer.
Je m'épuise à force de soupirer, chaque nuit, je trempe mon lit de larmes,
j'inonde ma couche de pleurs.

Mes yeux se voilent, tant j'ai de chagrin. Je n'y vois plus tant j'ai d'adversaires.
Allez-vous-en, vous tous qui faites le mal, car le Seigneur a entendu mes
pleurs.

Oui, Il a entendu ma supplication, Il a accueilli ma prière. Honte à tous mes
ennemis. Qu'ils soient plongés dans le plus grand désarroi, qu'ils repartent
soudain couverts de honte.

Pitié pour moi, Mon Dieu, dans ton amour, selon ta grande Miséricorde, efface mon péché.

Lave-moi tout entier de ma faute. Purifie-moi de mon offense.
Oui, je connais mon péché. Ma faute est toujours devant moi.
Contre Toi, et Toi seul, j'ai péché. Ce qui est mal à tes yeux, je l'ai fait.

Ainsi, Tu peux parler et montrer ta Justice, Être Juge et montrer ta victoire.

Moi, je suis né dans la faute. J'étais pécheur dès le sein de ma mère.
Mais tu veux au fond de moi la vérité. Dans le secret, Tu m'apprends la Sagesse.

Purifie-moi avec l'hysope, et je serai pur. Lave-moi et je serai blanc plus que neige. Fais que j'entende les chants et la fête : Ils danseront, les os que tu broyais. Détourne ta face de mes fautes. Enlève tous mes péchés.

Crée en moi un cœur pur, O mon Dieu. Renouvelle et raffermis au fond de moi mon esprit. Ne me chasse pas loin de ta face, ne me reprends pas ton Esprit Saint.

Rends-moi la joie d'être sauvé. Que l'Esprit généreux me soutienne.
Aux pécheurs, j'enseignerai tes chemins. Vers Toi, reviendront les égarés.
Libère-moi du sang versé, Dieu, mon Dieu Sauveur.
Et ma langue acclamera ta Justice.

Seigneur, ouvre mes lèvres, et ma bouche annoncera ta louange.

Si j'offre un sacrifice, Tu n'en veux pas. Tu n'acceptes pas d'holocauste.
Le sacrifice qui plaît à Dieu, c'est un esprit brisé.
Tu ne repousses pas, Ô mon Dieu, un cœur brisé et broyé.

Accorde à Sion le bonheur, relève les murs de Jérusalem.
Alors Tu accepteras de justes sacrifices ; oblations et holocaustes.
Alors on offrira des taureaux sur ton autel.

## 101.  Acte de contrition

*Cette prière est dite lors du Sacrement de réconciliation (la confession) ou encore lors de la prière du soir.*

Mon Dieu, j'ai un très grand regret de Vous avoir offensé, parce que Vous êtes infiniment bon et que le péché Vous déplaît. Je prends la ferme résolution, avec le secours de votre sainte grâce, de ne plus vous offenser et de faire pénitence.

### *Autre version :*

Père, Dieu de tendresse et de miséricorde, j'ai péché contre Toi et mes frères. Je ne suis pas digne d'être appelé Ton enfant, mais près de Toi se trouve le pardon. Accueille mon repentir. Que Ton Esprit me donne la force de vivre selon Ton amour, en imitant Celui qui est mort pour nos péchés, Ton Fils, Jésus-Christ, notre Seigneur. Amen.

## 102.  Devoir de chaque chrétien...

Un Dieu à glorifier, qui t'a créé pour L'aimer — Un Jésus à imiter
Son sang à t'appliquer — La Sainte Vierge à implorer

Tous les anges à honorer — Une âme à sauver - Un corps à mortifier
Une conscience à examiner — Des péchés à expier
Des vertus à demander

Un ciel à mériter — Un enfer à éviter - Une éternité à méditer
Un temps à ménager — Un prochain à édifier - Un monde à mépriser

Des démons à appréhender — Des passions à dompter

Une mort, peut-être, à souffrir
Et un jugement à subir, d'un Dieu de vérité, pour une éternité
Ou bienheureuse, Ô bonheur !
Ou malheureuse, Ô malheur !

Dévot chrétien, Songes-y bien !

## Prière pour la grâce de la confession

Ô Saint Léopold, obtiens-nous la grâce de nous confesser souvent et bien »
Ô Saint Léopold, docile instrument de l'infinie Miséricorde de Dieu dans le Sacrement de la Pénitence, obtiens-nous la grâce de nous confesser souvent et bien pour pouvoir avoir toujours le cœur libre du poids du péché.

Toi qui as été l'image de la Bonté du Cœur de Dieu pour les pécheurs, fais que ma vie puisse témoigner que Dieu est un Père bon, riche de Miséricorde. Toi, qui durant ta vie, as nourri un très tendre amour pour la Sainte Vierge, notre douce Mère, et en fus récompensé avec de nombreuses faveurs, maintenant que tu es heureux auprès d'Elle, prie-La pour nous afin qu'Elle regarde nos misères et se montre toujours notre Mère miséricordieuse.

Ô Saint Léopold, qui as toujours eu une grande compassion pour les souffrances humaines, viens à notre aide, n'abandonne pas ceux qui sont dans le désespoir du péché, mais conduis-les au Cœur de Dieu. Amen.

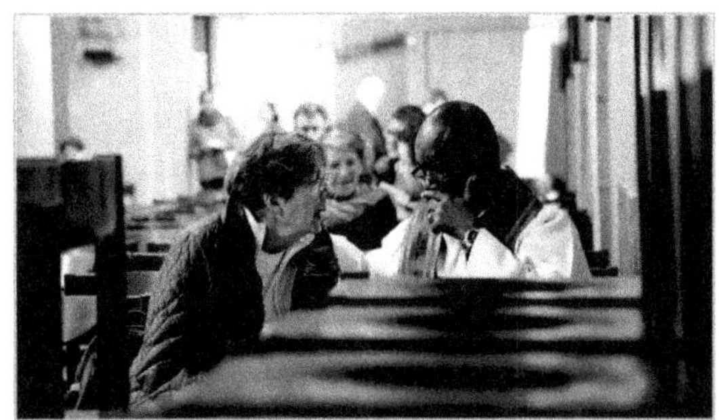

*La confession*

Ô Vérité, je me suis égaré, mais je me suis souvenu de toi.
J'ai entendu derrière moi ta voix qui me criait de revenir, mais
J'ai mal entendu, à cause du tumulte de mon âme inapaisée.

Et maintenant, voici que je reviens tout en sueur et tout palpitant vers tes fontaines, personne ne m'en écartera !

J'y boirai et je vivrai. J'ai mal vécu de moi.
J'ai été un mort pour moi-même en toi, je revis
Oh ! Parle-moi, restaure-moi, Ô Vérité. Amen.


## Citations de Saint Augustin

« Le mal a des spectateurs par milliers, et le bien trouve à peine quelques disciples ». – La cité de Dieu (413-426)

« Crois et tu comprendras ; la foi précède, l'intelligence suit ».
Les sermons – Début du Vème siècle

« Nul n'est méchant que par le fait de sa volonté propre ».
La cité de Dieu (413-426)

« Les biens et les maux de la vie sont communs aux bons et aux méchants.
La cité de Dieu (413-426)

*1937 - 1996*

## Un hymne au pardon... Quand un A-Dieu s'envisage

S'il m'arrivait un jour – et ça pourrait être aujourd'hui – d'être victime du terrorisme qui semble vouloir englober maintenant tous les étrangers vivant en Algérie, j'aimerais que ma communauté, mon Église, ma famille, se souviennent que ma vie était DONNÉE à Dieu et à ce pays. Qu'ils acceptent que le Maître Unique de toute vie ne saurait être étranger à ce départ brutal. Qu'ils prient pour moi : comment serais-je trouvé digne d'une telle offrande ? Qu'ils sachent associer cette mort à tant d'autres aussi violentes, laissées dans l'indifférence de l'anonymat.

Ma vie n'a pas plus de prix qu'une autre. Elle n'en a pas moins non plus. En tout cas, elle n'a pas l'innocence de l'enfance. J'ai suffisamment vécu pour me savoir complice du mal qui semble, hélas, prévaloir dans le monde et même de celui-là qui me frapperait aveuglément. J'aimerais, le moment venu avoir ce laps de lucidité qui me permettrait de solliciter le pardon de Dieu et celui de mes frères en humanité, en même temps que de pardonner de tout cœur à qui m'aurait atteint. Je ne saurais souhaiter une telle mort. Il me paraît important de le professer. Je ne vois pas, en effet, comment je pourrais me réjouir que ce peuple que j'aime soit indistinctement accusé de mon meurtre. C'est trop cher payer ce qu'on appellera, peut-être, la « grâce du martyre » que de la devoir à un Algérien, quel qu'il soit, surtout s'il dit agir en fidélité à ce qu'il croit être l'Islam.

Je sais le mépris dont on a pu entourer les Algériens pris globalement. Je sais aussi les caricatures de l'Islam qu'encourage un certain islamisme. Il est trop facile de se donner bonne conscience en identifiant cette voie religieuse avec les intégrismes de ses extrémistes. L'Algérie et l'Islam, pour moi, c'est autre chose, c'est un corps et une âme. Je l'ai assez proclamé, je crois, au vu et au su de ce que j'en ai reçu, y retrouvant si souvent ce droit fil conducteur de l'Évangile appris aux genoux de ma mère, ma toute première Église.

Précisément en Algérie, et, déjà, dans le respect des croyants musulmans. Ma mort, évidemment, paraîtra donner raison à ceux qui m'ont rapidement traité de naïf, ou d'idéaliste : « Qu'il dise maintenant ce qu'il en pense ! » Mais ceux-là doivent savoir que sera enfin libérée ma plus lancinante curiosité. Voici que je pourrai, s'il plaît à Dieu, plonger mon regard dans celui du Père pour contempler avec Lui ses enfants de l'Islam tels qu'Il les voit, tout illuminés de la gloire du Christ, fruits de Sa Passion investis par le Don de l'Esprit dont la joie secrète sera toujours d'établir la communion et de rétablir la ressemblance en jouant avec les différences.

Cette vie perdue totalement mienne et totalement leur, je rends grâce à Dieu qui semble l'avoir voulue tout entière pour cette JOIE-là, envers et malgré tout. Dans ce MERCI où tout est dit, désormais, de ma vie, je vous inclus bien sûr, amis d'hier et d'aujourd'hui, et vous, ô mes amis d'ici, aux côtés de ma mère et de mon père, de mes sœurs et de mes frères et des leurs, centuple accordé comme il était promis ! Et toi aussi, l'ami de la dernière minute, qui n'aura pas su ce que tu faisais.

Oui, pour toi aussi je le veux ce MERCI, et cet « À-DIEU » envisagé de toi. Et qu'il nous soit donné de nous retrouver, larrons heureux, en paradis, s'il plaît à Dieu, notre Père à tous deux. AMEN ! Inch'Allah !

Alger, 1er décembre 1993 – Tibhirine, 1er janvier 1994

*Christian*

# Prières pour les circonstances de la vie...

*Sanctuaire de Notre-Dame de Lourdes*

Mal – Maladie... Qu'elle soit psychique, spirituelle ou physique, être malade n'est jamais amusant. Ce sont toujours des moments très difficiles pour tous les humains. Pénible selon la gravité du mal, pour la personne concernée tout d'abord, pour ses proches ensuite, mais aussi pour tout le corps médical engagé.

Une personne gravement malade fait « bouger » beaucoup de monde autour d'elle sans que la plupart du temps, on le réalise vraiment. Je n'ai pour ma part, jamais rencontré une personne n'ayant connu sa vie durant, la maladie de près ou de loin. Autrement dit, tous, nous y sommes confrontés tôt ou tard.

La maladie, la souffrance, ont toujours eu et continuent d'avoir un côté interpellant dans tous les cas vécus. Particulièrement avec les maladies graves où le pronostic vital est engagé. C'est encore dans ces moments pénibles de la vie, que l'homme se retourne le plus volontiers vers Dieu, vers Jésus-Christ, vers la Sainte Vierge Marie.

Saviez-vous qu'en termes de nuitées passées à l'hôtel, après Paris qui tient la première place, c'est la petite ville de Lourdes et son célébrissime sanctuaire qui arrive en seconde position avec plusieurs millions de nuitées chaque année ? C'est tout dire !

Que nous dit l'Église[67] à ce sujet...

---

[67] Congrégation pour la Doctrine de la Foi, Vatican – Extrait

« La soif du bonheur, profondément enracinée au cœur de l'homme, a toujours été accompagnée du désir d'obtenir la libération de la maladie et d'en saisir le sens quand on en fait l'expérience. Il s'agit là d'un phénomène humain qui, d'une façon ou d'une autre, concerne chacun et trouve une résonance particulière dans l'Église. Celle-ci, en effet, comprend que la maladie fournit un moyen de s'unir au Christ et de se purifier spirituellement, et donne à ceux qui se trouvent devant une personne malade, l'occasion d'exercer la charité. Mais ce n'est pas tout. En effet, la maladie, comme les autres souffrances humaines, constitue un moment privilégié de prière : prière pour demander la grâce de l'accueillir avec le sens de la foi, l'acceptation de la volonté divine, mais aussi prière de supplication pour obtenir la guérison ».

La prière qui implore le rétablissement de la santé est donc une expérience présente à chaque époque de l'Église, et naturellement à notre époque actuelle. Évidemment, le recours à la prière n'exclut pas, mais nous encourage à utiliser des moyens naturels salutaires pour conserver et recouvrer la santé. Il incite les fils de l'Église à prendre soin des malades et à leur apporter soulagement dans le corps et dans l'esprit, en cherchant à vaincre la maladie.

En effet, « il est dans le plan de Dieu que l'homme lutte de toutes ses forces contre la maladie, qu'il poursuive ce bien qu'est la santé afin de pouvoir remplir intégralement sa tâche dans la société et dans l'Église ». (Fin de citation)

En d'autres termes, cela renforce l'idée que prier est si essentiel et incontournable. Toutefois, ne pas se soigner médicalement parlant en se disant : « le Seigneur va complètement me guérir parce que je prie, ou encore : je ne prends pas mes médicaments parce que je crois en Dieu » est une hérésie et peut vous mettre en danger de mort. Pourquoi ? ...

Parce que si Dieu peut vous guérir assurément de toutes maladies, vous n'êtes pas Dieu et vous ne connaissez pas sa volonté sur vous. Ensuite, si Dieu donne l'Esprit, Il l'a donné aussi aux médecins et à la Science. Or, Dieu aime qu'on utilise sa Création. Cela s'appelle « l'économie de Dieu » ainsi que nous le verrons plus loin. Dans tous les cas, si vous tenez à la vie, ce dont je ne doute pas, admettez que cela fait suffisamment d'inconnues pour nous inviter à nous soigner dans les règles de l'art médical.
Reprenons...

« L'homme est appelé à la joie, mais chaque jour, il fait l'expérience de très nombreuses formes de souffrances et de douleurs. Pour cela, le Seigneur, dans ses promesses de rédemption, annonce la joie du cœur liée à la libération des souffrances (Is 30,29 ; 35,10 ; Bar 4,29). En effet, Il est « celui qui libère de tout mal » (*Sg* 16,8).

Parmi les souffrances, celles qui accompagnent la maladie, sont une réalité constamment présente dans l'histoire humaine et sont aussi objet d'un profond désir humain de libération du mal.

Dans l'Ancien Testament, « Israël fait l'expérience que la maladie est, d'une façon mystérieuse, liée au péché et au mal ». Parmi les punitions que Dieu menace d'infliger à l'infidélité de son peuple, les maladies trouvent une place de choix (28,21 DT-22,27-29,35). Le malade qui implore une guérison de Dieu avoue être justement puni pour ses péchés (Ps 37 ; 40 ; 106, 17-21).

Cependant la maladie frappe aussi les justes et l'homme se demande pourquoi. Dans le Livre de Job, cette question court sur de nombreuses pages. « S'il est vrai que la souffrance a un sens comme punition lorsqu'elle est liée à la faute, il n'est pas vrai, au contraire, que toute souffrance soit une conséquence de la faute et ait un caractère de punition.

La figure de Job le juste en est une preuve singulière dans l'Ancien Testament... Et si le Seigneur consent à éprouver Job par la souffrance, Il le fait pour montrer la justice de ce dernier. La souffrance a un caractère d'épreuve ».

La maladie demeure un mal, même si elle peut prendre une allure positive en tant que démonstration de la fidélité du juste, moyen de rétablir la justice violée par le péché, et aussi moyen d'inciter le pécheur à se corriger et à marcher sur les chemins de la conversion. Voilà pourquoi le prophète annonce les temps futurs où il n'y aura plus de maladie et d'infirmité et où le cours de la vie ne sera plus brisé par le mal mortel (cf. Is 35,5-6 ; 65,19-20).

Cependant, c'est dans le Nouveau Testament que se trouve la réponse complète à la question de savoir pourquoi la maladie frappe aussi les justes. Dans la vie publique de Jésus, les contacts avec les malades ne sont pas sporadiques, ils sont même continus. Il en guérit beaucoup de façon extraordinaire, au point que les guérisons miraculeuses caractérisent son activité : « Jésus parcourait toutes les villes et les villages, enseignant dans leurs synagogues, proclamant la Bonne Nouvelle du Royaume et guérissant toute maladie et toute langueur » (Mt 9,35 ; cf. 4,23).

Les guérisons sont des signes de sa mission messianique (Lc 7,20-23). Elles manifestent la victoire du règne du Dieu sur toute sorte de mal et deviennent symboles de la guérison de l'homme tout entier, corps et âme. En effet, elles servent à démontrer que Jésus a le pouvoir de remettre les péchés (cf. Mc 2,1-12), elles sont signes des bienfaits du salut, comme la guérison du paralytique de Bethzatha (cf. Jn 5,2-9.19-21) et de l'aveugle-né (cf. Jn 9).

Même la première évangélisation, selon les indications du Nouveau Testament, était accompagnée de nombreuses guérisons miraculeuses qui confirmaient la puissance de l'annonce évangélique. Jésus ressuscité l'avait ainsi promis et les premières communautés chrétiennes en voyaient la réalisation au milieu d'elles : « Et voici les signes qui accompagneront ceux qui auront cru : ils imposeront les mains aux infirmes et ceux-ci seront guéris » (Mc 16,17-18). La prédication de Philippe en Samarie était accompagnée de guérisons miraculeuses : « C'est ainsi que Philippe, qui était descendu dans une ville de la Samarie, y proclamait le Christ. Les foules unanimes s'attachaient à ses enseignements, car tous entendaient parler des signes qu'il opérait, ou les voyaient. En effet, les esprits impurs sortaient en poussant de grands cris de beaucoup de possédés.

Nombre de paralytiques et d'impotents furent également guéris (*Ac* 8,5-7). Saint Paul présente l'Évangile en termes d'annonce caractérisée par des signes et des prodiges réalisés avec la puissance de l'Esprit : « Je n'oserais parler de ce que le Christ n'aurait pas fait par moi pour obtenir l'obéissance des païens, en parole et en œuvre, par la vertu des signes et des prodiges, par la vertu de l'Esprit de Dieu (Rm 15,18 – 19 ; 1 Tm 1,5 ; 1 Co 2,4-5). Il n'est pas du tout arbitraire de supposer que ces signes et ces prodiges révélateurs de la puissance divine qui était au cœur de la prédication étaient constitués pour la plupart de guérisons miraculeuses. Ces prodiges n'étaient pas exclusivement liés à la personne de l'Apôtre, mais se manifestaient aussi au milieu des fidèles : « Celui donc qui vous prodigue l'Esprit et opère parmi vous des miracles, le fait-il parce que vous pratiquez la Loi ou parce que vous croyez à la prédication ? (Ga 3, 5).

La victoire messianique sur la maladie et sur les autres souffrances humaines n'advient pas seulement par leur élimination avec des guérisons miraculeuses, mais aussi par la souffrance volontaire et innocente dans la Passion du Christ qui donne à chaque homme la possibilité de s'y associer. De fait, le Christ lui-même, qui est sans péché, souffrit pourtant durant sa Passion des peines et des tourments de toute sorte, et prit sur lui les douleurs de tous les hommes. Il a porté ainsi à son accomplissement ce qu'avait dit de lui le Prophète Isaïe (cf. Is. 53,4-5). – (4). Mais il y a encore plus : « Dans la croix du Christ, non seulement la Rédemption s'est accomplie par la souffrance, mais de plus, la souffrance humaine elle-même a été rachetée... En opérant la Rédemption par la souffrance, le Christ a élevé en même temps la souffrance humaine jusqu'à lui donner valeur de Rédemption. Tout homme peut donc, dans sa souffrance, participer à la souffrance rédemptrice du Christ ». (5)

L'Église accueille les malades non seulement comme objet de sa sollicitude aimante, mais aussi en leur reconnaissant l'appel « à vivre leur vocation humaine et chrétienne et à participer à la croissance du Royaume de Dieu sous des modalités diverses et même plus précieuses. Les paroles de l'Apôtre Paul doivent devenir leur programme de vie et, tout d'abord, elles sont une lumière qui fait briller à leurs yeux le sens de la grâce de leur situation elle-même :

« Ce qu'il reste à souffrir des épreuves du Christ, je l'accomplis dans ma propre chair, pour son Corps qui est l'Église » (Col 1, 24). (6) Il s'agit là de la joie pascale, fruit de l'Esprit Saint. Et comme dit Saint Paul, « beaucoup de malades peuvent devenir porteurs de "la joie de l'Esprit Saint au milieu de leurs épreuves" (1 Th 1,6) et être témoins de la Résurrection de Jésus ». (7)

*La Basilique Saint Pierre de Rome*
*Siège de la Chrétienté et de l'Église*

Seigneur, fais que je vois.
Seigneur, fais que j'entende.
Seigneur (exprimer votre intention)
Seigneur, fais que je marche.
Seigneur, fais que je retrouve la santé.
Seigneur, fais que je sois libéré du mal.
Seigneur, fais que mon cœur s'ouvre à ton amour.
Seigneur, fais que mes peurs disparaissent.
Seigneur, fais que j'ai la Foi.
Seigneur, fais que je pardonne.
Seigneur, fais que j'aime mes frères.

Seigneur, fais que j'aime mes ennemis.
Seigneur, fais que je sois libéré des rancœurs.
Seigneur, fais que je sois libéré des doutes.
Seigneur, fais que je sois libéré du mensonge.
Seigneur, fais que je sois libéré des ténèbres.
Seigneur, fais que je sois libre de toute complicité avec le mal.
Seigneur, fais que je sois libéré de chaque influence du malin.
Seigneur, fais que j'accueille ta lumière.
Seigneur, fais que je cherche ta volonté.

Seigneur, fais que je te prie.
Seigneur, fais que je crois en ta mort et ta résurrection.
Seigneur, fais que j'espère dans la force de ton amour.
Seigneur, fais que j'espère dans ta puissance de guérison.
Seigneur, fais que je me rétablisse de cette maladie.
Seigneur, fais que je sois libéré de mon infirmité.
Seigneur, fais que j'ai confiance en toi.
Seigneur, fais que je t'adore comme mon unique Dieu. Amen.

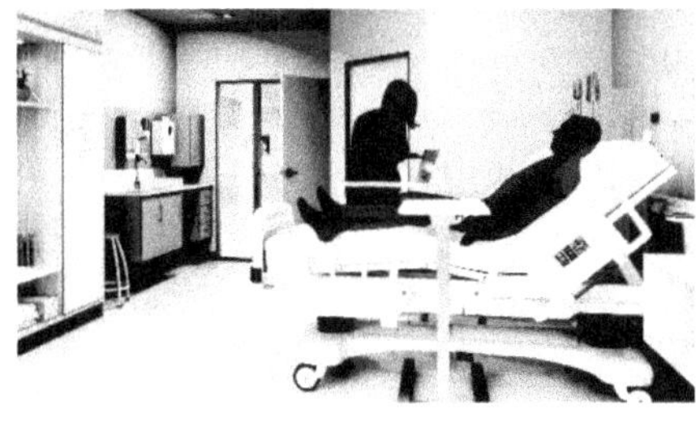

Seigneur Jésus,
Je crois que Tu es vivant et ressuscité.
Je crois que Tu es réellement présent dans le
Saint Sacrement de l'autel et en chacun de nous qui croyons en Toi.

Je te loue et je t'adore.
Je te rends grâce Seigneur, d'être venu à moi, comme Pain vivant descendu du
Ciel. Tu es la plénitude la vie. Tu es la résurrection et la vie.
Toi, Seigneur, tu es la santé des malades.

Aujourd'hui, je veux te présenter tous mes maux.
Parce que Tu es le même hier, aujourd'hui et toujours et Tu me rejoins toi-
même où je me trouve. Tu es l'Éternel présent et Tu me connais.
Seigneur, je te demande d'avoir compassion de moi.

Visite-moi par ton Évangile afin que tous reconnaissent que Tu es vivant,
présent dans ton Église, aujourd'hui.

Que se renouvellent ma Foi et ma confiance en Toi.
Je t'en supplie Jésus, aie compassion des souffrances de mon corps, de mon
cœur et de mon âme.

Aie compassion de moi, Seigneur, bénis-moi et fais que je puisse retrouver la
santé.

Fais grandir ma foi et ouvre-moi aux merveilles de ton amour, pour que je sois
témoin de ta puissance et de ta compassion. Je te le demande, Jésus, par tes
saintes plaies, par ta sainte Croix et par ton Précieux Sang.

Guéris-moi Seigneur. Guéris-moi dans mon corps, guéris-moi dans mon cœur,
guéris-moi dans mon âme. Donne-moi la vie, la vie en abondance.

Je te le demande par l'intercession de Marie ta mère, la Vierge des douleurs,
qui était présente, debout, près de ta croix ; Qui fut la première à contempler
tes saintes plaies, et que Tu nous as donné pour Mère.

Tu nous as révélé avoir pris sur toi nos douleurs et par tes saintes plaies, nous
sommes tous guéris.

Aujourd'hui, Seigneur, je te présente avec foi tous mes maux et je te demande de me guérir complètement. Je te demande, pour la gloire du Père du Ciel, de guérir aussi les malades de ma famille et mes amis.

Fais qu'ils grandissent dans la foi, dans l'espérance et qu'ils retrouvent la santé pour la gloire de ton Nom. Pour que ton règne continue de s'étendre toujours plus dans nos cœurs à travers les signes et les prodiges de ton amour. Et cela, je te le demande parce que Tu es Jésus. Tu es le bon pasteur et nous sommes tous les brebis de ton troupeau.

Je suis si sûr de ton amour, qu'avant même de connaître le fruit de ma prière, je te dis avec foi : merci, Jésus, pour tout ce que Tu feras pour moi et pour chacun d'eux. Merci pour les malades qui sont en train de guérir.
Merci pour ceux que Tu es train de visiter par ta Miséricorde. Amen.


## 108.   Prière pour un malade

Ô mon Dieu,

Voici ce malade ici devant toi.
Il est venu te demander ce qu'il désire et ce qu'il pense être
le plus important pour lui.

Toi, Ô mon Dieu, fais entrer dans son cœur ces paroles :

« L'important, c'est la santé de l'âme ».
Seigneur, que ta volonté se fasse en lui en tout.
Si tu veux qu'il guérisse, que lui soit donné la santé ;
Mais si ta volonté est autre, qu'il continue à porter sa croix.

Je te prie aussi pour nous, qui intercédons pour lui.
Purifie nos cœurs pour nous rendre digne de transmettre sa
Sainte Miséricorde.

Protège et allège ses peines. Qu'en lui se fasse ta sainte volonté.
Qu'à travers lui, soit révélé ton Saint Nom.
Aide-le à porter sa croix avec courage. Amen.

## 109.  Prière de la Communauté des Béatitudes

Dieu, Père de tendresse, plein de compassion pour tous ceux qui t'invoquent, nous nous tournons aujourd'hui vers Toi en qui nous plaçons notre espérance. Tu ne cesses de prodiguer tes miséricordes aux pauvres et aux souffrants qui ont recours à Toi.

Jésus, Tu as dit à ton Église : si deux ou trois unissent leur voix pour demander quoi que ce soit, cela leur sera accordé par mon Père qui est aux Cieux.

Nous avons confiance en Toi. Fais disparaître les causes connues ou cachées de nos divisions et de nos amertumes, rends-nous passionnés de l'unité de Ton Corps, que nous recevions l'onction du pardon et que soit ainsi agréée notre prière.

Par l'intercession de Marie, Ta Mère et notre Mère, sois favorable à notre demande. Vois, celui que tu aimes est malade, et Toi seul peux le soulager vraiment. Mets en œuvre la puissance de Ton Esprit Saint, viens le visiter au cœur de sa souffrance, à la racine même de sa maladie ou de son infirmité.

Nous croyons que Tu es la Résurrection et la Vie.
Sois sa force dans son désarroi, redonne-lui la Paix et, si telle est ta volonté, apporte-lui la guérison. Toi qui vis et règnes dans les siècles des siècles. Amen.


## 110.  Prière avant une opération dans l'urgence

Seigneur Dieu et Père, viens à mon aide, viens vite à mon secours !

Au moment où je vais subir une intervention chirurgicale, je me remets entièrement à Toi. Dans tes mains, je me sens en parfaite sécurité, car c'est Toi qui me donnes courage, confiance et sérénité.

Conduis Toi-même les mains du chirurgien et assiste ses aides dans leur travail. Bénis leur dévouement et leurs peines.

Je te confie enfin, tous ceux qui me sont chers, prends-les sous ta protection et dissipe leur angoisse. Amen.

Seigneur, Tu connais bien mon état de santé (mes difficultés, ma maladie et son évolution qui nécessitent une opération, une intervention chirurgicale).

Donne-moi le courage d'affronter sereinement cette épreuve, de m'abandonner à ta volonté, et aux mains expertes des médecins qui vont intervenir pour essayer de me guérir. Je ne peux plus rien contrôler.

Ma vie dépend de Toi et dépend du succès de cette intervention. Tu connais mes besoins, Tu vois ceux des membres de ma famille.

Jésus, j'ai confiance en Toi.
Demande, je te prie à Marie de m'assister et de veiller sur moi au cours de cette intervention.
Marie, je me confie à tes soins, toi qui sais si bien soigner les plaies douloureuses du corps et de l'âme.

Jésus, Marie, je vous prie aussi pour toute l'équipe médicale qui va me prendre en charge. Guidez leurs gestes. Bénissez-les pour tout ce qu'ils accomplissent journellement pour leurs frères.

Je suis votre enfant, penchez-vous sur moi...
Je vous confie ma vie, mon souffle.
Accordez-moi votre protection et votre bénédiction.
Seigneur, que ta Volonté soit faite, amen.

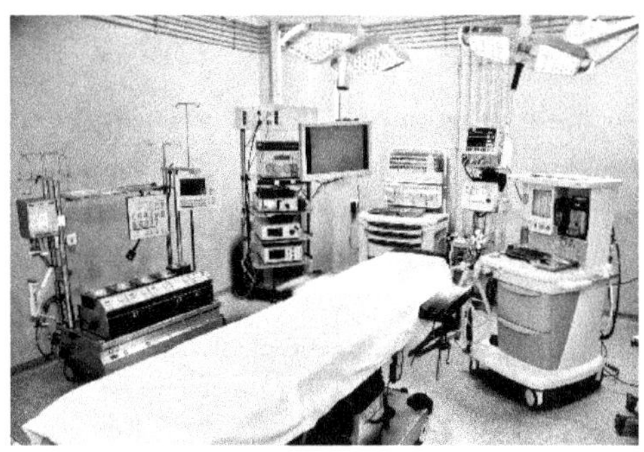

*1138 – 1204*

*Moïse Maïmonide, médecin et philosophe juif sépharade*

Ô Dieu, remplis mon âme d'amour pour l'art et pour toutes les créatures. N'admets pas que la soif du gain et la recherche de la gloire m'influencent dans l'exercice de mon art : car les ennemis de la vérité et de l'amour des hommes pourraient facilement m'abuser et m'éloigner du noble devoir de faire le bien à tes enfants.

Soutiens la force de mon cœur pour qu'il soit toujours prêt à servir le pauvre et le riche, l'ami et l'ennemi, le bon et le mauvais. Fais que je ne vois que l'homme dans celui qui souffre.

Que mon esprit reste clair près du lit du malade, qu'il ne soit distrait par aucune pensée étrangère afin qu'il ait présent tout ce que l'expérience et la science lui ont enseigné : car grande et sublime sont les recherches scientifiques qui ont pour but de conserver la santé et la vie de toutes les créatures.

Fais que mes malades aient confiance en moi et en mon art, qu'ils suivent mes conseils et mes prescriptions. Éloigne de leur lit les charlatans, l'armée des parents aux mille conseils et les gardes qui savent toujours tout, car c'est une engeance dangereuse qui, par vanité, fait échouer les meilleures intentions de l'art, et conduit souvent tes créatures à la mort.

Si les ignorants me blâment et me raillent, fais que l'amour de mon art, comme une cuirasse, me rende invulnérable pour que je puisse persévérer dans le vrai, sans égard au prestige, au renom ou l'âge de mes ennemis.

Prête-moi, mon Dieu, l'indulgence de la patience auprès de malades entêtés ou grossiers. Fais que je sois modéré en tout, mais insatiable dans mon amour de la science. Éloigne de moi l'idée que je peux tout.

Donne-moi la force, la volonté et l'occasion d'élargir de plus en plus mes connaissances. Je peux aujourd'hui découvrir dans mon savoir des choses que je ne soupçonnais pas hier, car l'art est grand, mais l'Esprit de l'homme pénètre plus avant.

Amen.

## 113. Prière du malade pour ses médecins

Ayez pitié, mon Dieu, de ceux qui se sont chargés de la croix des autres, de ceux qui se sont faits des sauveurs. Sauveur de tous, donnez au médecin la Lumière.

Éclairez-le dans l'obscurité d'autrui, pour qu'obligé de pénétrer dans le secret des corps et des âmes, il ne se trompe pas de route et ne blesse rien en passant.

Donnez au médecin l'Amour, pour que, chargé de sa propre peine et sans refuge peut-être pour lui-même, il trouve toujours en soi une douceur, un abri, une force pour le désespéré qui l'attend.

Donnez au médecin la Grâce, pour qu'en son plus mauvais moment, dans son incertitude, sa faiblesse d'homme, son trouble, il reste toujours assez sage, toujours assez bon, toujours assez pur, digne de la douleur sacrée dont la foi s'est donnée à lui.

Donnez au médecin la Fidélité dans la miséricorde, pour qu'il n'oublie pas, n'abandonne jamais le moindre des misérables qui à lui se fie.

Donnez-lui la Force, ô mon Dieu, pour que le poids de tous ne vienne pas trop l'accabler, pour que la détresse qu'il porte n'atteigne pas trop sa joie, pour que la blessure qu'il panse ne lui fasse pas de mal.

## 114. Prière pour les malades selon St Jean de Dieu

« Seigneur, daigne exaucer notre Prière pour tous les affligés et ceux qui les soignent ! Pour ceux qui t'aiment et t'offrent leurs souffrances : soutiens leur cœur devant les défaillances de leur nature.

Pour ceux qui te cherchent : fais briller à leurs yeux la lumière de ta Croix d'où descendent le pardon et la paix. Pour ceux qui te méconnaissent : fais entendre la parole de consolation : "Venez à moi, vous tous qui souffrez, et je vous soulagerai".

Pour tous ceux qui sont au service des souffrants et qui veillent sur eux : à tous Seigneur, donne le calme, le courage, la paix et la consolation. Accorde ta miséricorde Seigneur, à ceux que tu rappelleras à toi ! Ainsi soit-il. »

*... et des infirmiers !*

« Saint Jean de Dieu, céleste Patron des infirmiers et infirmières, nous nous tournons vers toi afin de chercher dans ton exemple un stimulant pour notre propre vie. Fidèles à ton appel, nous voulons continuer ta mission en marchant sur tes pas. La croix, l'amour de Dieu et du prochain furent ta force ; nous y puiserons la nôtre. S'il est triste de souffrir, il est plus triste encore de souffrir seul. Aussi voulons-nous être, jour et nuit, une présence attentive près des souffrants confiés à nos soins. Nous renouvelons notre engagement de suivre avec fidélité les prescriptions de notre profession, en conformité avec la morale chrétienne. Ainsi soit-il. »

Prions :

Seigneur notre Dieu, nous te remercions de nous avoir donné Saint Jean de Dieu comme modèle de prière et de vie hospitalière. Par Lui, tu nous montres comment vivre l'hospitalité avec les pauvres, cette richesse de l'Évangile. Aujourd'hui encore, nous demandons à ton Fils, par le Cœur toujours pur de Marie et l'intercession des bienheureux et des saints de l'Ordre Hospitalier, d'inviter beaucoup de vocations à se joindre à notre famille religieuse hospitalière.

Nous te prions de bénir nos projets et de veiller sur les personnes qui sont confiées à nos soins, comme sur tous ceux et celles qui collaborent à notre mission hospitalière. Nous attendons de ta miséricorde, toi notre bon Samaritain, la force pour être, tous et chacun, des témoins fidèles de ta charité, dans le souvenir renouvelé de nos engagements devant Dieu et l'Église.

Par Jésus-Christ Notre Seigneur. Amen.

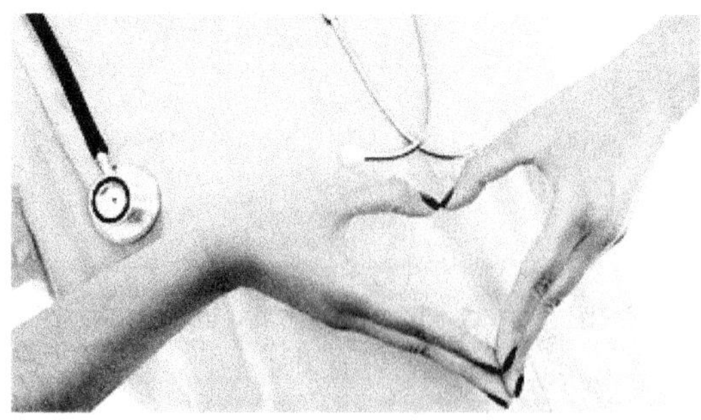

*1868 - 1936*

Il y avait une fois un méchant Voïvode nommé Gordien. Il traquait les justes et les torturait. Car celui que Gordien détestait le plus était le moine Mirone, l'ermite charitable qui faisait le bien sans nulle peur, et priait sans cesse.

Le voïvode appela son serviteur fidèle, le vaillant Ivan le Guerrier :
« Va-t'en Ivan, tuer le moine Mirone, tranche-lui la tête et que je la donne à manger à mes chiens. »

Ivan s'en alla obéissant, mais le cœur amer, se disant :
« Je n'y vais pas de ma propre volonté, c'est par nécessité que je le fais.
Il faut croire que c'est le destin que Dieu m'a assigné. »

Il a caché son glaive sous son manteau. Il arrive et salue l'ermite.
« Es-tu toujours en bonne santé, petit vieux ?
Dieu t'a-t-il toujours en sa sainte garde ? »

... Mais le moine, clairvoyant, se mit à sourire et ses lèvres sages laissèrent tomber ces mots : « Ivan, n'essaie pas de mentir, je sais pourquoi tu es venu. Le Seigneur connaît tout. Les bons et les méchants sont dans sa main.
Je sais pourquoi tu es venu. »

Ivan eut honte, mais il craignait de mentir à son voïvode. Alors, tirant le glaive du fourreau de cuir, il essuya la lame au revers de son manteau.
« Mirone, dit-il, je voulais arriver à te tuer sans que tu voies le glaive, mais maintenant, prie Dieu pour la dernière fois, prie-le pour moi, pour toi, pour toute la race humaine ; après quoi je te trancherai la tête. »

Le moine Mirone se mit à genoux sous un jeune chêne, il dit en souriant à Ivan :
« Ivan, ton attente sera longue, car la prière pour la race humaine dure longtemps et tu ferais mieux de me tuer tout de suite que de te fatiguer à attendre en vain. »

Alors, Ivan a froncé le sourcil et il s'est rengorgé, le stupide.
« Non, ce qui est dit, est dit, et je t'attendrai, fût-ce un siècle. »

Le moine pria jusqu'au soir. Puis du soir à l'aurore, il continua. Puis de l'aurore à l'autre nuit, il pria encore. Et de l'été au printemps, sa prière se prolongea. Les ans s'ajoutaient aux ans, Mirone priait encore.

Le jeune chêne monta jusqu'aux nuages. Une forêt épaisse était née de ses glands. La sainte prière n'était pas terminée. Et aujourd'hui encore, le moine, tout bas, murmure les paroles rédemptrices, il demande à Dieu d'avoir pitié des hommes, à la Vierge, de leur apporter secours.

Ivan le Guerrier est debout près de lui toujours. Depuis longtemps son épée est tombée en poussière et son armure est rongée par la rouille.
Ses beaux habits sont en loques et en pourriture.

Hiver comme été, Ivan reste là. Et le gel mord, et la chaleur brûle, et il demeure quand même. Et les loups et les ours passent sans le regarder. Mais la prière que le vieux moine adresse pour les pauvres pécheurs que nous sommes, coule toujours aussi longue qu'il y a de pécheurs.

Elle coule comme une claire rivière qui baigne la terre, fraîche et douce comme la miséricorde de Dieu.

*Moine en prière*
*Œuvre de Camille Corot (1826-28)*

Seigneur Jésus,

Médecin divin, toi qui, au cours de ta vie terrestre, as témoigné un amour de prédilection envers ceux qui souffrent et qui as confié à tes apôtres le ministère de guérison, dispose-nous à être toujours empressés à soulager les souffrances de nos frères.

Fais que chacun d'entre nous soit conscient de la grande mission qui lui a été confiée et qu'il s'efforce d'être toujours un instrument de ton amour miséricordieux dans son service quotidien. Éclaire nos esprits, guide nos mains, rends nos cœurs attentifs et compatissants. Fais-nous voir dans chaque malade les traits de ton Visage divin.

Toi qui es la Voie, donne-nous de savoir t'imiter chaque jour, non seulement comme médecins des corps, mais comme médecins de toute la personne, en aidant nos malades à poursuivre en toute confiance leur parcours terrestre jusqu'au moment de leur rencontre avec Toi.

Toi qui es la Vérité, donne-nous la sagesse et la science, pour pénétrer dans le mystère de l'homme et de sa destinée transcendante, lorsque nous le rencontrons pour découvrir les causes de son mal et pour en trouver les bons remèdes.

Toi qui es la Vie, donne-nous de porter l'annonce et le témoignage de « l'Évangile de la vie » dans notre profession, en nous attachant à la défendre toujours, de la conception jusqu'à son achèvement naturel, et à respecter la dignité de tous les êtres humains, particulièrement des plus faibles et des plus nécessiteux.

Seigneur, fais de nous des bons Samaritains, prêts à accueillir, soigner et consoler ceux que nous rencontrons au cours de nos activités. Aide-nous à apporter notre généreuse contribution au renouvellement constant des structures de la santé, à l'exemple des saints médecins qui nous ont précédés. Bénis notre travail et notre profession, éclaire nos recherches et notre enseignement.

Accorde-nous, enfin, qu'après T'avoir toujours aimé et servi dans nos frères souffrants, nous puissions, au terme de notre pèlerinage terrestre, contempler ton visage glorieux et éprouver la joie de la rencontre avec Toi, dans ton Règne de bonheur et de paix infinie.

*1876 – 1958*

O divin Médecin des âmes et des corps,
Jésus notre Rédempteur, qui durant votre vie
mortelle avez manifesté votre prédilection pour les
malades en les guérissant par le toucher de votre
main ; nous vous adorons, nous qui sommes
appelés à la rude mission de médecins, et nous
reconnaissons en vous notre sublime modèle et
notre soutien.

Guidez toujours notre pensée, notre cœur et notre main afin que nous méritions la louange et l'honneur que le Saint-Esprit attribue à notre charge *(Siracide 38).*

Accroissez en nous la conscience d'être vos collaborateurs dans la défense et le développement des créatures humaines, et un instrument de votre miséricorde. Illuminez nos intelligences dans l'âpre lutte contre les innombrables infirmités du corps afin que, grâce à un juste emploi de la science et de ses progrès, nous ne soyons ni ignorants de la cause des maux, ni égarés par leurs symptômes, mais qu'avec un jugement sûr, nous puissions indiquer les remèdes disposés par votre Providence ; Dilatez nos cœurs par votre amour : faites que, vous reconnaissant dans les malades, particulièrement dans les plus abandonnés, nous répondions par une sollicitude inlassable à la confiance qu'ils mettent en nous.

Qu'à votre exemple, nous soyons paternels dans la compassion, sincères dans les conseils, vigilants dans les soins, opposés à laisser dans l'illusion, plein de douceur dans l'annonce du mystère de la douleur et de la mort ; rendez-nous fermes dans la défense de la sainte loi du respect dû à la vie, contre les attaques de l'égoïsme et des instincts pervers ; Médecins, qui nous glorifions de votre nom, nous promettons que notre activité s'exercera constamment dans l'observation de l'ordre moral et sous l'autorité de ses lois.

Accordez-nous enfin de mériter un jour, par la conduite chrétienne de notre vie et le juste exercice de notre profession, d'entendre de vos lèvres la sentence de vie éternelle promise à ceux qui vous auront visité en la personne de nos frères malades : « Venez, les bénis de mon Père, prenez possession du Royaume qui vous a été préparé » *(Mt 25,34).*

### Offrande de la journée selon Sainte Thérèse de Lisieux

Mon Dieu,

Je t'offre toutes les actions que je vais faire aujourd'hui, aux intentions et pour la gloire du Cœur Sacré de Jésus,

Je veux sanctifier les battements de mon cœur, mes pensées et mes œuvres les plus simples, en les unissant à ses mérites infinis, et réparer mes fautes en les jetant dans la fournaise de son Amour miséricordieux.

Ô mon Dieu, je te demande pour moi et pour ceux qui me sont chers, la grâce d'accomplir parfaitement ta sainte volonté ; d'accepter, pour ton amour, les joies et les peines de cette vie passagère afin que nous soyons un jour réunis dans les Cieux pendant toute l'éternité. Amen.

## 120.  Prière du matin de Michel Walckenheim

Seigneur, dans le silence de ce jour naissant, je viens te demander la Paix, la Sagesse, la Force. Je veux regarder aujourd'hui le Monde avec des yeux tout remplis d'amour, être patient, compréhensif, doux et sage, voir au-delà des apparences tes enfants comme

Tu les vois toi-même et ainsi ne voir que le Bien en chacun. Ferme mes oreilles à toute calomnie, garde ma langue de toute malveillance, que seules les pensées qui bénissent demeurent dans mon esprit.

Que je sois si bienveillant et si joyeux que tous ceux qui m'approchent sentent ta présence. Revêts-moi de ta beauté, Seigneur et qu'au long de ce jour, je te révèle. Amen.

† Dieu, viens à mon aide, viens vite à notre secours !
† Gloire au Père, au Fils et au Saint-Esprit, maintenant et toujours
et dans tous les siècles des siècles, amen[68]

Notre Père... car c'est à Toi qu'appartiennent le Règne, la Puissance et la Gloire pour les siècles des siècles, Amen.

Mon Seigneur et mon Dieu, je te rends grâce de m'avoir créé, racheté, fait chrétien et conservé en vie. Je t'offre mes pensées, mes paroles et mes œuvres de cette journée en ton honneur et pour ta Gloire. Ne permets pas que je t'offense et donne-moi la force de fuir les occasions de pécher. Fais que grandissent, ma foi, mon amour, ma confiance, ma charité, ma santé et ma prospérité.

C'est Toi notre rocher, notre abri, notre forteresse et c'est vers Toi en ce matin, Dieu Notre Père, que nous sommes tournés.

Humble et pauvre devant Toi Seigneur, nous te demandons d'envoyer sur chacun de nous ton Esprit pour nous guider et nous garder tout au long de ce jour dans Ta Volonté.

Dieu Notre Père, au Nom de Jésus ton Fils Notre Seigneur, nous te demandons que Ton Esprit, touche notre intelligence. Fais Seigneur Dieu Tout-Puissant que nous recevions toute l'aide dont nous aurons besoin dans l'exercice de nos activités du jour ; et que toutes les personnes que nous allons rencontrer durant cette journée soient bien intentionnées, agréables et généreuses envers chacun de nous.

Fais encore Seigneur Dieu Tout-Puissant, que notre journée se passe dans la paix, la sécurité et la joie. Nous te prions en particulier ce matin pour : (citer une personne ou une intention particulière ; maladie, recherche d'un emploi, etc.)

Viens-lui en aide Seigneur Dieu Tout-Puissant, nous t'en supplions Toi qui es l'Auteur par qui arrive tous Dons et tous Biens. Nous te le demandons par Jésus-Christ Notre Seigneur, Amen

† Gloire au Père... Je vous salue Marie...

---

[68] Dominique André – Prière communautaire du matin

Ô mon Jésus, pardonnez-nous tous nos péchés, préservez-nous du feu de l'enfer et conduisez au Ciel, toutes les âmes, spécialement celles qui ont le plus besoin de votre Amour et de votre Miséricorde. Ô Marie conçue sans péché, priez pour nous qui avons recours à vous.

Saint Michel Archange de ta lumière, éclaire-nous (moi)
Saint Michel Archange de tes ailes, protège-nous (moi)
Saint Michel Archange de ton épée, défends-nous (moi)

Saint Ange gardien, vous que la Providence Divine a chargé de veiller sur moi, priez pour moi, priez avec moi. Défendez-moi dans le combat, soyez toujours présent à mes côtés. Portez mes prières, mes demandes, mes nécessités, particulièrement celles qui sont les plus urgentes auprès du Seigneur et revenez près de moi, merci, Amen.

Viens Esprit Saint et embrase nos cœurs du feu de ton Amour. Viens Esprit Saint et guide-nous tout au long de ce jour dans la volonté du Père et du Fils, Toi l'Esprit commun au Père et au Fils qui vivez et régnez dans la très Sainte Trinité, Un seul Dieu pour les siècles des siècles, Amen.

Que Dieu Tout-Puissant, Bon et Miséricordieux nous garde, nous protège, nous guérisse et nous bénisse, Lui qui Père, Fils et Saint-Esprit
Un seul Dieu pour les siècles des siècles, Amen, alléluia.

Saint Charbel, priez pour nous
Saint Padre Pio, priez pour nous
(votre saint patron), priez pour nous
Sainte Rita de Caccia, priez pour nous

*Clôture de la Prière du Matin avec la plus antique prière liturgique à la Sainte Vierge qui est un chant* à Marie, intitulé : **« Sous ta garde ».**

**Paroles :** Sous ta garde, nous nous réfugions Sainte Mère de Dieu.
Ne refuse pas la prière de tes enfants en détresse.
Mais délivre-nous de tous dangers Ô toujours Vierge glorieuse et bénie.

N. B.  Une étude pointue du Père F. Mercenier y reconnaît la plus ancienne prière liturgique à la Sainte Vierge. On la trouve très primitivement dans les rites romains, ambrosien, byzantin et copte, dès le, IVe ou le Ve siècle. Mais la découverte d'un papyrus fait remonter la tradition au III° siècle.

Le Père Mercenier, qui a édité les différents textes, y voit «une de nos plus "anciennes prières liturgiques et un bien faisant écho à 'l'âge des martyrs'.

Il la signale comme 'le plus ancien 'témoignage à la puissance médiatrice de Marie', et il souligne que l'usage du fameux mot de Theotocos (Mère de Dieu) montre qu'avant le Concile d'Éphèse (qui en fit la formule d'un dogme) la piété populaire en avait déjà fait l'expression de sa foi.

### URGENCE CHRÉTIENNE !

Prions abondamment pour cette société athée, consumériste
à outrance, détruisant pas à pas toutes nos racines, notre
culture, nos valeurs chrétiennes, en cherchant par tous
moyens de communication à déchristianiser notre temps.
Ne reculant devant aucun scrupule marketing, certains
n'hésitent pas à supprimer la croix au sommet des églises du
Christ pour leur besoin marketing...

*Saint Silouane au Mont Athos*

Gloire à toi notre Dieu, gloire à toi !
Roi céleste, consolateur, Esprit de vérité,
Toi qui es partout présent et qui remplis tout,
Trésor des biens et Donateur de vie, viens et demeure en nous,
purifie-nous de toute souillure et sauve nos âmes,
Toi qui es bonté !

Saint Dieu, Saint fort, Saint immortel
Aie pitié de nous ! (3 fois)

Gloire au Père et au Fils et au Saint-Esprit,
maintenant et toujours et dans les siècles des siècles. Amen

Trinité toute sainte aie pitié de nous !
Seigneur purifie-nous de nos péchés !
Maître, pardonne-nous nos iniquités !
Saint, visite-nous et guéris nos infirmités, à cause de ton Nom !

Seigneur, aie pitié ! (3 fois)

Gloire au Père et au Fils et au Saint-Esprit,
maintenant et toujours et dans les siècles des siècles. Amen

Notre Père qui es aux cieux !
Que ton Nom soit sanctifié !
Que ton Règne arrive !
Que ta volonté soit faite sur la terre comme au ciel !
Donne-nous aujourd'hui notre pain substantiel !
Remets-nous nos dettes comme nous les remettons à nos débiteurs !
Et ne nous soumets pas à l'épreuve, mais délivre-nous du Malin. Amen !

**Autre version**

(Selon la version de l'Assemblée des évêques orthodoxes de France)

Notre Père qui es aux cieux !
Que ton Nom soit sanctifié !
Que ton Règne vienne !
Que ta volonté soit faite sur la terre comme au ciel !
Donne-nous aujourd'hui notre pain essentiel !
Remets-nous nos dettes comme nous aussi les remettons à nos débiteurs !
Et ne nous conduis pas dans l'épreuve,
Mais délivre-nous du Malin. Amen !

Seigneur, aie pitié ! – (12 fois)

Gloire au Père et au Fils et au Saint-Esprit, maintenant et toujours et dans les siècles des siècles. Amen

*Naissance vers 386 – 461*
*Saint Patrick est le Patron de l'Irlande*

Je me lève aujourd'hui par une force puissante, L'invocation de la Trinité, la croyance en la Trinité, la confession de l'unité du Créateur du monde.

Je me lève aujourd'hui par la force de la naissance du Christ et de Son Baptême, la force de Sa Crucifixion et de sa mise au tombeau, la force de Sa Résurrection et de Son Ascension, la force de Sa Venue au jour du Jugement.

Je me lève aujourd'hui par la force de l'ordre des Chérubins, dans l'obéissance des Anges, dans le service des Archanges, dans l'espoir de la Résurrection, dans les prières des Patriarches, dans les prédications des Prophètes, dans les prédications des Apôtres, dans les fidélités des Confesseurs, dans l'innocence des Vierges saintes, dans les actions des Hommes justes.

Je me lève aujourd'hui par la force du Ciel, lumière du Ciel, lumière du Soleil, éclat de la Lune, splendeur du Feu, vitesse de l'éclair, rapidité du vent, profondeur de la mer, stabilité de la terre, solidité de la pierre.

Je me lève aujourd'hui par la force de Dieu pour me guider, la puissance de Dieu pour me soutenir, l'intelligence de Dieu pour me conduire, l'œil de Dieu pour regarder devant moi, l'oreille de Dieu pour m'entendre, la parole de Dieu pour parler pour moi.

La main de Dieu pour me garder, le chemin de Dieu pour me précéder, le bouclier de Dieu pour me protéger, l'armée de Dieu pour me sauver des filets des démons, des séductions des vices des inclinations de la nature, de tous les hommes qui me désirent du mal, de loin et de près, dans la solitude et dans une multitude.

J'appelle aujourd'hui toutes ces forces entre moi et le mal, contre toute force cruelle impitoyable qui attaque mon corps et mon âme, contre les incantations des faux prophètes, contre les lois noires du paganisme, contre les lois fausses des hérétiques, contre la puissance de l'idolâtrie, contre les charmes des sorciers, contre toute science qui souille le corps et l'âme de l'homme.

Que le Christ me protège aujourd'hui contre le poison, contre le feu, contre la noyade, contre la blessure, pour qu'il me vienne une foule de récompenses, Le Christ avec moi,

Le Christ devant moi,
Le Christ derrière moi,
Le Christ en moi,
Le Christ au-dessus de moi,
Le Christ au-dessous de moi,
Le Christ à ma droite,
Le Christ à ma gauche,
Le Christ en largeur,
Le Christ en longueur,
Le Christ en hauteur,

Le Christ dans le cœur de tout homme qui pense à moi, le Christ dans tout œil qui me voit, le Christ dans toute oreille qui m'écoute.

Je me lève aujourd'hui par une force puissante à l'invocation à la Trinité, la croyance en la Trinité, la confession de l'unité du Créateur du monde. Au Seigneur est le salut, au Christ est le salut. Que Ton salut, Seigneur, soit toujours avec nous. Amen.


## Tropaire:

Comme docteur et pasteur suprême, Saint Patrick, tu as montré le chemin qui mène vers la vie ; et, comme chef d'Église, tu as illuminé ta patrie ; l'ayant fait renaître par l'Esprit Saint, tel un olivier au paradis spirituel, en Sainteté tu as fait croître tes enfants ; c'est pourquoi, te vénérant comme le compagnon des Apôtres et des Pontifes saints, nous te prions d'intercéder auprès du Christ Dieu pour qu'il accorde à nos âmes la grâce du salut. Amen.

*1509 – 1564*

## Prière du Matin

Fais-moi entendre, dès le matin, ta bonté, car je me suis confié en toi ; fais-moi connaître le chemin où je dois marcher, car j'ai élevé mon âme à toi. Éternel, délivre-moi de mes ennemis ; je me suis retiré vers toi. Enseigne-moi à faire ta volonté, car tu es mon Dieu.

Que ton bon Esprit me conduise dans le droit chemin. (Ps. 143, 8-10)

Mon Dieu, mon Père et mon Sauveur, puisqu'il t'a plu de me conserver par ta grâce pendant la nuit qui vient de finir et jusqu'au jour qui commence, fais que je l'emploie tout entier à ton service et que je ne pense, ne dise ou ne fasse rien qui ne soit pour te plaire et obéir à ta sainte volonté, afin que toutes mes actions se rapportent à la gloire de ton nom et au salut de mes frères.

Et de même que pour cette vie terrestre, tu fais luire ton soleil sur le monde, veuille aussi éclairer mon intelligence par la clarté de ton Esprit, afin de me diriger dans la voie de ta justice.

Ainsi, ô mon Dieu, à quelque chose que je m'applique, que mon but soit toujours de te servir et de t'honorer, attendant tout mon bien de ta seule bénédiction et n'entreprenant rien qui ne te soit agréable.

Fais aussi, Seigneur, que tout en travaillant pour mon corps et pour la vie présente, j'élève mon âme plus haut jusqu'à cette vie céleste et bienheureuse que tu réserves à tes enfants.

Qu'il te plaise d'être le protecteur de mon âme comme de mon corps afin de me fortifier contre toutes les tentations de Satan et de me délivrer de tous les dangers qui me menacent sans cesse.

Et puisque ce n'est rien de commencer si l'on ne persévère, je te demande, Ô Dieu, de me conduire et de me diriger, non pas ce jour seulement, mais jusqu'à la fin de ma vie. Veuille aussi augmenter continuellement en moi les dons de ta grâce, afin que je progresse de jour en jour, jusqu'à ce que je parvienne à la pleine communion de ton Fils Jésus-Christ, qui est la vraie lumière de nos âmes.

Mais, ô mon Dieu, pour que je puisse obtenir de toi de si grands bienfaits, veuille oublier tous mes péchés et me les pardonner selon ta miséricorde infinie, comme tu l'as promis à tous ceux qui t'invoqueront d'un cœur sincère en Jésus-Christ notre Sauveur. Amen.

## 125.  Prière du Matin – Rite protestant évangélique

Seigneur,

Dans le silence de ce jour naissant,
Je viens te demander la paix, la sagesse et la force. Je veux aujourd'hui regarder le monde avec des yeux remplis d'amour, être patient, compréhensif et doux. Voir tes enfants comme tu les vois toi-même, au-delà des apparences, et ainsi ne voir que le bien en chacun d'eux.

Ferme mes oreilles à toute calomnie, garde ma langue de toute malveillance, que seules les pensées qui bénissent demeurent en mon esprit.

Que je sois si bienveillant et si joyeux que, tous ceux qui m'approchent sentent un peu de ta présence en moi. Revêts-moi de ta beauté, Seigneur, et qu'au long de ce jour tout en moi te révèle. Amen

*1483 – 1546*

Seigneur, donne-moi une Foi ferme et inébranlable.
Je ne veux, Seigneur, ni argent ni or.

Donne-moi une Foi ferme et inébranlable.
Je ne cherche, Seigneur, ni plaisirs ni joies de ce monde.

Console-moi et affermis-moi par ta sainte Parole.

Je ne Te demande pas honneurs et considération d'ici-bas :
ils ne peuvent en rien me rapprocher de Toi. Donne-moi ton Saint-Esprit.

Qu'il éclaire mon cœur et me fortifie.
Qu'il me console dans mon angoisse et ma misère.

Garde-moi jusqu'à la mort dans la vraie Foi, dans la ferme confiance en Ta
grâce. Amen.

*La réforme*

**A**ujourd'hui, dans la nuit du monde et dans l'espérance de la Bonne Nouvelle, j'affirme avec audace ma foi en l'avenir de l'humanité. Je refuse de croire que les circonstances actuelles rendent les hommes incapables de faire une terre meilleure.

Je refuse de croire que l'être humain n'est qu'un fétu de paille ballotté par le courant de la vie, sans avoir la possibilité d'influencer en quoi que ce soit le cours des événements.

Je refuse de partager l'avis de ceux qui prétendent que l'homme est à ce point captif de la nuit sans étoiles, du racisme et de la guerre que l'aurore radieuse de la paix et de la fraternité ne pourra jamais devenir une réalité.

Je refuse de faire mienne la prédication cynique que les peuples descendront l'un après l'autre dans le tourbillon du militarisme vers l'enfer de la destruction thermonucléaire.

Je crois que la vérité et l'amour sans condition auront le dernier mot. La vie, même vaincue provisoirement, demeure toujours plus forte que la mort. Je crois fermement que, même au milieu des obus qui éclatent et des canons qui tonnent, il reste l'espoir d'un matin radieux.

J'ose croire qu'un jour tous les habitants de la terre pourront recevoir trois repas par jour pour la vie de leur corps, l'éducation et la culture pour la santé de leur esprit, l'égalité et la liberté pour la vie de leur cœur.

Je crois également qu'un jour toute l'humanité reconnaîtra en Dieu la source de son amour. Je crois que la bonté salvatrice et pacifique deviendra un jour la loi.

Le loup et l'agneau pourront se reposer ensemble, chaque homme pourra s'asseoir sous son figuier, dans sa vigne, et personne n'aura plus de raison d'avoir peur.

Je crois fermement que nous l'emporterons. Amen.

**Extraits des vêpres** (psaume 104 – psaume 140 – hymnes)

Lumière joyeuse de la sainte gloire du Père immortel, céleste Saint, bienheureux, ô, Jésus-Christ, parvenus au coucher du soleil, contemplant la lumière vespérale, chantons le Père et le Fils et le Saint-Esprit Dieu !

Tu es digne dans tous les temps d'être célébré par les voix saintes, ô Fils de Dieu, auteur de vie, aussi le monde te glorifie, Amen !

**Prière des vêpres**

Daigne, Seigneur, garder ce soir sans péché.

**Cantique de Syméon**

Et maintenant, Seigneur, laisse ton serviteur selon ta Parole s'en aller en paix ! Parce que mes yeux ont vu le Salut qui vient de toi : Lumière qui doit se révéler aux nations et Gloire de ton peuple, Israël !

**Prière finale**

Saint Dieu, Saint fort, Saint immortel, aie pitié de nous ! (3 fois)

Gloire au Père et au Fils et au Saint-Esprit, maintenant et toujours et dans les siècles des siècles. Amen !
Trinité toute sainte aie pitié de nous !
Seigneur purifie-nous de nos péchés !
Maître, pardonne-nous nos iniquités !

Dieu Saint, visite-nous et guéris nos infirmités, à cause de ton Nom !
Seigneur, aie pitié ! (3 fois)
Gloire au Père et au Fils et au Saint-Esprit, maintenant et toujours et dans les siècles des siècles. Amen !

Notre Père qui es aux cieux !
Que ton Nom soit sanctifié !
Que ton Règne arrive !
Que ta volonté soit faite sur la terre comme au ciel !

Donne-nous aujourd'hui notre pain substantiel !
Remets-nous nos dettes comme nous les remettons à nos débiteurs !
Et ne nous soumets pas à l'épreuve, mais délivre-nous du Malin. Amen.

## Prions

Ô Christ notre Dieu, affermis dans la sainte et vraie foi tous les chrétiens pieux et orthodoxes ainsi que cette sainte assemblée pour les siècles des siècles.

Toi plus vénérable que les chérubins et plus glorieuse incomparablement que les séraphins, qui sans tache enfantas Dieu le Verbe, Toi véritablement la Mère de Dieu, nous t'exaltons.

Dieu viens à notre aide ! Seigneur viens vite à notre secours !

Gloire au Père, au Fils et au Saint-Esprit pour les siècles des siècles, Amen.

Nous te rendons grâce et nous te bénissons Seigneur Dieu Tout-Puissant pour tous tes Bienfaits que Tu nous as accordés tout au long de ce jour qui s'achève.

Humble et pauvre devant Toi Seigneur, nous te demandons pardon pour tous nos péchés et nos offenses. Nous te prions Seigneur Dieu Tout-Puissant de nous pardonner et de nous faire Miséricorde †

Nous te confions notre nuit, notre repos, notre sommeil, notre récupération physique et mentale. Éloigne de nous les mauvais rêves des nuits et les songes menteurs. Accorde-nous, Seigneur, une nuit paisible et en sécurité.

Entre tes mains Seigneur, nous remettons notre esprit par Jésus-Christ, Ton Fils Notre Seigneur et Notre Dieu, Lui qui vit et règne avec Toi dans l'unité du Saint-Esprit, un seul Dieu pour les siècles des siècles, Amen.

1x Gloire au Père, Notre Père, Je vous salue Marie
Bénissons le Seigneur et rendons grâce à Dieu †


**130.   Prière à la Sainte Famille**

† Au nom du Père et du Fils, et du Saint-Esprit, amen.

Tu as voulu, Seigneur, que la Sainte Famille nous soit donnée en exemple ; accorde-nous la grâce de pratiquer, comme elle, les vertus familiales et d'être uni par les liens de ton amour avant de nous retrouver pour l'éternité dans la joie de ta maison. Amen.

Seigneur Jésus, merci pour papa et pour maman, merci pour mes frères et mes sœurs. Par eux, tu me donnes beaucoup de joie et je voudrais tant les rendre heureux. Je te prie pour chacun d'eux.

Tu sais ce qu'il y a dans leur cœur : donne-leur tout ce qu'ils désirent.
Viens habiter dans notre maison et aide-nous à nous aimer.
Oui, grâce à toi, l'entente et la bonne humeur règnent chaque jour entre nous.

Explique-moi comment je peux rendre service.
Apprends-moi à consoler celui qui a du chagrin, à entourer de tendresse celui qui est triste et à pardonner celui qui m'a fait de la peine.

Fais de notre famille un petit Nazareth où il fasse bon vivre sous le regard de notre Père du ciel et confie-nous Marie, ta Maman, pour qu'elle veille sur nous. Amen.


## 132.   Prière pour les parents

Ô Dieu qui m'a donné le commandement important d'honorer mon Père et ma Mère, exauce la prière que du fond du cœur, je t'adresse pour eux.

Console-les dans toutes leurs peines, assiste-les dans toutes leurs nécessités, rends-leur au centuple le bien qu'ils me font chaque jour et aide-moi à faire tout ce qu'il est possible pour eux.

Accorde-leur une longue vie, paisible et heureuse.
Garde-les dans ta grâce et ton amitié.
Fais, Seigneur, qu'après avoir tant travaillé pour leurs enfants, ils puissent vivre paisiblement et continuer à grandir en ton amour.

Dispose toute chose de telle manière qu'après avoir supporté ensemble les épreuves et les peines de cette vie, nous soyons tous ensemble réunis dans le Ciel, notre vraie patrie, avec Toi, Ô mon Dieu, pour ne plus jamais nous quitter. Amen.

### Prière de consécration à la Sainte Famille

Sainte Famille de Nazareth, je me consacre à toi pour que tu me conduises à la Sainte Trinité. En elle, je renouvelle mon alliance d'amour et reçois le don de l'Esprit.

Je me glisse dans votre très Sainte Famille pour aimer et enfanter l'Église. Avec vous, Joseph, Marie et Jésus, je désire cultiver la douceur, l'humilité, le pardon, la joie du service. Découvrir la force de la vie cachée et sa fécondité dans la patience du temps.

Je me consacre à vous, pour être enfant de votre famille, recevoir Jésus comme frère, Toi Marie, comme maman, et toi, Joseph, comme gardien. Votre proximité attire l'Esprit Saint.

Je vous dépose ma famille pour qu'elle devienne un atelier de sainteté, une petite église domestique, un cénacle où le feu de l'Esprit nous embrase tous. Qu'une Pentecôte permanente éclaire notre maison et transfigure nos épreuves, qu'elle enflamme de douce charité notre quartier et notre paroisse.

Marie, doux feu de charité
Joseph, gardien du foyer
Jésus, fleuve d'eau vive
Je me donne à vous. Amen.

Redevenons un peu contemplatifs et admirateurs du monde créé et tirons de cette première écoute la mise en train de la poésie de la prière.

Sainte Famille de Nazareth, communion d'amour entre Jésus, Marie et Joseph, Icône vivante de la famille chrétienne, nous te confions toutes nos familles.

Ouvre le cœur de chaque foyer à l'accueil de la Parole de Dieu et au témoignage chrétien, afin qu'y naissent de nouvelles vocations. Mets au cœur des parents une vive charité, une attention et une piété pleines d'amour pour guider leurs enfants vers les biens d'éternité. Suscite dans le cœur des jeunes une conscience droite et une volonté libre, pour grandir « en sagesse, en âge et en grâce » et répondre généreusement aux appels de Dieu. Sainte Famille de Nazareth, aide-nous à t'imiter.

Tu as vécu la prière assidue, l'obéissance généreuse, la dignité des pauvres, la pureté du cœur et du corps. Garde-nous fidèles à accomplir la volonté de Dieu, et à aider avec délicatesse ceux et celles d'entre nous qui sont appelés ç suivre de plus près Celui qui s'est donné pour nous, Jésus, Notre Seigneur. Amen.

## 135.  Prière avant une action importante

✝ Au Nom du Père, du Fils et du Saint-Esprit, amen.

Père très Bon, Miséricordieux et Tout-Puissant,
J'ai recours à Toi, je t'offre cette action (nommez-là...)
Je te demande de venir la bénir et de m'aider à l'accomplir.
Marie protège-moi. Par Jésus le Christ Notre Seigneur, amen.

✝ Au nom du père et du Fils et du Saint-Esprit, Amen

Père très Bon, Miséricordieux et Tout-Puissant,
Je te rends grâce et te remercie de m'avoir aidé à accomplir cette action
(nommez-là)
Bénis sois-Tu, Seigneur pour tous tes bienfaits.
Merci, Marie de m'avoir gardé sous ta protection.

Amen, alléluia !

## 137.   Prière avant une rencontre

Mon bon Ange gardien, je te remercie d'aller visiter
(citer le nom de la personne) que je vais rencontrer.
Jésus, Marie, je vous consacre notre entretien,
apportez-nous votre bénédiction et votre Paix.

Seigneur, je te recommande l'âme et les désirs de
(citer le nom de la personne)
Esprit Saint, éclaire-moi, viens agir en moi,
Inspire-moi ce que je dois dire.

Père, que ce ne soit pas notre volonté, mais que ce soit TA volonté qui soit faite
en la personne que je vais rencontrer et en moi. Amen.

Avant toute rencontre, placez celle-ci sous le regard de Dieu. Bénissez, la, les personnes que vous allez rencontrer aujourd'hui.

Demandez toujours au Seigneur que ces personnes soient bien intentionnées, agréables et généreuses envers vous dans le Nom puissant de Jésus.

De nos jours, en dehors des communautés religieuses et des familles chrétiennes pratiquantes, il est devenu très rare de prier le bénédicité au moment des repas. Cette prière tombe peu à peu dans l'oubli. Que cela est regrettable !

Famille, parents, enfants, je vous invite donc à rétablir cette belle et courte prière au sein de vos foyers pour les repas en commun. Elle participe à l'éducation spirituelle de vos enfants. Elle manifeste pleinement votre christianité dans une société toujours plus déchristianisée.

Si vous êtes sur votre lieu de travail, soyez fier d'être chrétien tout en ne provoquant pas ceux qui vous entourent ! Récitez alors le bénédicité en silence tout en faisant ostensiblement votre signe de croix. De la sorte, vous interpellez éventuellement et tout en douceur vos collègues. Cette courte prière est un pilier de l'éducation spirituelle aussi bien des adultes que des enfants qui de nos jours ont tant besoin de repères.

Le bénédicité, appelé aussi, « bénédiction de la table » se dit au début et à la fin du repas. Le chrétien, qu'il soit seul ou avec d'autres frères en Christ, rend grâce à Dieu pour la nourriture qu'il reçoit chaque jour de sa bonté. Il se souvient aussi que le Seigneur Jésus a lié le sacrement de l'Eucharistie au rite du repas et qu'après sa résurrection, Il s'est manifesté à ses disciples dans la fraction du pain. En approchant de la table et en reconnaissant dans la nourriture qui lui est servie en signe de la bénédiction de Dieu, le chrétien ne doit pas oublier les pauvres qui en sont privés.

Aussi, à travers la prière et les mots prononcés avec foi, subvient-il, dans la mesure du possible, à leurs besoins. Si cela lui est possible, il aura à cœur d'inviter certains à sa table de temps en temps en signe de charité et de fraternité selon les paroles du Christ rapportées dans l'Évangile[69].

Ceci me rappelle une petite histoire vécue personnellement à Bucarest en Roumanie. Une chaleur étouffante de près de 45° plombait la région en cette journée d'été de 2002. Fatigué, sans avoir vraiment faim, je m'étais attablé dans un restaurant donnant sur un magnifique boulevard aux abords du vaste palais présidentiel d'où la révolution roumaine avait démarré.

---

[69] Luc 14, 13-14

Je profitais pleinement de l'air conditionné et attendais tranquillement ma pizza commandée quelques minutes plus tôt. A peine avoir reçu mon copieux repas, deux gosses, deux frères se tenant main dans la main, l'un âgé de 7 ou 8 ans et l'autre de 5 ans grand maximum, me regardaient par la fenêtre du restaurant. Les deux pauvres mômes, pieds nus, vêtus d'un simple slip, étaient si sales. Deux gosses abandonnés assurément.

L'aîné, tenant toujours son petit frère par la main, était venu frapper discrètement sur la vitre nous séparant du trottoir tout en me suppliant du regard et par gestes de leur donner à manger. Ils avaient faim et cela se voyait. Le garçon de salle apercevant la scène, voulut les chasser, mais je l'arrêtai immédiatement en lui demandant de couper ma pizza en quatre parts et de leur donner une part à chacun. Ayant reçu les parts, au lieu de quitter l'endroit où ils n'étaient pas les bienvenus, les gosses revinrent à la fenêtre.

Ils me firent signe en exhibant fièrement leur morceau de pizza et en me souriant, tout heureux de pouvoir manger ce soir-là. Scène complètement surréaliste ! Malgré la vitre nous séparant, nous mangeâmes ensemble cette délicieuse pizza ayant pris tout à coup une saveur inénarrable.

Dernière bouchée avalée après un dernier regard rempli de gratitude, ils s'enfoncèrent, toujours main dans la main, dans la nuit de la grande ville... Rencontre improbable, rencontre tout évangélique, je ne les revis jamais, mais ne les oublierai jamais !

En regardant bien, oui, des pauvres, vous en aurez toujours...

Il existe beaucoup de prières du bénédicité. Elles rempliraient un livre à elles seules. Aussi, rien ne vous empêche de créer votre propre bénédicité fruit de votre quotidien en respectant autant que possible les temps de l'année : Noël, Carême, Pâques, mais aussi tous ces moments particuliers, ces rencontres qui font la différence...

## 139.   Avant le repas : 1<sup>re</sup> proposition

✝ Au nom du Père et du Fils, et du Saint-Esprit. Amen.

Merci Seigneur pour cette journée.
Merci de nous rassembler et d'être présent au milieu de nous.
Merci pour cette nourriture que Tu nous donnes et
pour tout ce que nous recevons de Toi.

Procure du pain, nous t'en prions, Seigneur, à ceux qui n'en ont pas, apprends-nous à partager et ouvre nos cœurs et nos mains chaque jour davantage aux besoins de nos frères.

Bénis-nous Seigneur. Bénis ce repas et ceux qui l'ont préparé.
Veille sur nos échanges, donne-nous la grâce de ne prononcer que des paroles de bénédiction et viens ainsi nous édifier les uns les autres.

Bénis notre famille, tous ceux que nous portons dans notre cœur, tous tes enfants sur la terre, et garde-nous dans la paix de ton amour, Toi qui es Père, Fils et Saint-Esprit, amen... (... et bon appétit !)

## 140.   Avant le repas : 2<sup>e</sup> proposition

✝ Au nom du Père et du Fils, et du Saint-Esprit. Amen

Dieu de miséricorde, notre Père, pour nous redonner vie, tu as voulu que ton Fils prenne chair. Bénis (en bénissant le repas du signe de la croix) ces dons qui viennent de Toi pour que nous refassions nos forces et que nous attendions avec plus de vigilance la venue glorieuse du Christ. Lui qui règne avec Toi pour les siècles des siècles.
℟ : Amen.

## 141.   Après le Repas : 1<sup>re</sup> proposition

Nous te rendons grâce Seigneur, source de tous biens. Toi qui nous as rassemblés autour de cette table pour reprendre des forces, permets que nous poursuivions avec joie notre chemin sur la terre et que nous ayons le bonheur de parvenir un jour au banquet du Ciel. Par Jésus, le Christ, notre Seigneur.
℟ : Amen

## 142.  Après le repas : 2<sup>e</sup> proposition

Père des cieux, sois béni pour ce repas qui nous a rassemblés. Et puisque l'homme ne vit pas seulement de pain, donne-nous faim de ta parole. Par Jésus-Christ, notre Seigneur. Seigneur, nous te rendons grâce pour tous tes bienfaits, toi qui vis et règnes pour les siècles des siècles,
℟ : Amen.


## 143.  Prière de bénédiction avant un voyage.

Comme pour le « Bénédicité » tombé en désuétude dans notre société, la bénédiction avant d'entreprendre un voyage est une très ancienne coutume qu'il nous appartient de remettre à l'ordre du jour. À notre époque, les voyages sont devenus facilement accessibles pour un grand nombre d'entre nous. Le seul endroit visible où des gens prient encore avant de partir sont les aéroports internationaux où des chapelles sont accessibles aux voyageurs. Alors, dès que nous en avons l'occasion, n'oublions pas de nous y rendre ! Par ailleurs, il n'est pas rare de voir dans les avions, au moment du décollage et à l'atterrissage de l'appareil, des passagers faire leur signe de croix. En souriant, j'appelle cela « être en union de prière »...

Que ce soit pour les personnes partant vivre à l'étranger ou encore, pour les vacanciers, prions pour que chacun et chacune arrivent sains et saufs. Notons encore que cette très ancienne coutume est à plusieurs reprises évoquée dans la Bible et que ceux qui sont prêts à partir en voyage demandent le secours et la protection du Seigneur.

† Au nom du Père et du Fils, et du Saint-Esprit, Amen.

Dieu éternel, Père très bon, Tu as fait traverser aux enfants d'Israël la mer Rouge à pied sec ; Tu as conduit les Mages jusqu'à ton Fils grâce à l'étoile qui les guidait ; viens encore en aide à nos frères, accorde-leur une bonne route : protège-les et accompagne-les pour qu'ils parviennent sains et saufs au but de leur voyage et qu'un jour ils puissent entrer au port du salut éternel. Par Jésus, le Christ, notre Seigneur ; ℟ : Amen.

Que le Seigneur dans sa bonté, vous (nous) accompagne au départ, au retour et pendant le séjour là où nous nous rendons maintenant. Que Dieu Tout-Puissant nous bénisse, et qu'Il exauce nos prières pour que nous ayons un voyage favorable. Amen.

Souvent, les gens ressentent une confusion en parlant de l'action de prier. Répondant au Premier Commandement du « Décalogue », qu'il soit clair que nous prions Dieu et personne d'autre. Il est toutefois particulièrement favorable de demander l'intercession auprès de Dieu, des saints et des saintes portés aux autels.

Nous pouvons certes prier Dieu directement, mais l'intercession des saints et saintes par leurs prières continues apporte un poids considérable à nos demandes. Pourquoi dès lors nous en priver !

Dans le christianisme et ainsi que nous le rappelle fermement le Premier Commandement : « On adore Dieu uniquement » ; mais on peut vénérer les saints portés aux autels.

Ainsi, il n'est pas rare de voir dans des sanctuaires aussi bien en Occident qu'au Moyen-Orient des personnes musulmanes venant elles aussi prier et demander l'intercession de Notre Dame, de Saint Dominique ou encore de Saint Charbel.

La prière de neuvaine est une prière insistante assidue pendant neuf jours. On a coutume d'allumer une bougie dite de neuvaine qui accompagnera la prière. Elles sont en général disponibles dans les sanctuaires, les magasins d'articles religieux et quelques fois dans les grandes surfaces. Pour ces dernières, si la bougie est dépourvue d'image, il vous suffira dans ce cas de coller une image de la sainte ou du saint choisi pour vous accompagner pendant ces neuf jours. Ces bougies spécifiques ont une durée de vie prévue pour brûler jour et nuit pendant votre neuvaine. Posez-là sur une sous-tasse, une petite assiette plate à l'écart du vent. Si la bougie ne se consume pas correctement, évidemment, éteignez-là en votre absence. Le but est de prier pour être exaucé, non de devoir appeler les pompiers par négligence. Etant un jour « tombé » sur une bougie défectueuse, ce qui est très rare je le précise, je place depuis lors mes bougies de neuvaine dans l'évier de la cuisine pour la nuit. La Prudence est aussi une vertu de l'Esprit Saint.

La prière N° 143 « Prier avec Saint Padre Pio » est une prière de neuvaine typique. Comme pour les litanies, vu le nombre infini de prières de neuvaine, il est impossible de les imprimer toutes dans un seul ouvrage. Si vous recherchez des prières de neuvaine spécifiques, je vous recommande les séries de Madame Irène Devillers généralement disponibles en magasin d'articles religieux, dans les sanctuaires ou sur Amazon.

*1887 - 1968*

Ô mon Jésus, qui avez dit :
« En vérité je vous le dis : demandez et il vous sera donné – cherchez et vous trouverez, frappez et on vous ouvrira » – Voyez, je frappe, je cherche et je vous demande la grâce... (dites votre intention)

Notre Père – Je vous salue Marie – Gloire au Père suivi de :
« Cœur Sacré de Jésus-Christ, j'espère et j'ai confiance en Vous ! »

Ô mon Jésus, qui avez dit :
« En vérité je vous le dis : tout ce que vous demanderez à mon Père en mon Nom, Il vous le donnera » – Voyez, en votre nom, je demande au Père, la grâce... (*dites votre intention*).

Notre Père – Je vous salue Marie – Gloire au Père suivi de :
« Cœur Sacré de Jésus-Christ, j'espère et j'ai confiance en Vous ! »

Ô mon Jésus, qui avez dit :
« En vérité je vous le dis : Ciel et terre passeront, mais ma parole ne passera pas » — Voyez, m'appuyant sur l'infaillibilité de vos saintes paroles, je vous supplie de m'accorder la grâce... (*dites votre intention*)

Notre Père – Je vous salue Marie – Gloire au Père suivi de :
« Cœur Sacré de Jésus-Christ, j'espère et j'ai confiance en vous ! »

**Prions :** Très Saint Cœur de Jésus, pour qui une seule chose est impossible, notamment de n'avoir pas pitié de nous dans nos besoins – Ayez donc pitié de nous pauvres pécheurs et accordez-nous la grâce pour laquelle nous Vous supplions par l'intercession du Cœur Immaculé de Marie, votre et notre tendre Mère. Saint Padre Pio, priez pour nous. Amen.

## « La Patrone des causes désespérées »

Ô Puissante et Glorieuse Sainte Rita, voici à vos pieds une âme désemparée, qui, ayant besoin d'aide, a recours à Vous avec la douce espérance d'être exaucée.

À cause de mon indignité et de mes infidélités passées, je n'ose point espérer que mes prières arrivent à forcer le Cœur de Dieu. C'est pourquoi je sens le besoin d'une médiatrice toute-puissante, et c'est Vous que j'ai choisie, Sainte Rita, pour votre titre incomparable de Sainte des cas impossibles et désespérés.

Ô chère Sainte, prenez à cœur ma cause, intervenez auprès de Dieu pour m'obtenir la grâce dont j'ai tant besoin et qu'ardemment je désire (mettre ici votre demande d'intercession).

Ne permettez pas que j'aie à vous quitter sans être exaucé. Si en moi quelque chose fait obstacle pour obtenir la grâce que je demande, aidez-moi à l'écarter. Couvrez ma prière de vos précieux mérites, et présentez-là à votre Céleste Époux, en union à la vôtre.

Ainsi présentée par vous, son épouse fidèle parmi les plus fidèles, vous qui avez ressenti les douleurs de sa Passion, comment pourra-t-il la rejeter ou ne point l'exaucer ? Toute ma confiance est donc en Vous, et par votre intermédiaire j'attends d'un cœur tranquille l'accomplissement de mes vœux.

Ô chère Sainte Rita, que ma confiance et espoir en vous ne soient point déçus, faites que ma requête ne demeure point vaine ; obtenez-moi de Dieu ce que je vous demande ; alors je ferai connaître à tous, la bonté de votre cœur et la toute-puissance de votre intercession.

Et Vous, Cœur adorable de Jésus, qui vous êtes toujours montré si sensible aux petites misères de l'humanité, laissez-vous émouvoir par mes besoins, et, sans regarder ma faiblesse et mon indignité, accordez-moi la grâce qui m'est tant à cœur et que, pour moi et avec moi, Vous demande Votre fidèle épouse, Sainte Rita.

Oui, pour la fidélité avec laquelle Sainte Rita a toujours répondu à la grâce Divine, pour tous ses dons, dont vous avez voulu combler son âme, pour tout ce qu'elle a souffert en sa vie d'épouse, de mère, et comme participante de Votre douloureuse Passion, enfin, pour l'extraordinaire pouvoir d'intercession par lequel Vous avez voulu récompenser sa fidélité, accordez-moi cette grâce qui m'est si nécessaire.

Et Vous, Vierge Marie, notre Bonne Mère du Ciel, dépositaire des divins trésors et dispensatrice de toutes les grâces, appuyez de votre puissante intercession celle de votre grande amie, Sainte Rita, pour m'obtenir de Dieu la grâce désirée. Amen.


## 147.  Prière de la Bienheureuse M. Teresa Fasce

*1881 – 1947*

Bienheureuse Mère Teresa Fasce, tu as eu dans ta vie, de nombreuses maladies qui t'ont fait atrocement souffrir, mais, pour toi, c'étaient les plus beaux dons offerts par ton Époux Jésus et tu as participé de façon extraordinaire en vivant tes souffrances dans un amour ardent. Nous, par contre, nous avons peur de la Croix et, lorsque la maladie entre chez nous, avec plus ou moins de gravité, nous nous laissons entraîner par le désespoir.

Ô épouse merveilleuse du Christ crucifié, obtiens pour nous du Sacré Cœur de Jésus que nous parvenions à le suivre sur le Calvaire en portant notre croix et fais que nous puissions imiter ton merveilleux exemple en donnant à la douleur, la signification qui est véritablement la sienne, celle de nous purifier et de nous préparer plus parfaitement à la vie éternelle. Amen.

*(1786 – 1859)*

## Le Saint curé D'Ars sur l'Amour de Dieu

Je t'aime, ô mon Dieu, et mon seul désir est de t'aimer jusqu'au dernier soupir de ma vie. Je t'aime ô Dieu, infiniment aimable, et j'aime mieux mourir en t'aimant, que de vivre un seul instant sans t'aimer.

Je t'aime, Seigneur, et la seule grâce que je te demande, c'est de t'aimer éternellement. Je t'aime, ô mon Dieu, et je ne désire le Ciel que pour avoir le bonheur de t'aimer parfaitement.

Je t'aime, ô mon Dieu, infiniment bon, et je n'appréhende l'enfer que parce qu'on n'y aura jamais la douce consolation de t'aimer.

Mon Dieu, si ma langue ne peut dire à tout moment que je t'aime, je veux que mon cœur te le répète autant de fois que je respire.

Mon Dieu, fais-moi la grâce de souffrir en t'aimant et de t'aimer en souffrant.

Je t'aime, ô mon divin Sauveur, parce que Tu as été crucifié pour moi.
Je t'aime, ô mon Dieu, parce que Tu me tiens ici-bas crucifié pour Toi.

Mon Dieu, fais-moi la grâce de mourir en t'aimant et en sentant que je t'aime.

Mon Dieu, à proportion que je m'approche de ma fin, fais-moi la grâce d'augmenter mon amour et de le perfectionner.

*1181 ou 1182 - 1226*

Très-Haut, Tout-Puissant et bon Seigneur, à toi louange, gloire, honneur, et toute bénédiction ; à toi seul ils conviennent, O Très-Haut, et nul homme n'est digne de te nommer.

Loué sois-tu, mon Seigneur, avec toutes tes créatures, spécialement messire frère Soleil, par qui tu nous donnes le jour, la lumière ; il est beau, rayonnant d'une grande splendeur, et de toi, le Très-Haut, il nous offre le symbole.

Loué sois-tu, mon Seigneur, pour sœur Lune et les étoiles : dans le ciel tu les as formées, claire, précieuse et belle.

Loué sois-tu, mon Seigneur, pour frère Vent, et pour l'air et pour les nuages, pour l'azur calme et tous les temps : grâce à eux tu maintiens en vie toutes les créatures. Loué sois-tu, Seigneur, pour notre sœur Eau, qui est très utile et très humble, précieuse et chaste.

Loué sois-tu, mon Seigneur, pour frère Feu par qui tu éclaires la nuit :
il est beau et joyeux, indomptable et fort.

Loué sois-tu, mon Seigneur, pour sœur notre mère la Terre, qui nous porte et nous nourrit, qui produit la diversité des fruits, avec les fleurs diaprées et les herbes.

Loué sois-tu, mon Seigneur, pour ceux qui pardonnent par amour pour toi ; qui supportent épreuves et maladies : heureux s'ils conservent la paix, car par toi, le Très-Haut, ils seront couronnés.

Loué sois-tu, mon Seigneur, pour notre sœur la Mort corporelle à qui nul homme vivant ne peut échapper.

Malheur à ceux qui meurent en péché mortel ; heureux ceux qu'elle surprendra faisant ta volonté, car la seconde mort ne pourra leur nuire.
Louez et bénissez mon Seigneur, rendez-lui grâce et servez-le en toute humilité.

*Œuvre de Giotto*

## Seigneur, fais de moi un instrument de Ta Paix !

Là où il y a la haine, que j'apporte l'amour.
Là où il y a l'offense, que j'apporte le pardon.
Là où il y a la discorde, que j'apporte l'union.
Là où il y a l'erreur, que j'apporte la vérité.
Là où il y a le doute, que j'apporte la Foi.
Là où il y a le désespoir, que j'apporte l'espérance.
Là où il y a les ténèbres, que j'apporte ta lumière.
Là où il y a la tristesse, que j'apporte la joie.

Seigneur, que je ne cherche pas tant à être consolé qu'à consoler ;

À être compris qu'à comprendre
À être aimé qu'à aimer.

Car c'est en se donnant qu'on reçoit, c'est en s'oubliant qu'on se trouve, c'est en pardonnant qu'on est pardonné, c'est en mourant qu'on ressuscite à la vie éternelle. Amen.

*1478 – 1535*

Dieu tout puissant, écarte de moi toute préoccupation de vanité, tout désir d'être loué, tout sentiment d'envie, de gourmandise et de paresse, tout mouvement de colère, tout appétit de vengeance, tout penchant à souhaiter du mal à autrui ou à m'en réjouir, tout plaisir à provoquer la colère, toute satisfaction que je pourrais éprouver à admonester qui que ce soit dans son affliction et son malheur. Rends-moi, Seigneur, bon, humble, effacé, calme et paisible, charitable et bienveillant, tendre et compatissant. Qu'il y ait dans toutes mes actions, dans toutes mes paroles et dans toutes mes pensées, un goût de ton Esprit Saint et béni. Amen.

*Autre prière de Thomas More...*

Donne-moi une bonne digestion, Seigneur, et aussi quelque chose à digérer. Donne-moi la santé du corps avec le sens de la garder mieux. Donne-moi une âme sainte, Seigneur, qui ait les yeux sur la beauté et la pureté, afin qu'elle ne s'épouvante pas en voyant le péché, mais sache redresser la situation.

Donne-moi une âme qui ignore l'ennui, le gémissement et le soupir.
Ne permets pas que je me fasse trop de souci pour cette chose encombrante que j'appelle « moi ». Seigneur, donne-moi de l'humour pour que je tire quelque bonheur de cette vie et en fasse profiter les autres. Amen.

*1881 - 1955*

Puisque, une fois encore, Seigneur, non plus dans les forêts de l'Aisne, mais dans les steppes d'Asie, je n'ai ni pain, ni vin, ni autel, je m'élèverai par-dessus les symboles à la pure majesté du Réel, et je vous offrirai, moi votre prêtre, sur l'autel de la Terre entière, le travail et la peine du Monde.

Le soleil vient d'illuminer, là-bas, la frange extrême du premier Orient. Une fois de plus, sous la nappe mouvante de ses feux, la surface vivante de la Terre s'éveille, frémit, et recommence son effrayant labeur. Je placerai sur ma patène, ô mon Dieu, la moisson attendue de ce nouvel effort. Je verserai dans mon calice la sève de tous les fruits qui seront aujourd'hui broyés. Mon calice et ma patène, ce sont les profondeurs d'une âme largement ouverte à toutes les forces qui, dans un instant, vont s'élever de tous les points du Globe et converger vers l'Esprit. Qu'ils viennent donc à moi, le souvenir et la mystique présence de ceux que la lumière éveille pour une nouvelle journée !

*P. Teihard de Chardin*

## 153.   Prière de Mère Teresa – La vie est la vie

*1910 - 1997.*

La vie est beauté, admire-la.
La vie est félicité, profites-en.
La vie est un rêve, réalise-le.
La vie est un défi, relève-le.
La vie et un devoir, fais-le.
La vie est un jeu, joue-le.
La vie est précieuse, soigne-la bien.
La vie est richesse, conserve-la.
La vie est amour, jouis-en — La vie est un
mystère, pénètre-le.
La vie est une promesse, tiens-la — La vie est tristesse, dépasse-la.
La vie est un hymne, chante-le — La vie est un combat, accepte-le.
La vie est une tragédie, lutte avec elle — La vie est une aventure, ose-la.
La vie est bonheur, mérite-le — La vie est la vie, défends-la.


## 154.   Prière de Mère Teresa – Jésus est ma vie

La parole à dire – La Vérité à faire connaître – Le chemin à parcourir.
La lumière à diffuser – La vie à vivre – L'Amour à aimer.
La joie à répandre - Le sacrifice à offrir - La Paix à donner.
Le Pain de Vie à manger - L'affamé à nourrir - L'assoiffé à rassasier. L'être nu
à vêtir - Le sans-abri à loger - Le malade à guérir.
L'isolé à aimer - L'indésirable à accueillir - L'ivrogne à écouter.
Le lépreux pour laver ses plaies - Le mendiant pour lui sourire.
Le malade mental à protéger - Le tout-petit à embrasser.
L'aveugle à guider - Le muet pour parler à sa place.
L'estropié pour marcher avec lui - Le drogué à secourir.
La prostituée à sortir du danger et à secourir - Le prisonnier à visiter.
Le vieillard à servir.

-    Pour moi : Jésus est mon Dieu.
-    Jésus est mon époux.
-    Jésus est ma vie. Jésus est mon seul amour.
-    Jésus m'est indispensable.
-    Jésus est mon tout.

### 155. Prière de Mère Teresa – Trouver le bonheur

Mon doux Seigneur, que je te découvre aujourd'hui et tous les jours dans la personne de tes malades et qu'en les servant, je te serve aussi. Que je te reconnaisse aussi quand tu te caches sous le déguisement de ceux qui facilement irritables, exigeants et déraisonnables, et que je dise : «Jésus plein de patience, comme il est doux de te servir ».

Seigneur, donne-moi cette foi qui désire et mon travail ne sera jamais ennuyeux. Je trouverai toujours du bonheur à supporter les humeurs et à accomplir les souhaits des pauvres souffrants.


### 156. Prière de Mère Teresa – Répandre ton odeur...

Doux Jésus, aide-nous à répandre ton odeur où que nous allions. Inonde nos âmes de ton Esprit et de ta vie. Transperce toute notre existence et fais-la tienne complètement. Que toute notre vie ne soit qu'un reflet de ta lumière. Et sois en nous de manière à ce que chaque âme que nous rencontrons puisse sentir Ta présence dans notre âme. Fais-leur lever les yeux pour ne plus voir en nous, mais seulement en Toi ! Amen.


### 157. Mère Teresa – La joie est prière, force, amour.

Dieu aime celui qui donne avec joie. La meilleure manière de montrer notre gratitude envers Dieu et les gens c'est d'accepter tout avec joie. Être heureux avec Lui, maintenant. Cela veut dire : aimer comme il aime, aider comme Il aide, donner comme Il donne, servir comme Il sert. Sauver comme Il sauve, être avec Lui vingt-quatre heures par jour, le toucher avec son déguisement de misère dans les pauvres et dans ceux qui souffrent.

Un cœur joyeux est le résultat normal d'un cœur brûlant d'amour.
C'est le don de l'Esprit, une participation à la joie de Jésus vivant dans l'âme.
Gardons dans nos cœurs la joie de l'amour de Dieu et partageons cette joie de nous aimer les uns les autres comme il aime chacun de nous.
Que Dieu nous bénisse. Amen.

Tu es béni, Maître Tout-Puissant !

Tu as illuminé le jour de la lumière du soleil et la nuit des lueurs éclatantes du feu.

Tu nous as donné de parcourir l'étendue du jour et de nous approcher du début de la nuit ; entends notre prière et celle de tout ton peuple.

Accorde-nous le pardon de nos fautes volontaires et involontaires.
Reçois nos prières du soir et envoie sur ton héritage ton immense Miséricorde et ta Tendresse.

Protège-nous par tes saints anges,
Revêts-nous des armes de justice,
Entoure-nous de la vérité,
Défends-nous de toute oppression et de toute embûche.

Accorde-nous que ce soir et cette nuit soient parfaits, saints, paisibles, sans péché, sans scandale, sans imagination malsaine, aujourd'hui et tous les jours de notre vie, par les prières de la très Sainte Mère de Dieu et de tous les Saints qui depuis la création te furent agréables. Amen !

Par les prières de nos Saints-Pères, Seigneur Jésus-Christ, notre Dieu aie pitié de nous. Amen.

*La compagnie de Jésus, les jésuites, fut fondée le 15 août 1539 par Ignace de Loyola, Saint François-Xavier et les premiers compagnons. Elle fut approuvée par S.S. le Pape Paul III en 1540.*

## Apprends-moi à être généreux

Seigneur Jésus, apprends-moi à être généreux.
À te servir comme Tu le mérites.
À donner sans compter.
À combattre sans soucis des blessures.
À travailler sans chercher le repos.
À me dépenser sans attendre d'autres récompenses que celle de savoir que je fais Ta sainte volonté. Amen.

## Conseil de l'auteur

*Je vous recommande la pratique régulière des « exercices spirituels de Saint Ignace de Loyola » ainsi que les méditations de ce célèbre saint.*

*Dans le même ordre d'idée, si vous appréciez particulièrement la spiritualité ignacienne, pourquoi ne pas vivre une retraite de quelques jours ou participer à des récollections au « Centre de la Pairelle » en Belgique (www.lapairelle.be)*

## 160.  Cantique de Siméon

Maintenant, ô Maître souverain,
Tu peux laisser ton serviteur s'en aller en paix, selon Ta parole.
Car mes yeux ont vu le salut que Tu préparais à la face des peuples :
Lumière qui se révèle aux nations et donne gloire à ton peuple Israël.


## 161.  Sauve-nous Seigneur, quand nous veillons.

Garde-nous Seigneur, quand nous dormons.
Et nous veillerons avec le Christ, et nous reposerons en Paix.
Bénissez le Seigneur, vous tous serviteurs du Seigneur qui demeurez dans la
Maison de Dieu durant les heures de la nuit.
Levez les mains vers Lui et bénissez votre Dieu.
Que le Seigneur soit béni de Sion, Lui qui fit le Ciel et la Terre. Amen.


## 162.  Comment définir Jésus-Christ ?

Le Vénérable Père Léon-Jean Dehon, fondateur de la Congrégation des
Prêtres du Sacré-Cœur nous en donne la définition suivante...

« Le Cœur de Jésus déborde de tendresse et de compassion pour ceux qui
souffrent ; tous ceux qui peinent ; tous ceux qui ont faim ; tous ceux qui sont
malades ».

« C'est un Cœur de père »
« C'est un Cœur de mère »
« C'est un Cœur de Pasteur »

## Saint Nicolas de Flue est le Patron de la Suisse
### *(1417 - 1487)*

Ô Seigneur, ôte de moi ce qui m'éloigne de toi.
Ô Seigneur, donne-moi ce qui m'unit à toi.
Ô Seigneur, prends-moi à moi-même
Et fais que je sois tout à toi.

### Conseils...

Souvenez-vous toujours lorsque vous cherchez Dieu en vérité qu'il n'existe pas de techniques, d'entraînements ou de performances à obtenir ou à battre comme si vous étiez dans une usine à la chaîne, mais d'abandon à Dieu.

Vous voulez vraiment rencontrer le Seigneur ?
**HUMILITÉ. PATIENCE. CONFIANCE ET AMOUR.**

Prenez le temps, vous l'avez si vous le voulez vraiment.
Laissez alors l'Esprit Saint venir, agir et prier en vous.
Vous êtes alors Temple de son Esprit.

Né dans le sud de la France un 15 avril sous le règne du Pape Pie XII, une petite enfance sous le pape conciliaire, le Bienheureux Jean XXIII, une adolescence sous le règne du Pape Paul VI, le temps de Dieu ne nous aura pas permis de connaître mieux et d'apprécier S.S. le Pape Jean-Paul Ier qui nous fut ravi 33 jours après son élection pontificale. Viendra ensuite sur le trône de Pierre celui qui va me ramener petit à petit vers l'Église. Je veux parler, bien sûr, du très regretté Jean-Paul II le Grand. Et Grand, ce qualificatif n'est pas usurpé tant il a marqué des milliards de chrétiens, de catholiques bien entendu, mais aussi de non chrétiens au cours de plusieurs décennies. Oui, Jean-Paul II aura été « le Pape de ma vie ». Je ne pouvais donc publier ce livre consacré à la prière sans a minima joindre une bénédiction de cet homme immense et grand amoureux de Dieu, du Christ et de la Sainte Vierge Marie. Rappelons-nous, le célèbre « Totus Tuus » resté dans bien des mémoires.

J'ai coutume de dire qu'avec Jean-Paul II, Dieu a visité la terre. Homme exceptionnel, Pape exceptionnel, exorciste redoutable, enseignant et communicateur irremplaçable, cadeau de Dieu pour les hommes, en sa présence, on ressentait incontestablement la présence et l'amour de Dieu, du Christ parmi nous.

Ce 2 avril 2005, vers 20 h 45, la nuit obscure faisant place à la lumière du jour, je n'oublierai jamais le glas de la cloche de la Basilique Saint Pierre entamant son lugubre tintement... Non, je n'oublierai jamais les « Santo subito » monter de la foule rassemblée pour prier et accompagner le Saint-Père vers l'autre rive. Que d'émotion encore si palpable et authentique à travers le peuple de Dieu, plus de quatre millions de personnes, venu du monde entier, à Rome, le jour de ses funérailles pour lui rendre hommage. Je ne pouvais, comme beaucoup d'entre nous, être présent sinon derrière le petit écran. Combien de milliards d'hommes et de femmes étaient devant leur télévision ce jour-là d'avril 2005 ? Je n'oublierai jamais cette Bible ouverte posée sur son cercueil. J'entends encore le bruissement du vent faisant tourner les pages jusqu'à la dernière pour dans un ultime souffle, la refermer sur l'éternité. Non, en regard des tragiques événements de ces dernières années, la vision de cette dernière page toute blanche restera gravée en moi à tout jamais. Tout avait été dit durant son pontificat, tout était dit et il n'y avait plus rien à dire. Comprenne qui doit comprendre. Combien cette ultime page immaculée de toute écriture était lourde de sens. Qui a compris ce signe de Dieu pour les hommes ?

Beaucoup peut-être. Qui de nos jours a oublié : l'immense majorité. Oui, je rends grâce à Dieu d'avoir eu la chance de connaître dans ma vie un tel Pape, un tel homme de Dieu !

Jamais, très probablement dans toute l'Histoire parfois agitée de l'Église catholique depuis les origines, voici deux mille ans, un Pape a été aussi clair et limpide pour notre temps, pour nous conduire au 21ᵉ siècle et le IIIe millénaire. Lors d'une conférence donnée par Mgr Mauro Longhi sur Jean-Paul II, relevons ces paroles prophétiques, lourdes de sens trouvés «comme par hasard» en écrivant ce livre...

« ... Parmi les nombreuses anecdotes racontées, l'épisode qui a le plus frappé le public de l'ermitage de Bienno, et qui s'inscrit dans le cadre de l'une des nombreuses promenades sur le Massif du Gran Sasso, est sans doute celui qui concerne l'islam et l'Europe ».

*À ce moment, Karol Wojtyla change de ton et de voix, et me faisant partager l'une de ses visions nocturnes, il me dit :* «Rappelle-le à ceux que tu rencontreras dans l'Église du troisième millénaire. Je vois l'Église affligée d'une plaie mortelle. Plus profonde, plus douloureuse que celles de ce millénaire » – se référant à celles du communisme et du totalitarisme nazi. – « Elle se nomme l'islamisme. Ils envahiront l'Europe. J'ai vu les hordes surgir de l'Orient vers l'Occident», et il me fait une par une la description des pays : du Maroc à la Libye en passant par l'Égypte, et ainsi de suite jusqu'à la partie orientale.

Ensuite le Saint-Père ajoute :

« Ils envahiront l'Europe, l'Europe sera une cave, vieilles reliques, pénombre, toiles d'araignée. Souvenirs familiaux. Vous, Église du troisième millénaire, vous devrez contenir l'invasion. Mais pas avec des armes, les armes ne suffiront pas, avec votre foi vécue intégralement ».[70] Paroles d'une lucidité incroyable pour l'époque, mais paroles aussi prophétiques données par Dieu à un saint homme pour nous les hommes et femmes de notre temps. Jean-Paul II.

Un homme œuvrant dans et avec l'Esprit Saint pour avertir la chrétienté et l'humanité... Nous y sommes.

_______________________

[70] Article de Mr. Philippe Carhon

## 165.  Bénédiction de Saint Jean-Paul II pour les enfants

*L'un des parents (ou les deux ensemble) dit la bénédiction en faisant une petite croix sur le front de chaque enfant.*

Père Saint, source inépuisable de vie, auteur de tout bien, nous te bénissons et nous te rendons grâce, car tu as voulu réjouir l'union de notre amour en nous donnant des enfants. Accorde-leur de progresser vers le bien et qu'ils puissent parvenir grâce à toi au but qu'ils se seront fixé.

Par Jésus-Christ, Notre Seigneur. Amen !

## 166.  Prière de Saint Jean-Paul II à l'Enfant Jésus

Sèche les larmes des enfants !
Réconforte tendrement les malades et les vieillards !
Pousse les hommes à déposer les armes et à s'étreindre dans un baiser-de-paix universel !

Jésus miséricordieux, appelle les peuples à faire tomber les murs édifiés par la misère et le chômage, par l'ignorance et l'indifférence, par la discrimination et l'intolérance !

Enfant divin de Bethléem, c'est toi qui nous sauves en nous libérant du péché. Tu es le véritable et unique Sauveur, que l'humanité cherche souvent à tâtons.

Dieu de la paix, don de paix pour toute l'humanité, vient vivre dans le cœur de tout homme et de toute famille ! Sois notre paix et notre joie, Amen !

Ô Sainte Trinité, Nous vous rendons grâce pour avoir fait don à votre Église du pape Jean-Paul II et magnifié en lui la tendresse de votre paternité, la gloire de la croix du Christ et la splendeur de l'Esprit d'Amour.

Par son abandon sans condition à votre miséricorde infinie et à l'intercession maternelle de Marie, il nous a donné une image vivante de Jésus Bon Pasteur et nous a indiqué la sainteté, dimension sublime de la vie chrétienne ordinaire, et voie unique pour rejoindre la communion éternelle avec Toi.

Par l'intercession de saint Jean-Paul II, nous demandons *(exprimez ici une intention personnelle)*. Nous vous le demandons par Jésus le Christ notre Seigneur et notre Dieu qui règne avec vous, Père, et le Saint-Esprit, maintenant et pour les siècles des siècles. Amen.

*Notre Père, 10 Je vous salue Marie, Gloire au Père.*

*Jean-Paul II et Mère Teresa de Calcutta*

Il y a vingt ans, Jorge Mario Bergoglio, évêque de Buenos Aires et actuel Pape François, a écrit une prière qui est devenue très populaire en Argentine. C'est une prière simple qui reflète, en fait, le caractère et le style du Saint-Père. Une prière « à portée de la main » une prière sur les doigts de la main, une prière universelle complète et riche.

## La prière des « 5 doigts »

D'après un enseignement de S.S. le Pape François

**Le pouce** est le doigt le plus proche de vous. Donc, commencez par prier pour ceux qui vous sont les plus proches. Ils sont les personnes les plus susceptibles de revenir à vos mémoires. Prier pour les gens qui nous sont chers est un « doux devoir ». Restons quelques instants en silence pour penser aux membres de nos familles, nos amis, nos proches, nos collègues et les personnes connues ou inconnues que nous avons croisés en ce jour.

Ensuite **l'index**. Priez pour ceux qui enseignent, ceux qui s'occupent de l'éducation et des soins médicaux : pour les enseignants, les professeurs, les médecins et les prêtres, les catéchistes. Ils ont besoin de soutien et de sagesse afin qu'ils puissent montrer le droit chemin aux autres. Ne les oubliez pas dans vos prières.

Arrêtons-nous un moment pour méditer sur l'importance de l'enseignement de la petite enfance jusqu'à l'âge adulte et sur l'intérêt des soins de santé de qualité prodigués respectivement par un corps professoral et médical motivé.

Le doigt qui suit est le **majeur**, le plus long. Il nous rappelle nos gouvernants. Priez pour le Président, le Roi, pour les députés, pour les entrepreneurs et pour les administrateurs. Ce sont eux qui dirigent le destin de notre pays et sont chargés de guider l'opinion publique.

Ils ont besoin de l'aide de Dieu. Attardons-nous un peu sur tous les types de dirigeants à tous les niveaux que ce soit la politique avec les pouvoirs législatif et exécutif, la magistrature avec le pouvoir judiciaire, l'économie avec les chefs d'entreprise, la presse, les dignitaires spirituels.

Le quatrième doigt est l'**annulaire**. Bien que cela puisse surprendre la plupart des gens, c'est notre doigt le plus faible, et tout professeur de piano peut le confirmer. Vous devez vous rappeler de prier pour les faibles, pour ceux qui ont beaucoup de problèmes à résoudre ou qui sont éprouvés par la maladie. Ils ont besoin de vos prières jour et nuit. Il n'y aura jamais trop de prières pour ces personnes.

Nous sommes aussi invités à prier pour les mariages. À présent, prions pour les personnes en position de faiblesse : les malades, les personnes handicapées, les personnes mutilées, abandonnées, rejetées, exclues, humiliées, endeuillées, les marginaux, les victimes en tout genre, les sinistrés, les accidentés. Ceux et celles qui doivent se reconstruire après un traumatisme. Étant donné que l'annulaire est le doigt de l'alliance, demandons également au Seigneur de protéger les couples unis par le mariage.

Et enfin, il y a notre **auriculaire**, le plus petit de tous les doigts, aussi petits que nous devons nous tenir devant Dieu et devant les autres. Comme le dit la Bible, « les derniers seront les premiers ». Le petit doigt est là pour vous rappeler que vous devez prier pour vous même. Ce n'est que lorsque vous avez prié pour les quatre autres groupes, que vous pourrez le faire pour vous en toute confiance.

Enfin, même si Dieu « votre Père sait bien ce qu'il vous faut, avant que vous le lui demandiez » (Mt 6,8), vous pouvez maintenant lui demander dans votre for intérieur de subvenir à vos besoins spirituels et matériels et si c'est conforme à sa volonté et à son plan d'amour sur vous, il vous l'accordera dans son infinie miséricorde.

Il est impossible de réaliser un livre de prières sans y placer des demandes d'intercession à ce grand saint historique. Il est intéressant de méditer la vie exemplaire de Saint Joseph à travers les Évangiles. D'une vie tranquille et sans histoire, Joseph était un homme humble, courageux et charpentier de son état. Il était respecté par sa communauté. Son existence va basculer totalement par la venue nocturne d'un ange dans un songe qui le rassurera sur l'état de Marie. Il acceptera finalement de la prendre pour épouse malgré l'enfantement miraculeux du Christ.

Cette vie nouvelle lui fera connaître bien des situations difficiles et périlleuses l'entraînant jusqu'à l'exil en Égypte.

Il fera face à toutes ces vicissitudes dans la plus totale confiance en Dieu.

Saint Joseph aura servi son épouse et Jésus le Christ dans la plus grande abnégation et le plus grand dévouement.

Question que peu d'hommes et pères se posent ; Qu'aurions-nous fait à sa place il y a deux mille ans ?

Saint Joseph est le patron des travailleurs et des familles, des métiers du bois, des artisans. Il tient une place particulière et est le saint patron du Royaume de Belgique. Il est encore selon les exorcistes, une terreur pour les démons et vous aide à rencontrer le bon mari ou la bonne épouse.

Sa puissante intercession sur le cœur de Jésus est sollicitée par les étudiants, par les personnes en recherche d'un emploi valable, honnête et stable, mais aussi pour tout ce qui concerne la gestion et la protection des finances familiales. Enfin, il est également appelé le : « Patron de la bonne mort ».

*Selon différents témoignages, avec Saint Joseph, soyez toujours très précis dans vos demandes...*

Souvenez-vous, Ô très chaste époux de Marie, mon aimable protecteur, Saint Joseph, que l'on n'a jamais entendu dire que quelqu'un ait sollicité votre protection et imploré votre secours sans avoir été consolé.

Je viens avec confiance me présenter devant vous et me recommander à vous avec ferveur. Ne rejetez pas mes prières, père virginal du Rédempteur, mais écoutez-les avec bonté et daignez les exaucer. Amen.

## 171.   Le Père Yannick Bonnet – Trouver l'amour

### Prière pour rencontrer un mari, une épouse

Très grand Saint Joseph,

Par votre union chaste avec l'Immaculée, qui a su, par l'annonce de l'Ange Gabriel, qu'elle serait mère en gardant la gloire de sa virginité, Vous avez vécu, dans le sacrifice total de vous-même, le plus haut niveau possible du don de soi dans l'amour conjugal. Vous méritez bien le titre de patron des jeunes époux. C'est pourquoi je viens solliciter votre intercession pour que vous m'aidiez à rencontrer celui (ou celle) avec lequel (ou laquelle) je pourrai construire un couple et une famille solide, avec la grâce de Dieu, tant dans l'ordre naturel que dans l'ordre surnaturel. J'aspire de tout mon cœur à entrer dans cette voie du mariage, qui, à l'image de la Trinité Sainte, est don de soi, accueil de l'autre et communion toujours plus grande. Avec votre aide, je m'engagerai dans cet état, qui est une voie de sainteté, comme toute votre vie nous en a témoigné. Saint Joseph, priez pour moi. Amen

Père très bon, Père qui n'abandonne jamais ses enfants, je te remercie aujourd'hui pour l'amour que tu as pour moi, amour qui dépasse tout entendement, amour qui veut s'occuper des plus grands jusqu'aux plus petits détails de ma vie.

Père, au Nom de Jésus, si cela te plaît que je constitue une famille chrétienne, comblée de ta grâce, et qui puisse témoigner aux autres ta puissance, comme la famille de Nazareth ; concède-moi le compagnon (la compagne) dont j'ai besoin. Je te donne la permission de le (la) choisir pour moi, car tu ne Te trompes jamais. (Exprimez votre demande personnelle).

Où qu'il (elle) soit, je te demande maintenant de le (la) bénir par ton Esprit Saint, et de préparer aussi son cœur pour notre rencontre.

Jésus, merci d'être en ce moment si proche de moi en faisant de ma prière ta prière. Jésus, tu es mon unique Sauveur et je sais qu'à cause de cela ton plan salvateur s'étend à tous les domaines de ma vie, c'est à cause de cela que je Te demande un mari (ou une femme) selon ta Volonté sur moi.

Merci Seigneur, Dieu mon Père, pour ta réponse. Jésus, mon premier amour, je te remercie de donner à mon cœur la certitude de ta réponse.

Amen.

Joseph, Marie, vous qui avez connu la joie de vous trouver et de vous recevoir comme couple, intercédez auprès de la Trinité pour que soit comblée mon attente si longue de recevoir un(e) époux (se).

Joseph, intercède auprès de Marie la toute belle pour que ma longue attente, ma crainte de rester seul(e), cette blessure d'Amour, soit féconde dans l'offrande du temps.

Si la vie me donne de rester seul (e), fais-moi la grâce d'être aimé (e) ; aide-moi à rejeter toute amertume pour que je tisse alliance avec beaucoup d'autres en les aimant. Que ta volonté soit faite. Esprit Saint, adoucis ma solitude.

Sainte Famille de Nazareth, je m'abandonne à Toi, je me glisse en votre foyer, en votre petite église de tendresse. Joseph, proche de Jésus, garde-moi ; Marie, douce compagne, donnez-moi un jour d'exulter de joie au pied de l'autel pour la grâce d'être deux. Amen.

## Pour trouver et accueillir l'âme sœur

Je sens en moi se faire un grand vide que ne remplisse ni l'amitié ni l'étude. J'ignore qui viendra le combler. Sera-ce Dieu, sera-ce une créature ?

Si c'est une créature, je prie pour qu'elle ne se présente que quand je m'en serai rendu digne.

Je prie qu'elle apporte avec elle ce qu'il faudra de charme extérieur pour qu'elle ne laisse place à aucun regret ; Mais je prie surtout qu'elle vienne avec une âme excellente, qu'elle apporte une grande vertu, qu'elle vaille beaucoup mieux que moi, qu'elle m'attire en haut, qu'elle ne me fasse pas descendre, qu'elle soit généreuse parce que souvent je suis pusillanime, qu'elle soit fervente parce que je suis tiède dans les choses de Dieu, qu'elle soit compatissante enfin, pour que je n'ai pas à rougir devant elle de mon infériorité.

Ne m'abandonnez pas, Seigneur, faîtes que je sois aimé ; Vous le savez, ce n'est pas seulement de la douceur que je cherche dans l'Amour, c'est le mépris de toute blessure, c'est la force de combattre pour le Bien, pour le Vrai. Amen.

*Pour ceux et celles qui désirent rencontrer leur âme sœur...*

Ô Marie, je me tourne vers Vous.

Je me tourne vers vous, Ô Marie, parce que je désire vivre avec une saine estime de moi-même, spécialement dans mes relations avec les autres, hommes et femmes.

J'ai besoin de votre Intercession pour ne pas ressasser le passé de manière compulsive. Je m'en remets à Vous avec mes doutes, mes peurs. Venez m'affermir dans ma beauté profonde d'homme (de femme) appelé à l'amour d'un être qui m'est si proche et en même temps si différent.

Mon cœur oscille tel une boussole qui ne trouve pas le nord. Au cœur de cette inquiétude, je reconnais que ces tumultes intérieurs sont le signe de mon besoin profond de sérénité.

Avec Saint Augustin, je veux bien croire que :
« mon cœur est sans repos tant qu'il ne repose en Dieu ».
Pour trouver cette paix, j'ai besoin de vivre l'instant présent en maintenant mon corps et mon âme en état de réceptivité à la réalité qui m'entoure, au-dedans et au-dehors.

Ô Marie, aidez-moi à chasser toute pensée parasite qui m'empêche de vivre dans la confiance. Donnez-moi la force de me concentrer sur ce que j'ai à accomplir aujourd'hui...

Ô Vierge du silence, épouse du très discret Saint Joseph, donnez-moi la volonté de m'arrêter pour la seule quête de Dieu. C'est pourquoi je désire faire miennes ces paroles de Saint Bruno, le fondateur de la Chartreuse :

« Ce que la solitude et le silence du désert apportent d'utilité et de divine jouissance à ceux qui les aiment, ceux-là seuls le savent qui en ont fait l'expérience. »

Ainsi soit-il.

Saint Valentin, daignez écouter ma prière. Confiant en votre bienveillance, me voici à vos pieds pour implorer votre charité et votre compassion.

Intercédez en ma faveur pour que la solitude s'éloigne et qu'il me soit permis de rencontrer l'âme sœur.

Saint Valentin, patron des amoureux, ne me laissez pas dans la tristesse, la peine et le silence. Faites que ma vie s'illumine dans le partage de l'amour.

Intercédez pour moi, pauvre pécheur, auprès du Tout-Puissant que je vénère en respectant Sa Sainte Loi.

Saint Valentin, vous qui avez donné tant d'amour et de charité, vous qui séjournez parmi les Bienheureux, avec ferveur, je vous adresse cette prière.

Accordez-moi votre assistance pour que les ténèbres de mon cœur puissent entrevoir la lumière de l'amour et du bonheur. Amen


**177.   Prière dans l'attente d'un enfant**

Seigneur, notre Père, nous te rendons grâce pour le don merveilleux par lequel tu nous as rendus participants de ta paternité divine. En cette période d'attente, nous t'en supplions protège cette vie encre plein de mystère, afin qu'elle parvienne en pleine santé à la lumière du monde et à la nouvelle naissance du baptême Mère de Dieu, Mère du Christ, à ton cœur de maman, nous confions notre enfant ! Amen.

Éternel, souviens-toi de David, de toutes ses peines ! Il jura à l'Eternel, il fit ce vœu au puissant de Jacob : Je n'entrerai pas dans la tente où j'habite, je ne monterai pas sur le lit où je repose, je ne donnerai ni sommeil à mes yeux, ni assoupissement à mes paupières.

Jusqu'à ce que j'aie trouvé un lieu pour l'Éternel, une demeure pour le puissant de Jacob. Voici, nous en entendîmes parler à Ephrata,
Nous la trouvâmes dans les champs de Yaar...

Allons à sa demeure, prosternons-nous devant son marchepied ! Lève-toi, Eternel, viens à ton lieu de repos, Toi et l'arche de ta majesté ! Que tes sacrificateurs soient revêtus de justice, et que tes fidèles poussent des cris de joie !  À cause de David, ton serviteur, ne repousse pas ton oint ! L'Éternel a juré la vérité à David, Il n'en reviendra pas ; Je mettrai sur ton trône un fruit de tes entrailles.

Éternel, souviens-toi de David, de toutes ses peines !

Il jura à l'Eternel, Il fit ce vœu au puissant de Jacob : Je n'entrerai pas dans la tente où j'habite, je ne monterai pas sur le lit où Je repose, Je ne donnerai ni sommeil à mes yeux ni assoupissement à mes paupières.

Jusqu'à ce que j'aie trouvé un lieu pour l'Éternel, une demeure pour le puissant de Jacob. Voici, nous en entendîmes parler à Ephrata, nous la trouvâmes dans les champs de Jaar... Allons à sa demeure, prosternons-nous devant son marchepied ! Lève-toi, Eternel, viens à ton lieu de repos, Toi et l'arche de ta majesté !

Que tes sacrificateurs soient revêtus de justice, et que tes fidèles poussent des cris de joie ! À cause de David, ton serviteur, ne repousse pas ton oint !

L'Éternel a juré la vérité à David, Il n'en reviendra pas ; Je mettrai sur ton trône un fruit de tes entrailles. Si tes fils observent mon alliance et mes préceptes que je leur enseigne, leurs fils aussi pour toujours seront assis sur ton trône.

Oui, l'Éternel a choisi Sion, Il l'a désirée pour sa demeure : C'est mon lieu de repos à toujours ; j'y habiterai, car je l'ai désirée. Je bénirai sa nourriture, je rassasierai de pain ses indigents ; Je revêtirai de salut ses sacrificateurs, et ses fidèles pousseront des cris de joie. Là j'élèverai la puissance de David, Je préparerai une lampe à mon oint, Je revêtirai de honte ses ennemis, et sur lui brillera sa couronne.

## 179.   Prière pour demander un enfant

Seigneur, Dieu de la vie et de la fécondité, nous voici devant Toi, nous tes enfants adoptifs. Rappelle-toi Seigneur ton alliance éternelle avec nous.
Dans ta grande tendresse, viens au secours des couples infertiles.

Dans ton infinie miséricorde, fait jaillir la vie en nous. Que notre couple trouve sa fécondité en Toi. Si telle est Ta volonté, envoie-nous un enfant que nous pourrons te consacrer. Si tu le veux, rends-nous féconds de toute autre manière. Mais surtout, ne permets pas que notre couple se referme sur lui-même. Ouvre-nous aux autres personnes souffrantes, qu'en les aidant nous surmontions notre peine. Que nos cœurs soient toujours accueillants, notre âme toujours prête à bénir, nos bras toujours prêts à consoler.

Pardonne-nous nos mouvements d'impatience, nos regrets, nos colères, nos révoltes, nos désamours passagers.

Augmente en nous l'amour de Toi, l'amour de notre conjoint des autres car la souffrance passera, les joies passeront, mais l'amour ne passera jamais. Nous te le demandons dans le Nom puissant de Jésus le Christ notre Seigneur, Amen.

## 180.   Trouver du travail avec Saint Joseph – N° 1

Admirable Saint Joseph, vous qui avez travaillé avec ferveur pour gagner votre vie et soutenir votre Sainte Famille, je sollicite votre puissante aide et vous demande très humblement de m'assister afin que je sois délivré de la nécessité où je suis réduit.

Aidez-moi à trouver le travail nécessaire à mon existence et de pouvoir ainsi remplir tous mes devoirs d'état. Aidez-moi à sortir victorieux de toutes ces difficultés qui m'entourent et me harcèlent sans cesse.

S'il me faut souffrir encore, faites que je supporte patiemment la douleur présente et daignez hâter la fin de l'épreuve. Je vous en supplie par votre divin Fils et votre épouse Marie. Amen.

Saint Joseph,

Père nourricier si fidèle de l'enfant divin, époux virginal de la mère de Dieu, protecteur puissant de la Sainte Église, je viens vers toi pour me recommander à ta protection spéciale.

Tu n'as rien cherché en ce monde sinon la gloire de Dieu et le bien du prochain. Tout donner au Sauveur, c'était ta joie de prier, de travailler, de te sacrifier, de souffrir, de mourir pour Lui.

Tu étais inconnu en ce monde et cependant connu de Jésus, ses regards reposaient avec complaisance sur ta vie simple et cachée en Lui. Saint Joseph, tu as déjà aidé tant d'hommes et de femmes, je viens vers toi avec une grande confiance.

Tu vois dans la lumière de Dieu ce qui me manque, tu connais mes soucis, mes difficultés, mes peines.

Je recommande à ta sollicitude paternelle ma recherche d'emploi.
Je la mets entre tes mains qui ont sauvé Jésus enfant.

Mais avant tout implore pour moi la grâce de ne jamais me séparer de Jésus par le péché mortel, de Le connaître et de L'aimer toujours plus, ainsi que sa sainte Mère, de vivre toujours en présence de Dieu, de tout faire pour sa gloire et le bien des âmes, et d'arriver un jour à la vision bienheureuse de Dieu pour Le louer éternellement avec toi.

Amen.

Vous cherchez un emploi…

Continuez et ne désespérez pas, car Dieu vous écoute. Il vous répondra par ses chemins. Comment ne ferait-il pas justice à ses élus qui crient vers Lui jour et nuit ?

Même si la perte de votre emploi est conséquente pour vous, soyez et restez toujours ferme, gardez confiance !

Le Seigneur jamais ne vous oublie. Il l'a dit dans sa Parole : « Une femme oublie-t-elle l'enfant qu'elle allaite ? N'a-t-elle pas pitié du fruit de ses entrailles ?

Quand bien même elle l'oublierait, moi je ne t'oublierai point ».

Ne vous laissez jamais influencer négativement par l'état d'esprit du monde ou par vos relations. Fortifiez-vous dans le Seigneur Jésus et par sa force toute-puissante et persévérez dans la prière.

Il n'existe pas de fatalité. Faites votre part du travail dans vos recherches en faisant tout cela dans la Foi, le discernement et la confiance. Demandez au Christ et à Saint Joseph de chercher et de travailler avec vous. Vous trouverez ou retrouverez un emploi, car c'est Dieu qui bénit et ouvre toutes les portes vers le succès et la prospérité dans vos entreprises.

**Yallah !**

Vous venez de perdre votre emploi...

Tout le monde peut un jour perdre son travail. Ce qui pouvait passer pour honteux il y a 40 ans encore, avec le changement de civilisation et la transition accélérée de celle-ci vers le digital, le tout numérique, la robotique et l'intelligence artificielle, l'économique emboîte de facto le pas.

Les carrières complètes réalisées au sein d'une seule et même entreprise sont devenues extrêmement rares, excepté au Japon.

Si vous aviez à changer plusieurs fois d'entreprise au cours de votre carrière depuis les 80' jusqu'à il y a peu, il est désormais évident que les jeunes générations devront changer de métier et d'employeurs plusieurs fois au cours de leur carrière professionnelle. Si donc, après avoir répondu à toutes vos obligations professionnelles vis-à-vis de votre employeur et que vous perdiez un jour votre emploi ou venez de le perdre pour ces causes, ne culpabilisez jamais !

Pour autant que vous ne soyez pas directement responsable de la perte de votre emploi, la bonne attitude spirituelle est de toujours dire et penser en cas de perte conséquente de quelque chose, aussi favorable soit-elle :

**« Dieu donne, Dieu reprend, Saint est son Nom »**

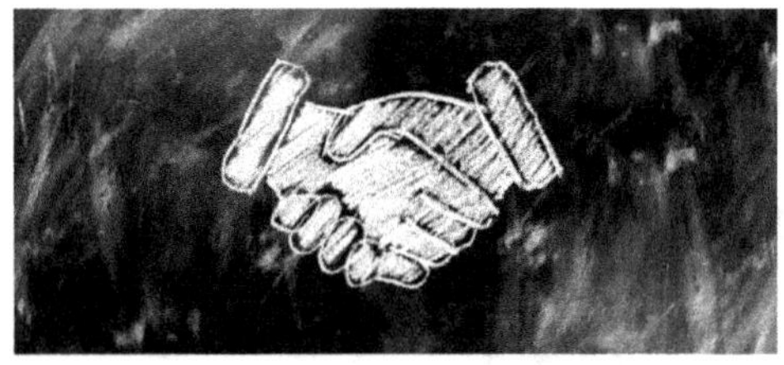

Saint Joseph,

Toi qui reçus de Dieu la responsabilité de l'éducation et de la protection du Christ, je viens implorer ton aide urgente. Vois Saint Joseph, je viens de perdre mon emploi. Dieu donne, Dieu reprend, Saint est son Nom.

Aide-moi Saint Joseph à retrouver rapidement un emploi stable que je puisse assumer, un emploi qui sois correctement rémunéré à heure et à temps pour que je puisse faire face à tous mes engagements dans ce monde. Par ton intercession puissante sur le cœur de Jésus, éloigne de moi tous dangers de misère et de pauvreté extrême.

Aide-moi Saint Joseph[71] à ce que je puisse mener une vie digne dans ce monde, épargne-moi de finir à la rue par la perte de mon emploi et de mon salaire. Je m'engage vis-à-vis de toi et te promets de témoigner abondamment de l'aide que tu ne manqueras pas de me donner.

Merci Saint-Joseph. Amen !

---

[71] Cette prière est suivie de 3 Notre Père et 3 Je vous salue Marie

O Jésus Enfant, Sagesse éternelle et incarnée qui répand à tous tes grâces avec générosité, et particulièrement à la jeunesse étudiante qui se confie à toi ; avec bonté, tourne ton regard vers moi qui t'invoque pour te confier mes études.

Toi, Homme-Dieu, Tu es Seigneur de la science, la source du talent et de la mémoire ; viens au secours de ma faiblesse.

Illumine mon esprit, facilite-moi l'accès à la vérité et au savoir.
Renforce ma mémoire pour que je puisse retenir ce que j'ai appris, dans les moments difficiles sois Toi-même ma lumière, mon soutien et mon réconfort.

À ton divin Cœur, je demande la grâce d'accomplir fidèlement mon devoir d'étudiant et d'en tirer les meilleurs fruits pour avoir en retour la joie de bons résultats et particulièrement une bonne réussite.

Je te promets, afin de mériter les grâces demandées, d'être fidèle à mon engagement de vie chrétienne et de t'aimer toujours plus.

O Doux Enfant Jésus, garde-moi chaque jour sous le manteau de ta protection et guide-moi, non seulement dans la voie du savoir, mais aussi sur la route de salut éternel. Amen.

Note : *Les Messieurs mettront bien évidemment cette prière au masculin*

Père Éternel, Dieu trois fois saint, humbles et pauvres, je te demande dans le Nom de Jésus :

Que j'encourage et ne décourage pas
Que j'incite et que je ne réprime pas
Que je sourie et que je ne crie pas
Que je sois douce et que je ne me fâche pas
Que je sois respectueuse et non méprisante
Que ma patience n'ait pas de limites et mon impatience pas de départ
Que je mette en confiance et pas en peur
Que je fasse sortir le bon et ne souligne pas les difficultés
Que j'élève et ne rabaisse pas
Que je me rende compte de mes faiblesses et ne m'énerve pas
Que j'accueille et n'exclue pas
Que j'accepte et ne juge pas

Être un puits de patience, un havre d'accueil
une source de courage, un modèle d'ouverture aux autres.

Il y a du travail Ô mon Dieu, aide-moi tous les jours, toutes les minutes...
Amen

Ô Saint Michel, patron des paras
Trempe nos cœurs de hardiesse
Conduis nos pas joyeux
Pour le devoir tout près de Dieu
Guide-nous dans les durs sentiers
Et garde-nous de nos détresses
Ô Michel, patron des paras
Trempe nos cœurs de hardiesse.


Ô Michel, Ange chevalier
Lave nos cœurs dans l'onde pure
Fais-nous loyaux et droits
Et valeureux en tes tournois
Pour servir fais nous être prêt
Et défends-nous de tout parjure,
Ô Michel, Ange chevalier
Lave nos cœurs dans l'onde pure.


Ô Michel, Ange des guerriers
Arme nos cœurs de sainte audace
Ta main vengea les cieux
Arrache-nous aux camps peureux
Laisse-nous résolus et fiers
Sangle nos chairs dans les cuirasses
Ô Michel, Ange des guerriers
Arme nos cœurs de sainte audace.

Je m'adresse à vous, mon Dieu, car vous donnez ce qu'on ne peut obtenir que de soi. Donnez-moi, mon Dieu, ce qui vous reste. Donnez-moi ce qu'on ne vous demande jamais. Je ne vous demande pas le repos ni la tranquillité. Ni celle de l'âme ni celle du corps. Je ne vous demande pas la richesse. Ni le succès, ni même la santé.

Tout ça, mon Dieu, on vous le demande tellement, que vous ne devez plus en avoir.

Donnez-moi, mon Dieu, ce qui vous reste
Donnez-moi, ce que l'on vous refuse.

Je veux l'insécurité et l'inquiétude.
Je veux la tourmente et la bagarre,
Et que vous me les donniez, mon Dieu, définitivement.

Que je sois sûr de les avoir toujours car je n'aurai pas toujours le courage
De vous les demander.

Donnez-moi, mon Dieu, ce qui vous reste.
Donnez-moi ce dont les autres ne veulent pas.
Mais donnez-moi aussi le courage, et la force et la Foi.
Car vous êtes seul à donner ce qu'on ne peut obtenir que de soi.

*Mgr Ravel est né en 1957, il a été évêque aux armées françaises de 2009 à 2017. Il est actuellement archevêque de Strasbourg.*

Seigneur, donne-moi la force d'être toujours disponible pour secourir les personnes en difficulté ou en danger : Seigneur, me voici devant Toi, moi Sapeur-Pompier. Donne-moi la force d'être toujours disponible pour aller aider et secourir les personnes en difficulté ou en danger.

Qu'en toute personne qui crie à l'aide, je vois l'Image du Christ Jésus et mon prochain à secourir. Si l'angoisse me prend devant l'ampleur d'un sinistre, donne-moi le courage d'être un vrai soldat du feu, prêt à lutter pour assurer la sécurité de tous. « Sauver ou périr », telle est notre devise. Seigneur, fais que je puisse sauver beaucoup de personnes sans m'enorgueillir, même au péril de ma vie. S'il fallait périr, reçois-moi dans ta Lumière, Seigneur Jésus, Toi qui a péri pour nous sauver.

J'ose encore Te demander de bénir ma famille qui souvent s'inquiète quand je suis en service.

Que Sainte-Barbe, notre Patronne, protège mes compagnons et moi-même.

Ainsi soit-il.

Seigneur, je voudrais être de ceux qui risquent leur vie. Seigneur, vous qui êtes né au hasard d'un voyage, et mort comme un malfaiteur, après avoir couru sans argent toutes les routes, celles de l'exil, celles des pèlerinages et celles des prédications itinérantes, Tirez-moi de mon égoïsme et de mon confort.

Que, marqué de votre croix, je n'aie pas peur de la vie rude et dangereuse où l'on risque sa vie. Mais, Seigneur, au-delà de tous risques d'une vie engagée dans l'action, au-delà de toutes ces aventures plus ou moins sportives, au-delà de tous les héroïsmes à panache, rendez-moi disponible pour la belle aventure où vous m'appelez.

J'ai à engager ma vie, Seigneur, sur votre parole. Les autres peuvent bien être sages, vous m'avez dit qu'il fallait être fou. D'autres croient à l'ordre, vous m'avez dit de croire à l'Amour.

D'autres s'installent, vous m'avez dit de marcher et d'être prêt à la joie et à la souffrance, aux échecs et aux réussites, de ne pas mettre ma confiance en moi, mais en vous, de jouer le jeu chrétien sans me soucier des conséquences et, finalement, de risquer ma vie en comptant sur votre amour.

Saint Louis, roi pieux et valeureux, nous vous prions d'intercéder pour le diocèse aux armées. Veillez sur nous tous, militaires et aumôniers de France, qui prions notre Seigneur sur toutes les batailles. Vous qui avez porté l'étendard du Christ de par le monde, soyez gardien de notre foi. Qu'à notre exemple, nous combattions avec courage, justice et discernement. Accompagnez-nous toujours de votre fervente prière, nous qui avons fait don de notre vie à la nation.

Saint Louis, Patron aux Armées, priez pour nous !

**190.   La prière du soldat qui va mourir au combat**

*Note : Cette prière fut celle d'un soldat du Field Marshal Montgomery mort sur un champ de bataille en 1942*

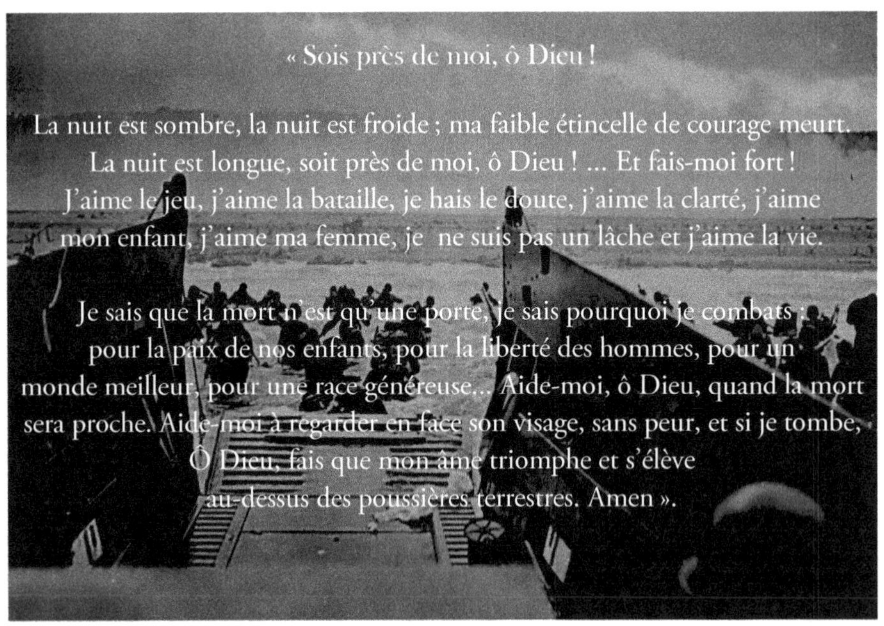

## Prière au Christ qui aime les Francs

Seigneur, qui avez fait de ce pays comme un reflet de votre ciel, prenez en pitié la terre de France. Seigneur qui avez donné à ses fils, durant tant de siècles, des trésors d'héroïsme, de sagesse et de sainteté, prenez en pitié l'âme de la France. Lorsque Paris fut menacé, vous avez voulu Sainte Geneviève ; quand la patrie fut menacée, vous avez voulu Sainte Jeanne d'Arc ; et, parce que ce pays est le vôtre, vous l'avez fait défendre et sauver par des Saints.

Avant qu'elle fût la France, vous l'aviez déjà désignée comme un refuge quand sur les rivages de Provence débarquèrent, cherchant asile, ceux dont les hommes maudissaient l'Amour Saint qu'ils avaient pour vous. Seigneur, souvenez-vous de la terre qui reçut Madeleine, Marthe et Lazare...

Souvenez-vous du pacte de Tolbiac, et du vœu de Louis XIII, et de la consécration de la France à Montmartre. Pour Saint Louis aux croisades, pour Saint Vincent aux galères, pour tous qui sont morts, Seigneur, pour votre cause, dans la douceur de votre foi, prenez en pitié la terre et l'âme de la France. Vous nous avez envoyé de grandes épreuves ; la patrie souffre et saigne et pleure à vos genoux. Seigneur, nous avons mérité les maux qui nous accablent. Si nous implorons votre miséricorde, ce n'est point pour nous, pour nos personnes chétives, ou nos biens illusoires, mais pour la France en qui vous avez mis les signes de votre immortalité.

La France que vous avez voulue, renaît sous votre providence ; daignez en accueillir les promesses et les fleurs. Et donnez-nous le courage quotidien pour la besogne obscure qu'elle demandera. Faites que nous soyons grands pour être dignes d'elle, et pour, à travers sa vie et sa gloire, vous mieux comprendre et vous mieux aimer. Ainsi soit-il. »

*par Chris Christensen*

Dieu très saint et Dieu vivant – Dieu patient et bienveillant
Qui ne méprise jamais les cœurs sincères. Toi qui tends l'oreille souvent aux
instances de tes enfants et te hâtes d'exaucer ceux qui te vénèrent !
Toi le Roi et notre Père dont les bras sont grands ouverts.
Ô Seigneur, mon Dieu écoute ma prière pour mon pays !

Que les pluies arrivent à temps. Que les averses soient clémentes.
Que le vent de ton Esprit apporte l'abondance. Des fruits de ton jardin,
des grâces de ta main. Comme la rosée du matin dans ta constance que déborde
de ses rivières, le pardon nous libère. Que la paix inonde la terre ! C'est ma
prière pour mon pays !

Que les sorts soient rejetés, que le mal soit dévoilé.
Que tes enfants ne soient jamais complices !
Que les puissances et les pouvoirs s'humilient sous ton regard.
Qu'ils t'honorent, et qu'ils s'emparent de ta justice ! Qu'ils imitent le Roi Berger.
Qu'ils découvrent et fassent briller la gloire de Jésus-Christ !
Ainsi je prie pour mon pays !

Que ton règne vienne enfin apporter son doux parfum et le baume guérissant
de ton Alliance ! Que les peuples se bénissent.
Par ton Amour qu'ils s'unissent. Sous les merveilleux auspices de ta Présence !
Que l'Église reste à genoux ! Que la patrie se tienne debout !
Qu'elle te loue ! Ô Dieu mon Père !


C'est ma prière pour mon pays !

# Prier avec Marie notre Mère du Ciel

*Icône de l'Annonciation selon Fra Angelico*

Je vous salue Marie pleine de Grâce,
Le Seigneur est avec vous.
Vous êtes bénie entre toutes les femmes
Et Jésus, le fruit de vos entrailles, est béni.
Sainte Marie, Mère de Dieu,
Priez pour nous pauvres pécheurs,
Maintenant et à l'heure de notre mort.

Amen

Ave Maria, gratia plena
Dominus tecum
Benedicta tu in mulieribus ;
Et benedictus fructus ventris tui, Jesus !
Sancta Maria, Mater Dei,
Ora pro nobis, peccatoribus,
Nunc, et in ora mortis nostræ. Amen

## 194.   Le Magnificat *ou* Cantique de Marie[72]

Mon âme exalte le Seigneur, exulte mon esprit en Dieu, mon Sauveur !
Il s'est penché sur son humble servante ; désormais, tous les âges me diront
bienheureuse.

Le Puissant fit pour moi des merveilles, Saint est son nom !
Son amour s'étend d'âge en âge sur ceux qui le craignent.

Déployant la force de son bras, il disperse les superbes.
Il renverse les puissants de leurs trônes, il élève les humbles.
Il comble de biens les affamés, renvoie les riches les mains vides.
Il relève Israël son serviteur, il se souvient de son amour, de la promesse faite
à nos pères, en faveur d'Abraham et de sa race, à jamais.

---

[72] Luc 1, 38 - 56

*(Tableau de Millet – l'Angélus)*

*En référence au récit évangélique de l'Annonciation,*
*l'Angélus se dit trois fois par jour, soit le matin, à midi et le soir.*
*De nos jours, il est essentiellement dit à midi.*

L'ange annonça à Marie qu'elle serait la mère du Sauveur.
– Et elle conçut de l'Esprit Saint
Je vous salue Marie...

Voici la servante du Seigneur.
– Qu'il me soit fait selon ta parole.

Je vous salue Marie...

Et le Verbe s'est fait chair †
Et Il a habité parmi nous.

Je vous salue Marie...

Prie pour nous, Sainte Mère de Dieu.
Afin que nous devenions dignes des promesses du Christ.


**Prions le Seigneur :** Que ta grâce, Seigneur notre Père, se répande en nos cœurs ; par le message de l'ange, tu nous as fait connaître l'incarnation de ton Fils bien-aimé ; conduis-nous, par sa Passion et par sa Croix, jusqu'à la gloire de la Résurrection. Par Jésus, le Christ, notre Seigneur, Amen.

Salve Regína, Mater Misericórdiae
Vita dulcédo et spes nostra, Salve
Ad te clamámus, éxules fílii Evae.
Ad te suspirámus, geméntes et flentes
In hac lacrimárum valle.
Eia ergo, Advocáta Nostra,
Illos tuos misericórdes óculos ad nos convérte.
Et Jesum, Benedíctum Frucum Ventris Tui,
Nobis post hoc exsílium osténde
O Clemens, O Pia, O Dulcis Virgo María

*Notre Dame du Liban à Harissa - Liban*


**Traduction française**

Salut Ô Reine, Mère de miséricorde, notre vie
Notre consolation notre espoir, salut !
Enfant d'Ève, de cette terre d'exil nous crions vers vous ;
Vers vous, nous vous prions gémissant
Et pleurant dans cette vallée de larmes.
Ô vous, notre Avocate, tournez vers nous votre regard compatissant.
Et après cet exil, obtenez-nous de contempler Jésus
Le fruit béni de votre sein, ô clémente,
Ô miséricordieuse, Ô douce Vierge Marie.

## 197.   Sous ta protection – Sub Tuum Praesidium

Note : Hormis le Magnificat dont les paroles sont reprises dans la Bible, cette prière catholique est la prière chrétienne la plus ancienne adressée à la Sainte Vierge Marie. Son texte fut retrouvé sur un papyrus égyptien écrit en grec et daté du IVe siècle selon certains, du IIIe siècle selon d'autres.

Cette antienne a été employée dans la liturgie copte de Noël. Elle est aussi connue des rites byzantin, ambrosien et romain.

Sous l'abri de ta miséricorde, nous nous réfugions, Sainte Mère de Dieu. Ne méprise pas nos prières quand nous sommes dans l'épreuve, mais de tous dangers, délivre-nous toujours, Vierge glorieuse et bénie. Amen.


## 198.   Version originale latine

Sub tuum praesidium confugimus, sancta Dei Genitrix.
Nostras deprecationes ne despicias in necessitabus, sed a periculis cunctis libera nos semper, Virgo gloriosa et benedicta. Amen.


## 199.   Prière quotidienne de Consécration à Marie

Cœur Immaculé de Marie, je te consacre chacune de mes pensées, chacun de mes sentiments, chacun de mes regards, chacune de mes paroles, chacun de mes gestes, mon cœur, mon corps, mon âme et mon esprit au cours de cette journée. Rends-les conformes au plan d'amour de Dieu. Veille sur moi et protège-moi[73]. Amen.

---

[73] Prière écrite par Jean-Paul Dufour

Regina Cœli, laetare, alleluia:
quia quem meruisti portare, alleluia.
Resurrexit, sicut dixit, alleluia.
Ora pro nobis Deum, alleluia.

**V.** Gaude et laetare, Virgo Maria, alleluia.
**R**. Quia surrexit Dominus vere, alleluia.

**Oremus :** Deus, qui per resurrectionem Filii tui, Domini nostri Jesu Christi, mundum laetificare dignatus es : praesta, quaesumus, ut, per ejus Genitricem Virginem Mariam, perpetuae capiamus gaudia vitæ. Per eumdem Christum Dominum nostrum... Amen.

### Traduction

Reine du ciel, réjouissez-vous, alléluia,
car Celui que vous avez mérité de porter dans votre sein, alléluia
est ressuscité comme Il l'a dit, alléluia
Priez Dieu pour nous, alléluia.

**V.** Soyez dans la joie et l'allégresse, Vierge Marie, alléluia.
R. Parce que le Seigneur est vraiment ressuscité, alléluia.

**Prions :** Dieu, qui, par la Résurrection de Votre Fils, Notre-Seigneur Jésus-Christ, avez bien voulu réjouir le monde. Faites-nous parvenir, par la prière de la Vierge Marie, sa mère, aux joies de la vie éternelle. Par le Christ notre Seigneur. Amen.

*1873 – 1914*

À Eve...

Ô mère ensevelie dans le premier jardin, vous n'avez plus connu ce climat de la grâce, et la vasque et la source et la haute terrasse, et le premier soleil, sur le premier matin.

Vous n'avez plus connu que des biens périssables, et la succession, et le vieillissement. Et la procession des maux ineffaçables et le regard voilé d'un appauvrissement et je vous aime tant, mère de notre Mère, vous avez tant pleuré les larmes de vos yeux.

Vous avez tant levé vers de pauvres cieux un regard inventé pour une autre lumière. Et moi je vous salue, ô la première femme, et la plus malheureuse, et la plus décevante et la plus immobile, et la plus émouvante aïeule aux longs cheveux, mère de Notre-Dame. Ainsi soit-il.

Notre Dame, notre espérance,

Nous te prions donc, Notre Dame, notre espérance. Toi qui es l'étoile de la mer, brille sur nous qui sommes ballottés par la tempête de cette mer du monde. Guide-nous vers le port, protège par ta présence notre sortie de ce monde, afin que nous méritions de quitter en toute sécurité cette prison et parvenions heureux au bonheur qui n'a pas de fin. Que nous l'accorde Celui que tu as porté dans ton ventre bienheureux et allaité avec tes seins très purs.

À lui soit l'honneur et la gloire pour les siècles des siècles. Amen.

## 203.  Prière à Saint Antoine

À Saint Antoine,
Toi que l'on n'invoque jamais en vain,
une fois encore je me tourne vers toi,
pour que tu m'obtiennes du Seigneur Dieu
les grâces dont j'ai grand besoin,
et particulièrement ce qui me tient tant à cœur

*(préciser votre intention personnelle)*

Tu as toujours été mon bon et fidèle protecteur.
Accueille, s'il te plaît, ma demande, pour que grâce à ton intercession,
Dieu veuille bien m'exaucer, si elle est sa Volonté.

Que le Seigneur augmente ma foi et me garde le cœur ouvert et
miséricordieux ! Par Jésus le Christ, Notre Seigneur. Amen.

Notre Dame de Fatima,

Mère de Jésus et de l'Église. Nous avons besoin de vous. Accordez-nous la lumière qui rayonne de votre bonté. le réconfort qui émane de votre Cœur immaculé, la charité et la paix dont vous êtes la Reine. Parce que vous savez bien ce dont nous avons besoin, nous vous confions : nos nécessités pour que vous les secouriez, nos douleurs pour que vous les apaisiez, nos maux pour que vous les guérissiez, nos corps pour que vous les rendiez purs. nos cœurs pour que vos les remplissiez d'amour et de contrition, et nos âmes pour que, grâce à vous, elles soient sauvées. Souvenez-vous, ô notre bonne Mère, que Jésus vous accorde tout ce que vous lui demandez.

Obtenez le soulagement aux âmes du purgatoire, la guérison aux malades, la pureté aux jeunes, la foi et la concorde aux familles, la paix à tous les hommes. Ramenez ceux qui sont perdus sur le droit sentier, donnez-nous beaucoup de vocations et de saints prêtres, protégez le Saint-Père, les évêques et la sainte Église de Dieu. Marie, écoutez-nous et ayez pitié de nous. Tournez vers nous vos regards miséricordieux. Et après cet exil. Montrez-nous Jésus, le fruit béni de vos entrailles, ô clémente, ô tendre. ô douce Vierge Marie. Ainsi soit-il.

## 205.   Consécration au Cœur Immaculé de Marie

« O Vierge Marie, Mère de Dieu et notre Mère, je me consacre à votre Cœur Immaculé pour être pleinement offerts et consacrés au Seigneur. Veuillez s'il vous plaît me prendre sous votre protection maternelle ; défendez-moi contre les dangers, aidez-moi à vaincre les tentations, à fuir les péchés, et veillez je vous en conjure sur la pureté de mon corps et de mon âme. Que votre Cœur Immaculé soit mon refuge et le chemin qui conduit jusqu'à Dieu. Donnez-moi la grâce de prier et de me sacrifier par amour pour Jésus, pour la conversion des pécheurs et en réparation des péchés commis contre votre Cœur Immaculé. En me confiant à Vous et en union avec le Cœur de votre divin Fils, je veux vivre pour la Très Sainte Trinité en qui je crois, que j'adore, que j'espère et que j'aime. Ainsi soit-il. »

Douce Vierge de Fatima qui avez daigné apparaître dans le pays du Portugal et qui avez apporté la paix à la fois intérieure et extérieure à ce pays autrefois si troublé ; nous vous supplions de veiller sur notre chère patrie et d'assurer son rétablissement moral et spirituel. Apportez la paix à toutes les nations du monde afin que tous, et ceux de notre nation en particulier, soient heureux de vous appeler leur Reine et la Reine de la paix. Notre-Dame-du-Rosaire priez pour notre pays. Notre-Dame de Fatima obtenez pour l'humanité entière une paix durable. Ainsi soit-il.

*Sanctuaire de Notre-Dame de Fatima, Portugal*

## 207.  Pape François – Bienheureuse Vierge Marie

« Bienheureuse Vierge Marie de Fatima, avec une reconnaissance renouvelée pour ta présence maternelle nous unissons notre voix à celle de toutes les générations qui te disent bienheureuse. Nous célébrons en toi les grands œuvres de Dieu, qui jamais ne se lasse de se pencher avec miséricorde sur l'humanité, affligée par le mal et blessée par le péché, pour la guérir et pour la sauver. Accueille avec ta bienveillance de Mère l'acte de consécration qu'aujourd'hui nous faisons avec confiance, devant ta statue qui nous est si chère.

Nous sommes certains que chacun de nous est précieux à tes yeux et que rien de ce qui habite nos cœurs ne t'est étranger. Nous nous laissons toucher par ton regard très doux et nous recevons la caresse consolante de ton sourire. Garde notre vie entre tes bras ; bénis et renforce tout désir de bien ; ravive et nourris la foi ; soutiens et éclaire l'espérance ; suscite et anime la charité ; guide-nous tous sur le chemin de la sainteté.

Enseigne-nous ton amour de prédilection pour les petits et les pauvres, pour les exclus et les souffrants, pour les pécheurs et ceux qui sont égarés dans leur cœur : rassemble-nous tous sous ta protection et remets-nous tous à ton Fils bien-aimé, Notre Seigneur Jésus Christ. Amen »

«Je te salue Marie, Femme de foi, première entre les disciples ! Vierge, Mère de l'Église, aide-nous à rendre toujours compte de l'espérance qui est en nous, ayant confiance en la bonté de l'homme et en l'amour du Père. Enseigne-nous à construire le monde, de l'intérieur : dans la profondeur du silence et de l'oraison, dans la joie de l'amour fraternel, dans la fécondité irremplaçable de la Croix. Sainte Marie, Mère des croyants, Notre-Dame de Lourdes, prie pour nous. Ainsi soit-il ! »

**« Ô Marie conçue sans péché priez pour nous »**

Chapelle Notre-Dame de la Médaille Miraculeuse
140, Rue du Bac
F –75340 Paris Cedex 07

Se rendre pour prier dans la sainte Chapelle de la Rue du Bac avec foi, cœur et sincérité, apporte toujours de très nombreuses grâces au pèlerin.

Je vous invite à égrainer votre chapelet en répétant doucement et sur chaque grain, cette prière.

**« Ô Marie conçue sans péché, priez pour nous qui avons recours à vous »**

Telle est la prière que tu as inspirée, ô Marie, à Sainte Catherine Labouré, en ce lieu même, voilà cent cinquante ans ; et cette invocation, désormais gravée sur la médaille, est maintenant portée et prononcée par tant de fidèles dans le monde entier [...]

Tu es bénie entre toutes les femmes ! Tu as été associée intimement à toute l'œuvre de notre Rédemption, associée à la Croix de notre Sauveur ; ton cœur a été transpercé, à côté de son cœur.

Et maintenant, dans la gloire de Ton Fils, tu ne cesses d'intercéder pour nous, pauvres pécheurs. Tu veilles sur l'Église dont tu es la Mère. Tu veilles sur chacun de tes enfants. Tu obtiens de Dieu, pour nous, toutes ces grâces que symbolisent les rayons de lumière qui irradient de tes mains ouvertes, à la seule condition que nous osions Te les demander, que nous approchions de Toi avec la confiance, la hardiesse, la simplicité d'un enfant. Et c'est ainsi que Tu nous mènes sans cesse vers ton divin Fils.

Jean-Paul II (1980)

*Vues de la grande Chapelle Notre-Dame de la Médaille Miraculeuse
Rue du Bac, Paris*

# Le Rosaire

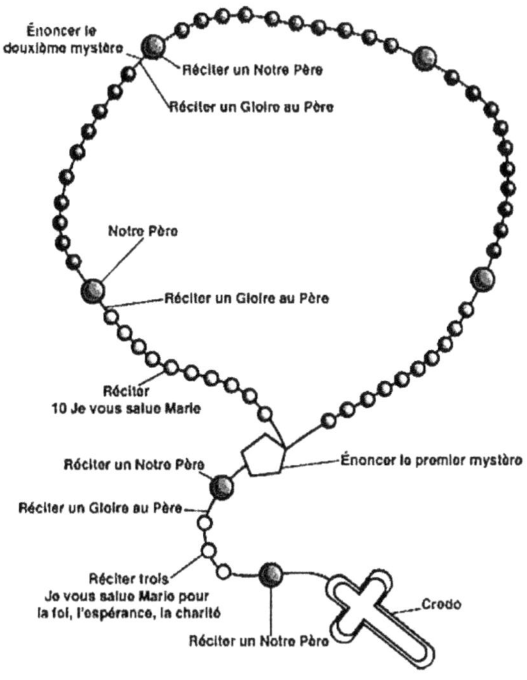



*LE SAVIEZ-VOUS ?*

Le Chapelet de Lourdes est diffusé en direct sur la chaîne KTO – TV et sur Radio Notre-Dame tous les jours à 15 h 30 avec rediffusion à minuit...

Le « Je vous salue Marie » n'est pas apparu d'emblée. Cette prière à Marie est née peu à peu dans la piété de l'Église, pour ne s'ancrer dans sa forme définitive que vers l'an 1500.

Pourtant, dès le 12e siècle, Saint Bernard contribua à développer cette prière à Marie sous la forme naissante du chapelet ou du rosaire.

Saint Dominique au siècle suivant, en répandit l'usage, prescrivant à ses religieux de porter un chapelet à leur ceinture. La grande peste de 1349, qui ravagea tous les royaumes d'Europe, amena les foules à un surcroît de piété, qui contribua également à l'essor de la piété mariale. Et c'est en fait au siècle suivant que cette prière prit le nom de Rosaire.

Le Pape Pie V engagea l'Église entière à cette prière, face à l'avancée turque qui menaçait l'Europe. C'est ainsi que fut attribuée au Rosaire la victoire décisive de la bataille de Lépante, en 1571. La fête de Notre-Dame-du-Rosaire, célébrée le 7 octobre, a été instituée par le Pape Pie V en 1573, pour remercier Marie de cette victoire. En 1883, le Pape Léon XIII décréta solennellement que le mois d'octobre de cette année-là serait entièrement consacré à « la Sainte Reine du Rosaire ».

Depuis lors, le mois d'octobre, sans oublier le mois de mai où on prie particulièrement la Vierge, est appelé le mois du Rosaire.


**211. Un chapelet de roses**

Au sens strict, le chapelet est un « petit chapeau », semblable à une couronne. On avait en effet coutume, au Moyen Age, de couronner de roses les statues de la Vierge, chaque rose symbolisant une prière, d'où le mot de rosaire.

Un rosaire comprend 150 « Je vous salue Marie », qui rappellent les 150 Psaumes. Voilà pourquoi le Rosaire fut longtemps appelé « Psautier de Marie ».

Les 150 « Je vous salue Marie » furent partagés en trois parties, en l'honneur de la Trinité. Puis, chaque partie en cinq dizaines, chacune étant précédée d'un Notre Père et suivie du Gloire au Père ou Gloria, en l'honneur de la Sainte Trinité. Les références bibliques sont indiquées entre parenthèses. Elles vous invitent à lire et méditer dans la Bible, les passages concernés.

Le Rosaire est ainsi une forme de prière répétitive et simple. Au cours du Rosaire, on médite la place qu'occupe Marie dans le mystère du Salut afin de s'y associer. En effet, cette prière n'est pas pure répétition : elle est méditation, accueil du mystère de Dieu qui touche et rejoint nos vies. La prière du chapelet ou appelée aussi « Rosaire » est ainsi une méditation de l'Évangile, l'accueil de la vie du Christ, manifesté pour le croyant.

En récitant le chapelet, chaque mystère est annoncé ou médité et ensuite suivi d'une dizaine de chapelets. Pour ne pas oublier une dizaine, les fidèles utilisaient un collier de cent cinquante grains, nommé « patenôtre », qui est à l'origine des chapelets actuels.

Le Rosaire a longtemps compté quinze mystères, ventilés en trois séries : les Mystères joyeux, douloureux et glorieux nous amenant aux 150 « Je vous salue Marie » D'où son nom : « Psautier de Marie[74] ». En 2002, le Saint-Père Jean-Paul II a rajouté cinq Mystères : « Les Mystères lumineux ». Contemplons donc ensemble cette immense fresque de la foi.[75]

**Remarque** : Trop souvent, j'ai assisté à des récitations sur le mode industriel du « Rosaire ». À force, on ne médite plus rien, on récite. Certes, nous savons que Jésus a souffert, mais nous éprouvons beaucoup de mal à nous représenter vraiment ces souffrances. Particulièrement à notre époque des « Droits de l'Homme » où, au moindre bobo nous crions au scandale, allons chez le médecin ou prenons une aspirine...

Aussi pour vous aider à rester concentré dans la prière, j'ai décidé pour les « Mystères Douloureux » de rentrer dans certains détails historiques connus sur ces souffrances pour aider l'âme pieuse à prier, mais aussi de comprendre réellement et véritablement, au-delà de nos sensibilités, ce qu'a concrètement souffert le Christ pour chacun de nous. Les détails donnés sont issus de recherches scientifiques et historiques approuvées sur le Saint Suaire de Turin, mais aussi tirés de la basse de connaissance archéologique et historique en notre possession.

---

[74] Image : Marie, Reine de la Paix – ND à Medjugorje en Bosnie-Herzégovine
[75] Jacques Nieuviarts, assomptionniste et bibliste – Croire

Les premiers mystères sont les Mystères Joyeux.

Ils rappellent et contemplent le mystère de la naissance et l'enfance de Jésus. Découvrez-les brièvement, ci-dessous :

**1. L'Annonciation** : l'ange Gabriel est envoyé par Dieu à Marie, pour lui annoncer qu'elle sera Mère du Sauveur (Luc 1, 26-38).

**2. La Visitation** : Marie rend visite à Élisabeth, enceinte, elle aussi, malgré son âge et sa stérilité. Elle mettra au monde Jean-Baptiste. Marie chante alors son Action de grâce à Dieu, magnifiquement transcrit dans le Magnificat (Luc 1, 39-56).

**3. La Nativité** : la naissance de Jésus à Bethléem et la joie des bergers et des pauvres sans oublier l'adoration des mages venus d'Orient (Luc 2, 1-21)

**4. La Présentation de Jésus au Temple** : La Loi juive le demandait pour tout premier-né masculin. Aussi, Joseph et Marie se sont conformés à cet usage. Syméon et Anne reconnaissent en l'enfant le Messie attendu par Israël (Luc 2, 22-40).

**5. Le Recouvrement de Jésus** : Ce passage évoque Jésus qui est retrouvé au Temple, au terme de trois jours, au cours du pèlerinage effectué par Joseph et Marie comme c'était la coutume (Luc 2, 41-51).

*La Nativité*
*Œuvre de Domenico Ghirlandaio (1488)*
*Musée Boijmans Van Beuningen, Rotterdam*

## 214.   Les Mystères Lumineux

Les Mystères Lumineux, initiés par Jean-Paul II en 2002 sont principalement centrés sur la personne de Jésus :
« Si on veut indiquer à la communauté chrétienne cinq moments significatifs – Mystères Lumineux – de cette période de la vie du Christ, il me semble, dit Jean-Paul II, qu'on peut les mettre ainsi en évidence :

1.  **Le Baptême de Jésus au Jourdain** (Marc 1, 21)
2. **L'autorévélation aux noces de Cana** (Jean 2, 1-12)
3. **L'annonce du Royaume de Dieu** avec l'invitation à la conversion :
(Marc 1, 15, Marc 2, 3-13, Luc 7, 47-48)
4. **La Transfiguration** (Luc 9, 35)
5. **L'institution de l'Eucharistie** : Expression sacramentelle du mystère pascal (Jean 13, 1). Chacun de ces mystères est une révélation du Royaume désormais présent dans la personne de Jésus.


## 215.   Les Mystères Douloureux

Les Mystères Douloureux s'associent à la Passion et à la mort de Jésus :

1. **L'agonie de Jésus au jardin des Oliviers** (Matthieu 26, 36-56)
2. **La Flagellation** (Marc 25, 15)
3. **Le Couronnement d'épines** (Matthieu 27, 27-31)
4. **Le Portement de la Croix** (Luc 23, 26-30)
5. **Le Crucifiement et la Mort de Jésus sur la Croix** (Jean 19, 17-37).


## 216.   Les Mystères Glorieux

1. **La Résurrection de Jésus** (Matthieu 28, 5-8),
2. **L'Ascension** (Marc 16, 19-20),
3. **La Pentecôte** (Actes 2, 1-13),
4. **L'Assomption de Marie** (Apocalypse 12, 14-16)
5. **Le Couronnement de Marie dans le Ciel** (Apocalypse 12, 1).

L'Église a coutume de répartir la prière et la méditation de l'ensemble de ces mystères du Rosaire sur les jours de la semaine. De cette manière, ils irriguent ainsi l'ensemble de la vie chrétienne : le lundi et le samedi, les Mystères Joyeux, le mardi et le vendredi, les Mystères Douloureux, le mercredi et le dimanche, les Mystères Glorieux, et le jeudi, les Mystères Lumineux.

En de nombreuses occasions, le Saint Père Jean-Paul II a insisté sur la richesse de cette prière, comme on peut le lire dans son homélie du 29 octobre 1978 : "Je voudrais, disait-il, attirer votre attention sur le Rosaire. Le Rosaire est ma prière préférée. C'est une prière merveilleuse. Merveilleuse de simplicité et de profondeur. Dans cette prière, nous répétons de multiples fois les paroles de l'Archange et d'Élisabeth à la Vierge Marie.

 Toute l'Église s'associe à ces paroles. Sur l'arrière-fond des Ave Maria défilent les principaux épisodes de la vie de Jésus-Christ. Réunis en Mystères joyeux, douloureux et glorieux, ils nous mettent en communion vivante avec Jésus à travers le Cœur de sa Mère, pourrions-nous dire.

En même temps, nous pouvons rassembler dans ces dizaines du Rosaire tous les événements de notre vie individuelle ou familiale, de la vie de notre pays, de l'Église, de l'humanité : c'est-à-dire nos événements personnels ou ceux de notre prochain, et en particulier de ceux qui nous sont les plus proches, qui nous tiennent le plus à cœur." C'est ainsi tout en douceur et simplicité que la prière du Rosaire s'écoule au rythme de la vie humaine. »


## 218.  Prière à Marie

Marie, nous voulons te sentir à nos côtés quand nous prions le chapelet. Par le chapelet, nous voulons élever notre cœur à Dieu pour vivre un temps de prière en Sa Présence. Nous t'invoquons Marie en contemplant la vie et la parole de Jésus dans le Rosaire pour que tu nous conduises par ce chemin lumineux vers le Seigneur Notre Sauveur.

C'est un temps d'amour que nous voulons vivre chaque jour par le Rosaire. Nous voulons apporter, offrir, et attacher à cette prière du Rosaire, toutes les circonstances de notre vie, de la vie de ceux que nous aimons et de celle de tous les enfants de Dieu. Nous voulons saisir cette corde du Rosaire que toi, notre Mère du Ciel, tu nous lances depuis le Paradis pour que nous parvenions par toi à la gloire.

Par le Rosaire, nous obtenons le pardon pour nos ennemis, nous prions pour tous ceux qui sont dans le besoin, l'épreuve et dans la souffrance. Avec la prière du Rosaire, Marie, nous espérons de Dieu de nombreuses grâces et bienfaits.

L'Ange Gabriel dit à Marie :
- Je te salue, comblée de grâces
- Le Seigneur est avec toi...
- Tu enfanteras un fils et tu l'appelleras Jésus
- Il sera appelé Fils de Dieu. »

« Comment cela se fera-t-il ? »
« L'Esprit Saint viendra sur toi, rien n'est impossible à Dieu. »

Marie dit alors :
- « Voici la Servante du Seigneur.
- Qu'il me soit fait selon ta parole[76]. »

**Fruit du mystère** : L'humilité
**Prions** : Seigneur, rends-moi humble pour que j'accepte la volonté de Dieu, Amen.






Marie se rendit en hâte chez sa cousine Élisabeth. Dès qu'Élisabeth entendit la salutation de Marie, elle fut remplie de l'Esprit Saint et dit : « Tu es bénie entre toutes les femmes et le fruit de ton sein est béni ! ... Comment ai-je le bonheur d'avoir la mère de mon Seigneur qui vienne jusqu'à moi ? Car lorsque j'ai entendu tes paroles de salutation, l'enfant a tressailli d'allégresse en mon sein. »
Marie dit alors :
« Mon âme glorifie le Seigneur,
Le Tout-Puissant a fait pour moi des merveilles »[77]

**Fruit du Mystère** : L'amour du prochain
**Prions :** Seigneur ouvre mon cœur à l'amour de mes frères, apprends-moi à les accepter et à les servir dans leurs besoins, leurs différences, et leurs diversités, Amen.

---

[76] Luc 1 ; 28 – 38
[77] Luc 1 ; 39 – 49

*La Naissance de Jésus*

L'Ange dit aux bergers :
- « Aujourd'hui vous est né un Sauveur qui est le Christ Seigneur. »
- Une troupe céleste innombrable louait Dieu en disant :

« Gloire à Dieu au plus haut des Cieux et Paix sur la terre aux hommes qu'Il aime. » Ils vinrent donc en hâte et trouvèrent Marie, Joseph et le nouveau-né couché dans la crèche. Quant à Marie, elle gardait avec soin toutes ces choses les méditant en son cœur. [78]

**Fruit du Mystère** : La simplicité de cœur.
**Prions :** Seigneur, viens renaître dans mon cœur et y répandre ta Paix. Détache-moi des richesses de ce monde. Donne-moi un cœur d'enfant, simple, qui cherche à donner dans la joie plutôt qu'à recevoir, prendre ou posséder, Amen.



*La présentation de Jésus au Temple*

Syméon vint au Temple poussé par l'Esprit Saint et quand les parents apportèrent le petit Enfant Jésus, il le reçut dans ses bras, bénit Dieu et dit :

Mes yeux ont vu le Sauveur... Lumière pour éclairer les nations.
Syméon dit alors à Marie, sa mère :

Les uns seront pour lui, les autres contre lui, et toi-même, une épée te transpercera l'âme. [79]

**Fruit du Mystère** : Le don de soi
**Prions :** Seigneur, aide-moi à comprendre, à reconnaître et à accomplir ta volonté, à coopérer à ton œuvre, Amen.

---

[78] Luc 2 ; 10 – 19
[79] Luc 2 ; 27 – 35

*Jésus est retrouvé au Temple*

Au bout de trois jours, ils le trouvèrent dans le Temple...

Tous ceux qui l'entendirent étaient stupéfaits par son intelligence et ses réponses... Sa mère lui dit :
-      Mon enfant, pourquoi nous as-tu fait cela ?
Il leur dit : Pourquoi me cherchez-vous ?
-      Ne saviez-vous pas que je me dois aux affaires de mon Père ?[80]

**Fruit du Mystère** : La recherche de Dieu

**Prions :** Seigneur, aide-moi à être docile à tes enseignements. Fais grandir en moi, le désir de te chercher, de te connaître, de t'aimer et de te trouver en toutes choses, Amen.


**224.   1ᵉʳ Mystère Lumineux**

*Jésus est baptisé dans les eaux du Jourdain*

Voici l'Agneau de Dieu qui enlève le péché du monde. (Jn 1, 29)

**Fruit du Mystère** : L'amour filial.
Car vous êtes tous fils de Dieu, par la foi, dans le Christ Jésus. Vous tous, en effet, baptisés dans le Christ, vous avez revêtu le Christ. (Ga 3, 26 – 27)

**Prions :** Seigneur, ouvre-moi à la vie de la grâce, renouvelle-moi chaque jour en ton amour. Merci de m'avoir établi enfant de Dieu par le Baptême. Pour que chaque homme, en revêtant le Christ par le Baptême, se découvre chaque jour davantage fils bien-aimé du Père et enfant de l'Église. Nous te prions : Seigneur écoute-nous !

---

[80] Luc 2 ; 46 – 49

**225.   2ᵉ Mystère Lumineux**

*Jésus change l'eau en vin.*

Il y eut des noces...

Le vin venant à manquer, la mère de Jésus lui dit :
« Ils n'ont pas de vin » Jésus lui répondit :
-     « Femme, qu'y a-t-il désormais entre toi et moi ?
-     Mon heure n'est pas encore venue. »

Sa mère dit aux serviteurs :
-     « Tout ce qu'il vous dira, faites-le. » (Jn 2, 1–5)

**Fruit du Mystère :** La joie de la Révélation.
Tel fut le premier des signes de Jésus, il l'accomplit à Cana de Galilée, il manifesta sa gloire et ses disciples crurent en lui. (Jn 2, 11)

**Prions :** Seigneur, par l'intercession et la sollicitude maternelle de Marie, Médiatrice de toutes grâces, veille et pourvoit à mes besoins, éveille mon cœur à ton œuvre de Rédemption et affermis ma foi. Pour que tous les hommes, par l'invitation de Marie à le suivre et à lui obéir, ouvrent leurs cœurs et reconnaissent Jésus, Messie et Envoyé de Dieu.
Nous te prions : Seigneur, écoute-nous !


**226.   3ᵉ Mystère Lumineux**

*La Prédication de Jésus*

Le temps est accompli et le Royaume de Dieu est tout proche :
Repentez-vous et croyez à l'Évangile » (Mc 1, 15)

**Fruit du Mystère :** La conversion et la confiance en la Miséricorde.
Ceux à qui vous remettrez les péchés, ils leur seront remis, ceux à qui vous les retiendrez, ils leur seront retenus. » (Jn 20, 23)

**Prions :** Seigneur, fais-moi revenir à toi avec foi et humilité, confiant en ta Miséricorde. Ouvre mon cœur et apprends-moi à vivre selon ta parole.

Pour que tous les hommes, découvrent dans le sacrement de la réconciliation, la Miséricorde agissante de Jésus qui nous rétablit dans la grâce et la paix de Dieu. Nous te prions Seigneur, écoute-nous !

*La Transfiguration*

Pendant qu'il priait, l'aspect de son visage changea, et son vêtement devint d'une éclatante blancheur. Et voici que deux hommes s'entretenaient avec lui : C'étaient Moïse et Élie qui apparaissant dans la gloire, parlaient de son départ qu'il allait accomplir à Jérusalem (Lc 9, 31)

**Fruit du Mystère :** La contemplation et la ferveur.
Qui regarde vers Lui resplendira sans ombre ni trouble au visage.
(PS 33, 6)

**Prions :** Seigneur, revêts-moi de ta beauté, fais resplendir sur moi l'éclat de ta Face, que la joie et la béatitude que Tu me laisses entrevoir me donnent la vigueur pour répandre le Bien, affronter les difficultés, réagir contre le Mal, et marcher avec ferveur à ta suite fortifié et sanctifié par ta présence et par ton amour.

Pour que tous les hommes comprennent que par la Passion et par la Résurrection du Christ, libérés du péché, ils sont appelés à recevoir la lumière de la vie et à partager la Gloire et le Royaume de Dieu.
Nous te prions : Seigneur écoute-nous !



*L'Institution de l'Eucharistie*

Prenant du pain, il rendit grâces, le rompit et le leur donna en disant : « Ceci est mon corps, donné pour vous ; faites cela en mémoire de moi. » (Lc 22, 19)

Puis, prenant une coupe, Il rendit grâces et la leur donna en disant : Buvez-en tous ; car ceci est mon sang, le sang de la nouvelle alliance qui va être versé pour une multitude en rémission des péchés (Mt 26, 27-28)

**Fruit du Mystère :** L'amour de Jésus, présent dans l'Eucharistie.
... de S.S. le Pape Jean-Paul II : « L'Église vit du Christ Eucharistique, par Lui, elle est nourrie, par Lui, elle est illuminée »

**Prions :** Seigneur, je te rends grâce pour le don de ton corps et de ton sang, pour ta présence vivante et sainte, pour l'amour, la joie, la paix et la force que tu me donnes dans l'Eucharistie.

Pour que tous les hommes s'approchent du banquet eucharistique en état de grâce avec le désir ardent de recevoir Jésus dans la sainte communion, expression sacramentelle du Mystère pascal, nourriture de vie éternelle,
nous te prions : Seigneur écoute-nous !


## 229.   1ᵉʳ Mystère Douloureux

L'Agonie de Jésus

*La nuit est tombée sur le Jardin des Oliviers, l'heure est venue...*

Jésus priait en disant : « Père, si tu le veux, éloigne de moi cette coupe : cependant, que soit faite non pas ma volonté, mais la tienne. »
(Lc 22, 42)

« Entré en agonie, Jésus priait avec plus d'insistance, et sa sueur devint comme des gouttes de sang qui tombaient sur la terre. » (Lc 22, 44)

*L'homme Jésus, sachant ce qui l'attend, a peur. Ce fait historique a été démontré de nos jours par la science. Un homme face à certaines peurs particulièrement intenses, peut l'amener à voir sa sueur se transformer en sang.*

*Combien la prière de Jésus devait être intense dans ces minutes...*
*Homme libre, il aurait pu tourner le dos, renoncer et continuer sa vie terrestre.*

*Combien parmi nous aurait été jusqu'au bout ...*

*Mais voilà, cet homme, c'est Jésus, le vrai Fils Unique de Dieu qui va par pur amour, subir des sévices horribles et donner sa vie pour que nous ayons la vie en Dieu.*

« Pitié pour moi, mon Dieu, en ta grande tendresse, efface mon péché, lave-moi tout entier de mon mal et de ma faute, purifie-moi. »
(Ps 50, 3-4)

Pour que tous les hommes trouvent le motif de leur conversion ou le réconfort à leurs peines dans la souffrance de Jésus à Gethsémani,
nous te prions : Seigneur, écoute-nous !

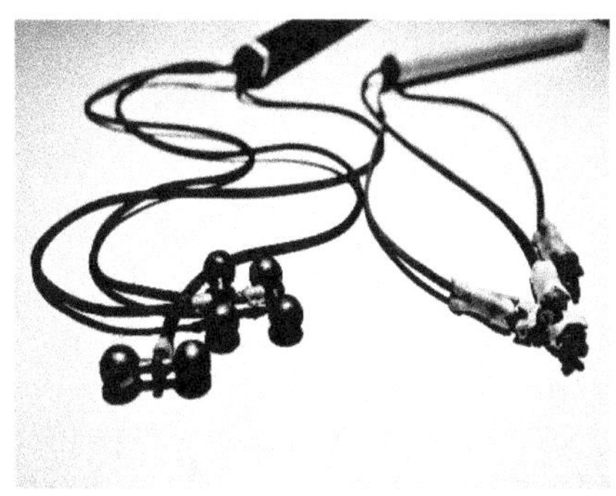

Après les souffrances spirituelles et les interrogatoires, voici les sévices et les souffrances physiques que Jésus a subis pour le pardon de nos fautes. À ce moment de la Passion du Christ, Jésus a été arrêté puis, emmené chez Pilate. Les romains vont l'humilier, le battre, le flageller avec le « flagrum ». Lorsqu'on sait d'un point de vue historique, les raffinements, la brutalité dans la cruauté dont les romains usaient envers leurs prisonniers... Le film « La Passion du Christ » de Mel Gibson est probablement sur ce sujet, le plus réaliste qui soit.

La flagellation, châtiment romain courant, était quasi-systématique avant toute crucifixion sauf en cas de manque de temps. Il en sera ainsi en l'an 70 lors de la destruction de Jérusalem où, les romains crucifieront parfois plus de 500 hommes, femmes et enfants par jour !

La loi hébraïque interdisait de donner plus de 40 coups de fouet, limités en général à 39, pour ne pas dépasser la loi. Les romains n'ayant pas ces scrupules et ces restrictions, d'après les études réalisées sur le Saint Suaire de Turin, Jésus aurait reçu plus de 50 coups de flagrum, ce qui était considéré comme étant une punition plus « sévère », que celle ordonnée habituellement par Pilate.

Les « flagrum » étaient munis de deux lanières au minimum plus une balle ou un os de mouton aux extrémités de chaque lanière. C'est donc environ 100 coups directs au minimum que Jésus a reçu sur son corps. Les romains ne frappaient pas le visage des condamnés, uniquement le corps.

Étape préliminaire à la crucifixion, ce premier châtiment était destiné, si l'on peut dire, à « abréger », l'agonie sur la croix. Le condamné devait porter sa croix jusqu'au lieu de crucifixion. Il était indispensable qu'il « reste en vie ». Traumatismes, contusions, hémorragies diverses et affaiblissement considérable, ont raison de la résistance vitale du, des condamnés.

Ainsi que l'attestent les Evangiles, les romains ont dû faire appel à l'aide d'un passant (le Cyrénéen) pour aider Jésus à aller jusqu'au bout de son supplice.

« Quant à Jésus, après l'avoir fait flageller, il le livre pour être crucifié[81]. » « De la plante des pieds à la tête, il ne reste que blessures, meurtrissures, plaies vives. »[82]

« Maltraité, il s'humiliait, il n'ouvrait pas la bouche, comme l'agneau qui se laisse mener à l'abattoir... »[83]

Heureux les cœurs purs : ils verront Dieu[84] !

Ne savez-vous pas que vous êtes un temple de Dieu et que l'Esprit de Dieu habite en vous ? ... Le Temple de Dieu est sacré, et ce temple, c'est vous[85].

Seigneur, apprends-moi la pureté dans mes regards, dans mes paroles, dans mes comportements. Apprends-moi à maîtriser mes instincts et à me modérer. Donne-moi la grâce du jeûne.

Pour que tous les hommes comprennent la loi du renoncement, de la chasteté, de la charité, nous te prions : Seigneur, écoute-nous.

---

[81] Matthieu 27, 26 - [81] Isaïe 1, 6 - [81] Isaïe 53, 7 - [81] Matthieu 5,8 - [81] 1 Corinthien 3, 16-17

« Ayant tressé une couronne d'épines, ils la placèrent sur sa tête...
S'agenouillant devant lui, ils se moquèrent de lui en disant : « Salut, roi des
juifs ! » et, crachant sur lui, ils prenaient le roseau et en frappaient sa tête. »
(Mt 27, 29-30)

Apprendre à lutter contre l'orgueil, contre son orgueil.
Dieu résiste aux orgueilleux, mais Il donne sa grâce aux humbles. Jc 4, 6

Laissez-vous attirer par ce qui est humble. Rm 12, 16
Avec humilité, estimez les autres au-dessus de vous. Ph 2, 3
Que ton règne vienne... Mt 6, 10

**Prions :**

Seigneur, apprends-moi à être doux et humble, à reconnaître ma petitesse et à
ne pas tomber dans l'orgueil. Pour que les hommes reconnaissent leur petitesse
et ne cherchent pas Jésus pour le faire mourir, mais pour le faire régner partout,
nous te prions : Seigneur, écoute-nous.

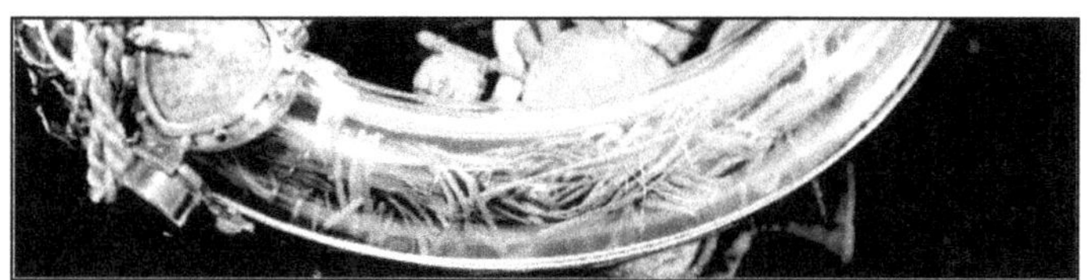

*La Couronne du Christ est régulièrement exposée
en la Cathédrale Notre-Dame de Paris*

*Jésus porte sa croix*

« Des femmes se lamentaient sur lui. Jésus leur dit : « Filles de Jérusalem, ne pleurez pas sur moi. Pleurez plutôt sur vous-mêmes et sur vos enfants ! » (Luc, 27-28)

« Ils m'ont rendu le mal pour le bien et la haine pour mon amour.» (Psaume 108,4)

La patience et la compassion dans les épreuves.

« Car la légère souffrance d'un instant nous prépare jusqu'à l'excès, une masse éternelle de gloire, à nous qui ne regardons pas aux choses visibles, mais aux invisibles ; les choses visibles, en effet, n'ont qu'un temps, les invisibles sont éternelles. » (2 Corinthiens 4, 17-18)

« Si quelqu'un veut venir à ma suite, qu'il renonce à lui-même, qu'il prenne sa croix chaque jour, et qu'il me suive. »[86]

Seigneur, donne-moi ta paix malgré les difficultés. Aide-moi à porter ma croix et à être patient dans les épreuves. Apprends-moi à ne pas alourdir le fardeau de mes frères, mais à les soulager dans leurs peines.

Pour que tous les hommes prennent conscience du devoir d'être une aide pour les autres, nous te prions : Seigneur, écoute-nous.



*Jésus est crucifié*

Tout est accompli, Jésus est fixé sur la croix...

La crucifixion est un supplice très élaboré selon ce que nous savons d'un point de vue historique. La condamnation à mort réclamée par les juifs à Pilate pour faits religieux, ce dont Pilate ne se préoccupe pas, est, selon l'époque des faits, une peine de droit commun. Elle était réservée aux délinquants (brigands, voleurs et criminels), ce que Jésus n'est pas et ce qui fera hésiter Pilate sur la sentence à prononcer. Jésus troublant l'ordre public selon les témoignages à charges, Pilate finira par valider la mise à mort du Christ non pour raisons religieuses, ce dont il n'a cure, mais pour raisons politiques en prétextant le trouble à l'ordre public. Dans l'antiquité, on aimait beaucoup crucifier.

---

[86] Luc 9, 23

La réalité du supplice de la crucifixion ne consistait pas seulement à clouer pieds et mains du condamné. Selon les historiens et les archéologues, la crucifixion était une torture particulièrement raffinée. Après avoir subi la flagellation et avoir porté sa croix sur le lieu du supplice, ici le lieu-dit « du Crâne », les clous n'étaient pas plantés dans la paume de la main tel que nous le montre généralement l'iconographie chrétienne[87] mais bien généralement dans les poignets. Ceci afin que le condamné ne puisse ni bouger ni s'évader. Les romains n'ayant cure du confort du crucifié, le supplicié n'avait pas forcément un suppedaneum (un bloc de bois), plus rarement utilisé, sur lequel les pieds venaient se « reposer ».

En revanche, il était davantage dans les usages de l'époque que l'on fixa effectivement sur le montant vertical de la croix, une pièce en bois triangulaire appelée « Sedula ». Elle était fixée à hauteur des reins dans l'intention de faire souffrir le supplicié. Les pieds joints et cloués sur le bois, les jambes étaient alors tournées vers un côté. La mort ne survenait pas à cause des blessures infligées tel que nous pouvons le supposer. La sedula placée à hauteur des reins, il devenait rapidement impossible aux crucifiés de pouvoir encore normalement respirer.

Le décès dès lors était provoqué par l'épuisement physique du condamné d'une part et l'alternance entre suffocation et asphyxie d'autre part. Dans les faits, un supplice absolument horrible. La mort survenait entre quelques heures, ce qui sera le cas pour Jésus (six heures selon le recoupement des évangiles, ce qui était considéré comme étant une mort « rapide », Pilate ira même jusqu'à s'en étonner... ou plusieurs jours).

Ainsi, les historiens romains décrivent la résistance de plusieurs jours qu'eurent des gladiateurs de l'armée de Spartacus, crucifiés au nombre de six mille le long de la célèbre « Via Appia », menant de Capoue à Rome.

Petite parenthèse ici pour nous souvenir qu'en ce XXIème siècle, des milliers de chrétiens, tous frères et sœurs martyrs en Jésus-Christ, eurent à subir la crucifixion et autres atrocités innommables par les bourreaux de l'état islamique. Je referme la parenthèse.

Jésus sur la croix disait :

» Père, pardonne-leur : ils ne savent pas ce qu'ils font. »

---

[87] Suivant études réalisées sur le Linceul de Turin.

L'un des malfaiteurs lui dit : « Souviens-toi de moi quand tu seras dans ton royaume ». Et Jésus lui répondit :
« En vérité, je te le dis, aujourd'hui, tu seras avec moi dans le Paradis. »[88]

Jésus dit à sa mère : « Femme, voici ton fils. »
et à Jean : « Voici ta mère. »[89]

L'amour de Dieu, de Jésus, de Marie
« Ma vie, personne ne me l'enlève ; mais je la donne de moi-même »[90]
« Il n'y a pas de plus grand amour que de donner sa vie pour ceux qu'on aime. »[91]

« À ceci nous avons connu l'Amour : celui-là a donné sa vie pour nous.
Et nous devons, nous aussi, donner notre vie pour nos frères. »[92]

Merci Seigneur de tant m'aimer en donnant ta vie pour moi sur la croix, en me rachetant à la vie divine, en me donnant Marie, ta Mère, pour me guider sur la route. Guéris-moi, convertis-moi. Attire et touche les cœurs de ceux qui se perdent loin de Toi.

Pour que tous les hommes se laissent attirer par ton Amour et pour qu'ils correspondent à tes désirs afin qu'ils puissent dire : « Pour moi vivre, c'est le Christ »[93] : Seigneur, écoute-nous.

---

[88] Luc 23, 34 - 43
[89] Jean 19, 26-27
[90] Jean 10, 17-18
[91] Jean 15, 13
[92] Jean 3, 16
[93] Philippiens 1, 21

Il est ressuscité comme Il l'avait dit ![94]

Jésus leur dit : « Voyez mes mains et mes pieds... Rendez-vous compet qu'un esprit n'a ni chair ni os, comme vous voyez que j'en ai. »[95]

Thomas lui répondit : « Mon Seigneur et Mon Dieu ! »[96]

La Foi et la joie en Jésus-Christ ressuscité...

Jésus-Christ est Seigneur, à la gloire de Dieu le Père.[97]

En tout cela, nous sommes les grands vainqueurs par celui qui nous a aimés... Rien ne pourra nous séparer de l'amour de Dieu manifesté dans le Christ Jésus, notre Seigneur.[98]

« Car je vous le dis en vérité, si vous avez de la Foi gros comme un grain de sénevé, vous direz à cette montagne : Déplace-toi d'ici à là, et elle se déplacera, et rien ne vous sera impossible. »

« Dans le monde vous aurez à souffrir. Mais gardez courage ! J'ai vaincu le monde. »[99]

Merci Seigneur Jésus pour ce que tu as accomplis pour chacun de nous.

Oui, merci Jésus quoique je souffre dans ma vie. Apprends-moi à grandir dans la Foi, à devenir meilleur, à ne jamais douter ni de Dieu ni de ton amour. Viens Seigneur Jésus habiter dans mon cœur.

Renouvelle-moi et garde-moi dans la joie de te savoir toujours à côté de moi. Seigneur, écoute-nous !

---

[94] Matthieu 28, 6
[95] Luc 24, 39
[96] Jean 20,28
[97] Philippiens 2, 11
[98] Romains 8, 37- 39
[99] Jean 16, 33

Jésus dit à ses disciples :
« Voici que je suis avec vous pour toujours jusqu'à la fin du monde. »[100]

« Je monte vers mon Père et votre Père, vers mon Dieu et votre Dieu. »[101]

Et il advint, comme il les bénissait, qu'il se sépara d'eux et fut emporté au ciel. »[102]

« Aimez-vous les uns les autres comme je vous ai aimés. »[103]

« Homme de Galilée, pourquoi restez-vous ainsi à regarder le ciel ? Celui qui vous a été enlevé, ce même Jésus, viendra comme cela, de la même manière dont vous l'avez vu s'en aller au ciel. »[104]

« Beaucoup se conduisent en ennemis de la croix du Christ... Ils n'apprécient que les choses de la terre. Pour nous, notre cité se trouve dans les cieux. »[105]

Seigneur Jésus, apprends-moi les choses du Ciel, les choses qui demeurent, apprends-moi à me détacher des choses de ce monde...

Pour que les hommes comprennent la nécessité de considérer la vie comme un pèlerinage vers le Ciel, nous te prions :

Seigneur Jésus, répands sur moi la lumière et les dons de ton Esprit Saint promit dans les Évangiles. Eclaire mes pensées, mes paroles, mes sentiments et mes actes. Donne-moi la confiance, la joie et la force pour t'annoncer et témoigner de ton amour dans ce monde.

Afin que le témoignage chrétien soit pour tous les hommes et les femmes de notre temps, une invitation à accepter la Vérité et la Lumière, source de bonheur. Amen. Seigneur, écoute-nous.

---

[100] Matthieu 28, 20
[101] Jean 20, 17
[102] Luc 24, 51
[103] Jean 15, 12
[104] Actes des Apôtres 1, 11
[105] Philippiens 3, 18-20

*« L'Ascension »*
*Œuvre de Giotto*
*Création entre 1304 et 1306*

## 236.  3^ème Mystère Glorieux

La Pentecôte

«Je prierai le Père et Il vous donnera un autre Paraclet, pour qu'il soit avec vous à jamais, l'Esprit de Vérité... »[106]

« Vous allez recevoir une force, celle de l'Esprit Saint qui descendra sur vous. Vous serez alors mes témoins jusqu'aux extrémités de la terre. »[107]

« Tous, d'un même cœur étaient assidus à la prière... Dont Marie, mère de Jésus... Ils virent apparaître comme des langues de feu qui se partageaient et il s'en posa une sur chaque d'eux. Ils furent alors tous remplis de l'Esprit Saint. »[108]

---

[106] Jean 14, 16-17
[107] Actes des Apôtres 1, 8
[108] Actes des Apôtres 1, 14 ; 2, 3-4

En la très sainte Vierge Marie, nous voyons le monde renouvelé dans l'amour. En la contemplant, elle qui est montée au Ciel avec son corps et son âme, nous découvrons quelque chose des « cieux nouveaux » et de la « terre nouvelle » qui s'ouvriront à nos yeux avec le retour du Christ.

Jean-Paul II

« Oui, désormais toutes les générations me diront bienheureuse, car le Tout-Puissant a fait pour moi de grandes choses. (Lc 1, 48-49)
Que personne ne pense à la mort, mais à l'immortalité ; ni à la souffrance temporaire, mais à la gloire éternelle.

Saint Cyprien

Grâce de l'Immaculée Conception et de l'Assomption de Marie, descendez en mon âme et rendez-là vraiment dévote à Marie, notre Mère du Ciel.

Seigneur, accorde-moi la grâce d'une bonne mort ainsi qu'à tous ceux que tu m'as fait connaître. Accepte Seigneur Jésus ma prière pour le salut des âmes. Amen.

Afin que pour tous les hommes et des femmes de la terre, le mystère de la mort corporelle soit toujours éclairé par la lumière de la Foi, nous te prions Seigneur : Seigneur écoute-nous.





« Un signe grandiose apparut au ciel : une femme ! ... le soleil l'enveloppe, la lune est sous ses pieds et douze étoiles couronnent sa tête » (Ap. 12,1)

Bien qu'aucun texte canonique n'évoque directement le couronnement de Marie au Ciel, l'Église a toujours reconnu dans la « Femme revêtue de soleil et couronnée d'étoiles » du verset 1 du chapitre 12 de l'Apocalypse, la Vierge Marie elle-même. Le couronnement de Marie au Ciel est plus particulièrement célébré par l'Église universelle depuis des siècles, à travers la méditation du cinquième mystère glorieux du saint Rosaire.

Ainsi, la tradition de l'Église affirme-t-elle qu'après son Assomption dans le Ciel, la Vierge Marie y a été accueillie par la Sainte Trinité en Reine du Ciel et de la terre, avec tous les transports d'un bonheur majestueux exprimé par Dieu Lui-même en même temps que par toutes les créatures de la Cour céleste assemblées pour Son couronnement royal. »

Nous vous offrons, Seigneur Jésus, cette cinquième et dernière dizaine, en l'honneur du Couronnement de gloire de votre sainte Mère dans les cieux, et nous vous demandons par ce mystère et son intercession, la persévérance et l'augmentation dans la vertu jusqu'à la mort, et la couronne éternelle, qui nous est préparée.

Nous vous demandons la même grâce pour tous les justes et tous nos bienfaiteurs.

Nous vous prions, Seigneur Jésus, par les vingt mystères de votre Vie, votre Mort et Passion, et votre gloire et les mérites de votre sainte Mère, de convertir les pécheurs, d'aider les agonisants, de délivrer les âmes du purgatoire, et de nous donner à tous votre grâce pour bien vivre et bien mourir, et votre gloire pour vous voir face à face et vous aimer pendant l'éternité. Ainsi soit-il.

Ô Marie, apprenez-moi à me taire pour écouter la Sagesse éternelle
Ô Marie ! Ô ma sainte et bonne Mère !

Donnez-moi, donnez à tous de comprendre la grande valeur du silence, dans
lequel on entend Dieu !

Apprenez-moi à me taire pour écouter la Sagesse éternelle.
Apprenez-moi à tirer du silence tout ce qu'il renferme de grand, de saint,
de surnaturel, de divin ;

Aidez-moi à en faire une prière parfaite, une prière toute de foi,
de confiance et d'amour ; une prière vibrante, agissante, féconde,
capable de glorifier Dieu et de sauver les âmes !
Ma vie vaudra ce que vaudra mon oraison ». Ainsi soit-il.

*Notre-Dame-du-Mont-Carmel*

Le mot « scapulaire » vient de « épaule » et indique un vêtement posé sur les épaules comme le joug du Christ. Ce vêtement est devenu un signe de consécration à Marie manifestant le désir de nous envelopper de sa présence et de ses vertus. Le scapulaire est un rappel de notre baptême, jour où nous avons *revêtu le Christ.*

Il y a deux scapulaires, une seule valeur.

Le grand scapulaire est porté par les carmes et les carmélites. Le petit est porté par les laïcs consacrés, les oblats... Il est constitué de deux morceaux de tissus comme ci-dessus et sont reliés par une double corde également en tissu que l'on passe au-dessus de la tête.

Le scapulaire est une protection puissante contre les attaques spirituelles, mais n'est pas une protection magique. Il ne suffit pas de le porter. Il doit s'accompagner d'une vraie dévotion mariale, d'un amour de Marie qui se traduit concrètement par une prière régulière à la Sainte Vierge. Revêtir le scapulaire, c'est se placer sous la protection de Marie, maintenant et à l'heure de la mort, confiant qu'elle intercède pour nous afin que nous entrions dans la plénitude du salut.

Les Papes, depuis le XIV° siècle, recommandent cette dévotion et lui ont attaché de nombreuses grâces. Le scapulaire est un signe de l'amour pour Marie, de la confiance filiale en elle et de l'engagement à imiter sa vie.

Il manifeste l'appartenance à l'Ordre du Carmel.

**Le scapulaire est :**

Un engagement à suivre Jésus, comme Marie, modèle parfait de tout disciple :

- ✓ vivre ouvert à Dieu et à sa volonté, manifestée dans les événements de la vie.
- ✓ écouter la Parole de Dieu ;
- ✓ prier à tout moment en découvrant Dieu présent en toutes circonstances ;
- ✓ se faire le prochain des besoins de nos frères et sœurs.
- ✓ Un signe d'appartenance à la famille du Carmel. Il fait participer aux grâces de cette famille spirituelle spécialement dédiée à la prière silencieuse (oraison).
- ✓ Une amitié avec les Saints et Saintes du Carmel qui sont un exemple et qui intercèdent pour nous.
- ✓ L'espérance que Dieu nous appelle à vivre avec Lui pour toujours. Marie nous aide à parvenir au Ciel.

Le scapulaire doit impérativement être imposé par un prêtre ou un diacre lors d'un temps de prière particulier. Seul un ministre ordonné (prêtre ou diacre) peut imposer le scapulaire à un chrétien baptisé. Il y a une forme de la bénédiction et l'investiture dans le *livre des bénédictions* qui se trouve normalement dans chaque paroisse catholique[5]. Le Rituel d'imposition du scapulaire actuel a été approuvé en 1996 par le Congrégation pour le culte divin et la discipline des sacrements. Il est disponible sous forme d'une brochure publiée par les Éditions du Carme.

La forme courte de l'imposition est la suivante :

« Reçois ce Scapulaire, signe d'une relation spéciale avec Marie, la Mère de Jésus, que tu t'engages à imiter. Que ce Scapulaire te rappelle ta dignité de chrétien, ton dévouement au service des autres et l'imitation de Marie.

Porte-le comme marque de sa protection et comme signe de ton appartenance à la famille du Carmel, en te disposant à accomplir la volonté de Dieu et à t'engager dans le travail de construction d'un monde qui réponde à son projet de fraternité, de justice et de paix ».

O Cœur Immaculé de Marie, débordant de bonté,
Montre-nous ton amour pour nous.

Que la flamme de ton Cœur, Ô Marie, descende sur tous les peuples.
Imprime en nos cœurs un véritable amour. Que notre cœur languisse de toi.

O Marie, douce et humble de cœur, souviens-toi de nous, quand nous péchons.
Tu sais que nous les hommes, nous sommes pécheurs.

Par ton Cœur très Saint et maternel, guéris-nous de toute maladie spirituelle.
Rends-nous capables de regarder la bonté de ton Cœur maternel, et qu'ainsi
nous nous convertissions à la flamme de ton cœur. Amen.

## 242.   O Marie, il se fait tard

O Marie, il se fait tard, tout s'endort sur la terre, c'est l'heure du repos ; mets ta
main sur mes yeux, ferme-les doucement aux choses d'ici-bas ; mon corps et
mon âme sont fatigués.

Mets ta main sur mon front, arrête ma pensée ; doux sera mon repos s'il est
béni par toi. Pour que demain ton humble enfant s'éveille et reprenne gaiement
l'ouvrage d'un nouveau jour, mets ta main sur mon cœur.

Que lui seul, toujours, veille et redise à son Dieu, son éternel amour...
Couvre-moi de ton manteau, Marie, protège-moi. Jésus, Marie, je vous aime
Je vous consacre ma nuit et celle de tous ceux qui me sont chers. Amen.

*Par Agnès Richomme*

Heureux celui dont la foi est simple pour ne s'étonner de rien.

La peur n'a plus de prise sur lui car il connaît la sérénité.

Heureux celui dont le cœur est assez grand pour qu'y trouvent place toutes les indulgences et tous les pardons.

Heureux celui qui ne fait pas consister sa religion dans un ensemble de défenses et de restrictions mais dans l'Amour de Dieu et dans la charité agissante envers tous ceux qui attendent qu'on les aime.

Heureux celui qui s'est établi délibérément dans un climat de bienveillance, se refusant à toute critique stérile, à toute hargne, à toute rancœur.

Heureux celui qui, une fois pour toutes, a pris Marie pour Mère !

*Notre Dame du Perpétuel Secours*
*Priez pour nous !*

### Prière enseignée par Marie aux enfants de Fatima

Pour les peines, les offenses, les injustices subies et les sacrifices offerts au cours de la journée : « O Jésus, c'est pour ton Amour, en réparation des offenses au Cœur Immaculé de Marie et pour la conversion des pauvres pécheurs. »

## Préambule et remarque importante

Les prières de libération sont un aspect du christianisme beaucoup trop méconnu et négligé des chrétiens. Même s'il est important de préciser que ces prières ne sont pas des formules magiques, il n'en demeure pas moins que les paroles de ces prières spécifiques sont puissantes et ne doivent jamais être prononcées à la légère. Réalisons que ce n'est pas un «jeu» pour nous faire peur ou pour jouer avec les esprits. Ayons-en conscience.

On ne « joue » ni avec Dieu, ni avec le Christ, ni avec les Puissances du Ciel, ni avec Satan et ses légions sans conséquence éventuelles. Penser, croire, relativiser ou rire de ces prières est se mettre sciemment en grand danger, voire même en danger de mort.

Je rappelle fermement que presque chaque année, un ou des exorcistes quelque part dans le monde, le paient de leur vie pour avoir tenté de sauver une personne des griffes du Malin ou, de l'un de ses esprits mauvais.

Ceci veut dire clairement que la personne s'apprêtant à prononcer ces prières spécifiques doit être particulièrement consciente de ce qu'elle va dire et être apte psychologiquement et spirituellement à les dire. Elle se doit d'être déterminée dans sa démarche spirituelle pour elle-même comme pour autrui.

Règle absolue :

### NE JAMAIS INTERROMPRE OU
### LAISSER INTERROMPRE UNE PRIÈRE.

C'est vrai en général, ce l'est encore davantage en matière d'exorcisme. N'engagez jamais aucun dialogue avec la personne à délivrer pendant la prière. Ceci pour la simple et bonne raison que très souvent, l'esprit mauvais passant au-dessus de l'esprit de la victime va essayer de vous faire renoncer par toute sorte de ruses à continuer l'exorcisme.

Les gémissements, les larmes, les cris, les injures, les vomissements, les crachats et toute sorte de désagréments sont monnaie courante. Cela peut même aller jusqu'à des révélations et des accusations contre vous si vous n'êtes pas en état de grâce. Ici encore, on mesure toute l'importance du Sacrement de Réconciliation.   Éclairées par l'Esprit Saint, les paroles se doivent d'être déclamées de bout en bout avec grande concentration et sans interruption aucune.

Respirez calmement et faites une pause lorsque vous en ressentez le besoin. En cas d'échec à la première tentative, recommencez jusqu'au bout, jusqu'à la délivrance de la personne. Si vous ne vous sentez pas de force, abandonnez et faites venir un prêtre ordonné.

Bis repetitae, ayant assisté à un exorcisme authentique, je ne vous mettrai jamais assez en garde. C'est réellement dans ces situations que l'on mesure toute la fourberie et la méchanceté du Mal n'ayant de cesse de vouloir détruire l'être humain.

C'est encore après avoir vu le Mal en action s'acharner sur un être humain que, loin de l'esprit du monde, loin des modes de pensée du monde, loin des modes, loin de toutes les philosophies ambiantes, oui, nous pouvons vraiment réaliser que nous avons un très grand Dieu.

Non seulement nous avons un très grand Dieu, mais ce sont dans ces moments-là que l'on réalise encore pleinement que de vivre sainement, en cherchant à s'appliquer à vivre Dieu au quotidien à travers notre Foi, les Dix Commandements, les Béatitudes, oui, que tout cela est vraiment le seul et unique bon chemin pour la vie de l'homme quoiqu'on dise, quoiqu'on fasse.

Le plus simple : Sauf situation exceptionnelle, absence de prêtre, indisponibilité prolongée, en aucun cas ne vous prenez jamais pour un exorciste sans être prêtre ordonné et y avoir été expressément mandaté par un évêque !

Esprit du Seigneur, Esprit de Dieu † Père, Fils et Saint-Esprit, très Sainte Trinité, Vierge Immaculée, Anges, Archanges et Saints du Paradis, descendez sur moi. Façonne-moi Seigneur, remplis-moi de toi, utilise-moi. Chasse loin de moi toutes les forces du mal. Anéantis et détruis-les pour que je puisse être bien et faire le bien.

Chasse loin de moi les maléfices, les sortilèges, la magie noire, les messes noires, les sorts, les liens, les malédictions, le mauvais œil. Chasse loin de moi les rites sataniques, les cultes sataniques, les consécrations à Satan. Détruis tous liens avec Satan, avec les sorciers et avec toutes les personnes liées à Satan : vivantes ou mortes.

Chasse loin de moi, l'infestation diabolique, l'abus diabolique, la possession diabolique, l'obsession diabolique, les empêchements affectifs ou spirituels,

Toutes formes de maléfices qui entravent le travail, les études, le mariage, la santé et la paix en famille ; Tout ce qui est mal, péché, orgueil, envie, jalousie, haine, vengeance, perfidie ; La maladie physique, psychique, morale, spirituelle, diabolique. Brûle tous ces maux en enfers pour qu'ils ne puissent plus me toucher, ni aucune autre créature au monde.

Par la force de Dieu Tout-Puissant †

Au Nom de Jésus-Christ Sauveur †
Par l'intercession de la Vierge Immaculée et de Saint Benoît †
que s'enfuient de moi tous les esprits immondes,
toutes les présences qui me tourmentent.

Au Nom de Jésus † sortez de moi, laissez-moi immédiatement, laissez-moi définitivement et allez dans l'enfer éternel, enchaînés par Saint Michel Archange † Par Saint Gabriel Archange † Par Saint Raphaël Archange † par nos Anges gardiens † écrasés sous le talon de la Très Sainte Vierge Immaculée. Amen †

† Gloire au Père, au Fils et au Saint-Esprit,
Maintenant et toujours, et dans les siècles des siècles, Amen †

*Quand on subit des attaques spirituelles ponctuelles, avec le soupçon fondé qu'elles proviennent de rites magiques.*

† Par mon Saint Baptême et ma Confirmation, selon la volonté de Marie Immaculée, par l'intercession de Saint Sébastien et de tous les Saints de la Cour céleste, je renvoie toutes les flèches empoisonnées que le diable lance contre nous (ou contre N.) sur ceux qui les ont commandées : non dans un esprit de vengeance, mais pour qu'ils cessent et se convertissent, au Nom du Père † et du Fils et du Saint-Esprit, Amen †

✓  Les prêtres ordonnés dans l'Église catholique pourront dire :

« Par mon pouvoir sacerdotal et ces mains qui touchent chaque jour le Corps de Jésus, etc. »

**247.  Invocation au Précieux Sang**

*Cette prière peut être répétée sur son chapelet. Elle est très efficace pour les personnes tourmentées par des maléfices.*

† Seigneur,

Faites couler votre sang sur notre âme pour la fortifier et la libérer.
Sur les sorciers pour les rendre impuissants, et sur le démon pour le terrasser !
Amen †

## 248.  Prière en cas d'attaque spirituelle tenace

✝ Au Nom de Jésus, le Christ, Notre Seigneur,
✝ Esprit Impur, Va-t'en ! ✝
Voici la Croix du Seigneur !

Fuyez puissances ennemies !
Il a vaincu, le Lion de la Tribu de Juda, le descendant de David !
✝ Au Nom de la Très Sainte Trinité,
Père, Fils et Saint-Esprit, Retire-toi Satan !

Par les mérites du Très Précieux Sang de Jésus, par l'intercession de Marie,
de Saint Joseph et de tous les Saints, de Saint Michel Archange et de Tous
les Anges ! Amen ✝


## 249.  Les Dix Commandements – Le Décalogue

Du Livre de l'Exode au chapitre 20, verset 1 à 17

1.  Tu adoreras Dieu seul et tu l'aimeras plus que tout.
2.  Tu ne prononceras le nom de Dieu qu'avec respect
3.  Tu sanctifieras le jour du Seigneur.
4.  Tu honoreras ton père et ta mère.
5.  Tu ne tueras pas.
6.  Tu ne commettras pas d'adultère.
7.  Tu ne voleras pas.
8.  Tu ne mentiras pas.
9.  Tu ne désireras pas la femme de ton prochain,
    ni ses biens, ni actes impurs.
10. Tu ne désireras pas injustement le bien des autr

✓  Dt 6,6
Que ces paroles, que je te dicte, aujourd'hui restent dans ton cœur.

✓  Is 30,15
Si seulement tu avais été attentif à mes commandements !
Ton bonheur serait comme un fleuve, et ta justice comme les flots de la mer.

Les dix Commandements libèrent de l'esclavage du péché :

idolâtrie, orgueil, égoïsme, haine, sensualité exacerbée, mensonge, convoitise comme Dieu a libéré son peuple de l'esclavage de Pharaon.

Ils précisent les conditions de d'Alliance de Dieu avec l'homme.

Ce sont dix paroles d'amour : accueillons-les comme telles
pour vivre, par la grâce du Christ, dans la vraie liberté des enfants de Dieu.

Par les Dix Commandements, Dieu prépare
l'homme et la femme à son amitié et à la paix avec le prochain ».

Saint Irénée de Lyon

### Vous priez mais rien ne va dans votre vie ?

Pensez à briser tous liens de malédictions pouvant provenir de votre passé personnel, comme de ceux provenant de vos liens familiaux et ancestraux jusqu'à la dixième génération. Faites-le dans le Nom puissant de Jésus-Christ. Ce, ces liens négatifs peuvent, sans que vous ne le sachiez, sans que vous n'en n'ayez même connaissance ou conscience, bloquer votre vie, votre santé, votre existence, vos projets.

Parlez-en avec un prêtre ordonné. Demandez la prière d'une communauté religieuse et faites dire des messes pour couper ces liens. Idéalement sept la première fois, ensuite une fois par an. Vous le ferez pour votre famille et tous vos ancêtres connus ou inconnus. Ceci est encore particulièrement vrai si vous êtes né(e) dans l'adultère. Homme ou femme, je vous invite à relire dans votre Bible, le chapitre 23, verset 16 à 27 du Livre de Ben Sira le Sage, appelé aussi le Siracide. Ces paroles sont dures si nous les plaçons en regard du monde d'aujourd'hui. Toutefois, rappelons-nous en méditant ces phrases que nous avons Jésus-Christ de Miséricorde pour nous convertir véritablement et Lui dire : Merci Jésus !

Pour ne pas avoir le besoin ou la nécessité de recourir à de tels prières de délivrances, c'est très simple, juste une décision personnelle.
Mener une vie saine, simple, normale, naturelle.

Ne cherchez pas les problèmes. Ne consultez ni ne pratiquez aucun art divinatoire. Ne commettez ni directement ni indirectement des actes de sorcelleries. Débarrassez-vous de tout objet, livre(s), pendentifs, etc. ayant trait à l'occultisme, au satanisme, sous toutes ses formes.

Ne cherchez pas les « esprits », cherchez l'Esprit de Dieu, de Jésus-Christ, du Saint-Esprit. Décidez fermement et définitivement de vous retourner vers le Seigneur en abandonnant toutes mauvaises pratiques ne conduisant qu'au malheur, aux pertes diverses, aux maladies, aux divorces, aux guerres, aux divisions, aux destructions sous toutes ses formes tôt ou tard.

N'acceptez, ne tolérez et rejetez toutes compromissions avec le Mal, ses séductions, ses mensonges. Cherchez Dieu, cherchez Jésus-Christ en toutes choses. Cherchez et vivez dans la Lumière et non dans le mensonge ou de vous complaire dans l'erreur.

Priez et faites le Bien. Aimez la vie, aimez votre vie et pardonnez. Ne retenez RIEN contre autrui. Offrez tout cela à Dieu. Ayez confiance en Lui, Il est votre ami. Quoi que vous avez subi, même l'innommable, comprenez définitivement que le pardon est un interrupteur permettant à la Lumière de vous pénétrer et permettre à vos prières de se réaliser.

Pour rappel, le Christ n'a jamais aboli les Dix Commandements. Ils sont une source vive naturelle, inépuisable pour l'être humain désireux de vivre en Paix sous le regard de Dieu. Un chemin gratuit mais indispensable vers le bonheur tellement recherché par l'être humain de tous les temps.

Les Dix Commandements sont l'objet du Volume III de la Série Connexion – Parcours vers une vie chrétienne positive.

## Prière de défense contre ses ennemis

Je me lève aujourd'hui par une force puissante, l'invocation de la Trinité, la croyance à la Trinité, la confession de l'Unité du Créateur du monde.

Je me lève aujourd'hui par
la force de la naissance du Christ et de Son Baptême,
la force de Sa Crucifixion et de Sa mise au tombeau,
la force de Sa Résurrection et de Son Ascension,
la force de Sa Venue au jour du Jugement.

Je me lève aujourd'hui, par la force des ordres des Chérubins,
dans l'obéissance des Anges, dans le service des Archanges,
dans l'espoir de la Résurrection, dans les prières des Patriarches,
dans les prédications des Prophètes, dans les prédications des Apôtres,
dans les fidélités des Confesseurs, dans l'innocence des Vierges Saintes, dans
les actions des Hommes Justes.

Je me lève aujourd'hui par la force du Ciel, lumière du Ciel,
lumière du Soleil, éclat de la Lune, splendeur du Feu, vitesse de l'éclair,
rapidité du vent, profondeur de la mer, stabilité de la terre,
solidité de la pierre.

Je me lève aujourd'hui, par la force de Dieu pour me guider, puissance de Dieu pour me soutenir, intelligence de Dieu pour me conduire, œil de Dieu pour regarder devant moi, oreille de Dieu pour m'entendre, parole de Dieu pour parler pour moi, main de Dieu pour me garder, chemin de Dieu pour me précéder, bouclier de Dieu pour me protéger, armée de Dieu pour me sauver, des filets des démons, des séductions des vices, des inclinations de la nature, de tous les hommes qui me désirent du mal, de loin et de près, dans la solitude et dans une multitude.

J'appelle aujourd'hui toutes ces forces entre moi et le mal, contre toute force cruelle impitoyable qui attaque mon corps et mon âme, contre les incantations des faux prophètes, contre les lois noires du paganisme, contre les lois fausses des hérétiques, contre la puissance de l'idolâtrie, contre les charmes des sorciers, contre toute science qui souille le corps et l'âme de l'homme.

Que le Christ me protège aujourd'hui contre le poison, contre le feu, contre la noyade, contre la blessure, pour qu'il me vienne une foule de récompenses,

Le Christ avec moi,
Le Christ devant moi,
Le Christ derrière moi,
Le Christ en moi,
Le Christ au-dessus de moi,
Le Christ au-dessous de moi,
Le Christ à ma droite,
Le Christ à ma gauche,
Le Christ en largeur,
Le Christ en longueur,
Le Christ en hauteur,

Le Christ dans le cœur de tout homme qui pense à moi,
Le Christ dans tout œil qui me voit,
Le Christ dans toute oreille qui m'écoute.

Je me lève aujourd'hui par une force puissante, l'invocation à la Trinité,
la croyance à la Trinité, la confession de l'unité du Créateur du monde.
Au Seigneur est le salut, au Christ est le salut.
Que Ton salut Seigneur soit toujours avec nous. Amen

**Tropaire :** Comme docteur et pasteur suprême, Saint Patrick, tu as montré le chemin qui mène vers la vie ; et, comme chef d'Église, tu as illuminé ta patrie ; l'ayant fait renaître par l'Esprit Saint, tel un olivier au paradis spirituel, en Sainteté tu as fait croître tes enfants ; c'est pourquoi, te vénérant comme le compagnon des Apôtres et des Pontifes saints, nous te prions d'intercéder auprès du Christ Dieu pour qu'Il accorde à nos âmes la grâce du salut.

*Force de salut, vraie force miraculeuse, ainsi fut décrit le signe de la croix à Saint Maur, le disciple de Saint Benoît. Les bénédictins s'appuyant sur la foi de Saint Benoît dans ce signe de bénédiction, utilisaient la croix de Saint Benoît depuis le moyen-âge.*

**C S P B** :
Crux Sancti Patris Benedicti »
Croix du Saint-Père Benoît.

*Sur l''arbre de la Croix du Saint Père Benoît, de gauche à droite* :

**N D S M D** :
Non Draco Sit Mihi Dux »
Le dragon ne doit pas être mon guide.

*De haut en bas* :

**C S S M L** :
Crux Sacra Sit Mihi Lux »
La Croix doit être ma lumière.

**V R S N S M V** :
Vade Retro Satana, Numquam Suade mihi Vana »
Arrière Satan, ne me tente jamais par la vanité.

**S M Q L I V B** :
Sunt Mala Quae Libas, Ipse Venenum Bibas
Ce que tu offres, ce n'est que du mal, ravale ton poison.

Cette prière, composée pour mettre le démon en fuite, peut préserver de grands maux la famille et la société si, en particulier, elle est récitée avec ferveur, même par les simples fidèles chrétiens. On s'en servira spécialement dans les cas où l'on peut supposer une action du démon, se manifestant : soit par la méchanceté des hommes, soit par les tentations, des maladies, des dépressions anormalement profondes, des comportements inhabituels et malsain, des tempêtes, des calamités de toutes sortes »[109]

Le R.P Amorth, exorciste romain, précise que lorsqu'un fidèle la prononce à ses propres intentions, il ne s'agit pas du Sacrement de l'Exorcisme, mais d'une prière de délivrance qu'il peut réciter tranquillement. Chasser le démon est possible à celui qui croit en la puissance du Nom de Notre Seigneur Jésus-Christ, mais la prudence est de rigueur. C'est pourquoi on se gardera de dire cette prière si on n'est pas en état de grâce. On conseille de la prier avec application du cœur après avoir assisté à la sainte Messe et communié dans les dispositions requises.

Aspergez la pièce d'eau bénite l'endroit et les personnes présentes. C'est impératif ! Déposez quelques grains de sel exorcisé dans chaque coin de la pièce. Allumez des braises dans un encensoir et versez de l'encens qui aura été béni par un prêtre. Il est conseillé de tenir en main la croix de « Saint Benoît » qui constitue une protection. Si plusieurs personnes sont présentes dans la pièce pendant la séquence d'exorcisme, elles ne peuvent assister en simple spectateur. Les témoins doivent prier de tout leur cœur **sans interruption aucune ni distraction** pour la personne bénéficiant de la prière d'exorcisme, ainsi que pour le prêtre exorciste. Réciter le Rosaire en silence est une aide supplémentaire. À la fin de la séquence d'exorcisme, aspergez d'eau bénite la pièce où vous vous trouvez ainsi que les personnes présentes.

---

[109] Cardinal Dubois, Archevêque de Paris, 1922

✝ Au Nom du Père, du Fils et du Saint-Esprit ✝

## Psaume 67

Que Dieu se lève et que ses ennemis soient dispersés : et que fuient devant sa face ceux qui le haïssent.

Comme la fumée s'évanouit, qu'ils disparaissent ;
Comme la cire fond devant le feu, qu'ainsi périssent les pécheurs devant la face de Dieu.

## Psaume 34

Jugez, Seigneur, ceux qui me nuisent ; Combattez ceux qui me combattent.
Qu'ils aient honte et soient confus, ceux qui en veulent à ma vie.
Qu'ils reculent et soient confondus ceux qui méditent mon malheur.
Qu'ils soient comme la poussière face au vent ; et que l'Ange du Seigneur les pourchasse.

Que leur chemin soit ténèbres et glissade ; Et que l'Ange du Seigneur les poursuive. Car sans raison ils ont caché contre moi leurs filets de mort ; ils ont fait à mon âme des reproches inconsistants.

Que la perte les surprenne, que le filet qu'ils ont caché les prenne, et qu'ils tombent dans leur propre piège.

Et mon âme exultera dans le Seigneur, jubilera en son salut.

✝ Gloire au Père, au Fils et au Saint-Esprit<br>
comme il était au commencement,<br>
maintenant et toujours et dans tous les siècles des siècles. Amen.

### Séquence Exorcisme

Très glorieux Prince de l'armée céleste, Saint Michel Archange, défendez-nous dans le combat et la lutte qui est la nôtre contre les principautés et les puissances, contre les souverains de ce monde de ténèbres, contre les esprits de malice répandus dans les airs (Ep 6,10-12)

Venez en aide aux hommes, que Dieu a créés incorruptibles, et faits à son image et ressemblance et rachetés à si haut prix de la tyrannie du diable. (Sg. 2, 23 ; 1 Co 6, 20).

Combattez aujourd'hui, avec l'armée des Anges bienheureux, les combats du Seigneur, comme vous avez combattu jadis contre le chef de l'orgueil Lucifer et ses anges rebelles ; et ils n'eurent pas le dessus, et on ne trouva plus leur place dans le Ciel. Mais il fut jeté, ce grand dragon, l'antique serpent, celui qu'on appelle le diable et Satan, celui qui égare le monde entier : et il fut jeté sur la terre, et ses anges furent jetés avec lui. (Ap. 12, 8 – 9)

Voilà que cet antique ennemi et homicide (Jn 8, 44) s'est dressé avec véhémence. Déguisé en ange de lumière (2 Co 11, 14), avec toute la horde des mauvais esprits, il parcourt et envahit la terre profondément, afin d'y effacer le Nom de Dieu et de son Christ, et de voler, tuer, et perdre de la mort éternelle les âmes destinées à la couronne de la gloire éternelle.

Le poison de sa malice comme un fleuve répugnant, le dragon malfaisant le fait couler dans des hommes à l'esprit dépravé et au cœur corrompu ; esprit de mensonge, d'impiété et de blasphème ; et souffle mortel de la luxure et de tous les vices et iniquités.

L'Église, épouse de l'Agneau immaculé, des ennemis très rusés l'ont saturée d'amertume et abreuvée d'absinthe ; ils ont porté leurs mains impies sur tout ce qu'elle a de plus précieux. Là où a été établi le Siège du Bienheureux Pierre et la Chaire de Vérité pour la lumière des nations, là ils ont posé le trône de l'abomination de leur impiété ; de sorte qu'en frappant le pasteur, ils puissent aussi disperser le troupeau.

Soyez donc là, Chef invisible, auprès du peuple de Dieu, contre les assauts des forces spirituelles du Mal, et donnez-lui la victoire !

C'est vous que la sainte Église vénère comme son gardien et son patron.
Vous qu'elle se fait gloire d'avoir comme défenseur contre les puissances criminelles de la terre et de l'enfer.

C'est à vous que le Seigneur a confié les âmes des rachetés pour les introduire dans la céleste félicité. Conjurez le Dieu de paix d'écraser Satan sous nos pieds, afin qu'il ne puisse plus retenir les hommes dans ses chaînes ni nuire à l'Église.

Présentez au Très-Haut nos prières afin que, bien vite, nous parviennent les Miséricordes du Seigneur (PS 78, 8) et que vous saisissiez le dragon, l'antique serpent, qui est le diable et Satan, et que vous le jetiez dans l'abîme, en sorte qu'il ne puisse plus jamais séduire les nations (Ap 20).

C'est pourquoi, comptant sur votre main forte et votre protection[110], nous entreprenons avec confiance et sûreté, au Nom de Jésus-Christ, Notre Dieu et Seigneur, de repousser les attaques et les ruses du démon.

    **V** : Voici la Croix du Seigneur ✝ Fuyez puissances ennemies !
    **Ŗ** : Il a vaincu le lion de la tribu de Juda, le descendant de David !
    **V** : Que votre Miséricorde, Seigneur, s'exerce sur nous.
    **Ŗ** : Dans la mesure de notre espérance en vous.
    **V** : Seigneur, exaucez ma prière.
    **Ŗ** : Et que mon cri parvienne jusqu'à vous.

**Prions :**

Dieu et Père de Notre Seigneur Jésus-Christ, nous invoquons votre Saint Nom et nous lançons un appel suppliant à votre bonté : Afin que par l'intercession de Marie Immaculée, Mère de Dieu et toujours Vierge, de Saint Michel Archange, de Saint Joseph, Époux de la même Vierge sainte, des Saints Apôtres Pierre et Paul et de tous les saints, vous daigniez nous accorder votre secours contre Satan et tous les autres esprits impurs qui rôdent dans le monde pour nuire au genre humain et perdre les âmes.

Par le même Christ Notre Seigneur. Amen.

---

[110] si prêtre, il ajoute : et appuyez sur l'autorité de notre ministère

## † Nous t'exorcisons, esprit immonde, qui que tu sois ! †

Puissance satanique, invasion de l'ennemi infernal, légion, réunion ou secte diabolique, au Nom et par la Puissance de Notre Seigneur Jésus-Christ, soit arraché et chassé de l'Église de Dieu, des âmes créées a l'image de Dieu et rachetées, par le Précieux Sang du Divin Agneau.

Désormais, tu n'oseras plus, perfide serpent, tromper le genre humain, persécuter l'Église de Dieu, ni secouer et cribler comme le froment (Lc 22 – 31) les élus de Dieu †

Ils te condamnent, le Dieu Très-Haut † auquel dans ton grand orgueil, tu prétends encore être semblable ; Lui qui veut que tous les hommes soient sauvés, et arrivent à la connaissance de la Vérité (1 Tm 2,4).

Il te condamne Dieu le Père †   Il te condamne Dieu le Fils †
Il te condamne Dieu le Saint-Esprit †

Elle te condamne la Majesté du Christ, Verbe Éternel de Dieu fait chair † Lui qui pour le salut de notre race, perdue par ta jalousie, s'est humilié et rendu obéissant jusqu'à la mort (Ph 2, 8).

Lui qui a bâti son Église sur la pierre solide, et a promis que les portes de l'Enfer ne prévaudront jamais contre elle, voulant demeurer avec elle, tous les jours, jusqu'à la consommation des siècles (Mt. 28, 20).

Ils te condamnent le signe sacré de la Croix † et tous les mystères de la Foi chrétienne †

Elle te condamne la puissante Mère de Dieu, la Vierge Marie † qui dès le premier instant de son Immaculée Conception, par son humilité a écrasé la tête folle d'orgueil.

Elle te condamne la Foi des Saints Apôtres Pierre et Paul et des autres Apôtres †

Ils te condamnent le sang des Martyrs † et l'affectueuse intercession de tous les saints et saintes †

Or donc, dragon maudit et toute la légion diabolique, nous t'adjurons par le Dieu vivant †

Par le Dieu vrai † Par le Dieu Saint † Par le Dieu qui a tant aimé le monde †
Qui Lui a donné son Fils unique † afin que quiconque croit en Lui, ne
périsse pas, mais ait la vie éternelle (Jn 3, 16)

Cesse de tromper les créatures humaines et de leur verser le poison de la
damnation éternelle ; Cesse de nuire à l'Église, et de mettre des entraves à sa
liberté.

### Va-t'en Satan !

Inventeur et maître de toutes tromperies, ennemi du Salut des hommes.
Cède la place au Christ, en qui tu n'as rien trouvé de tes œuvres ;
Cède la place à l'Église, une, sainte, catholique, et apostolique, que le Christ
Lui-même a acquise au prix de son Sang.

Humilie-toi sous la puissante main de Dieu, tremble et fuis à l'invocation faite
par nous, du Saint et Terrible Nom de Jésus que les enfers redoutent, à qui les
vertus des Cieux, les Puissances et les Dominations sont soumises, que les
Chérubins et les Séraphins louent sans cesse dans leurs concerts en disant :

### Saint, Saint, Saint est le Seigneur,
### Le Dieu des Armées.

**V** : Seigneur, exaucez ma prière.
**℟** : Et que mon cri s'élève jusqu'à vous.

### Prions :

Dieu du ciel, Dieu de la terre, Dieu des Anges, Dieu des Archanges, Dieu des
Patriarches, Dieu des Prophètes, Dieu des Apôtres, Dieu des Martyrs, Dieu des
Confesseurs, Dieu des Vierges, Dieu qui avez la Puissance de donner la vie
après la mort, le repos après le travail, parce qu'il n'y a pas d'autre Dieu que
Vous et qu'il ne peut y en avoir si ce n'est Vous le Créateur de toutes les choses
visibles et invisibles, dont le règne n'aura pas de fin, avec humilité nous
supplions votre glorieuse Majesté de daigner nous délivrer puissamment et nous
garder sains et saufs de tout pouvoir, piège, mensonge et méchanceté des esprits
infernaux. Par le Christ Notre Seigneur. Amen

**Prière finale** : Des embûches du démon, délivrez-nous Seigneur ! ... Que Vous
accordiez à votre Église la sécurité et la liberté pour vous servir, nous vous en
supplions, exaucez-nous ! Que vous daigniez humilier les ennemis de la Sainte
Église, nous vous en supplions, exaucez-nous ! Amen †

### Fin de la séquence d'Exorcisme

## « Ô Seigneur Jésus-Christ, repoussez et anéantissez toute emprise de Satan sur votre serviteur »

✝ Au Nom du Père et du Fils et du Saint-Esprit. Amen

Ô Dieu, Médecin des âmes et des corps qui avez envoyé votre Fils Bien-aimé, Notre Seigneur Jésus-Christ, guérir tout malade de toute maladie, et sauver le genre humain de la mort du péché ; vous qui avez précipité du haut du ciel le démon rebelle et tous ses mauvais anges jusqu'au plus profond de l'enfer ; Vous, Seigneur, guérissez cette créature qui Vous appartient de tout mal du corps et de l'âme et de toute emprise du démon.

Par la Grâce de Jésus, votre Fils Bien-Aimé, et par sa Sainte Croix, préservez-là de toute maladie. Repoussez les mauvais esprits, afin qu'ils n'aient plus part, ni aucun pouvoir sur elle. Écrasez le démon sous Vos pieds et par l'intercession de la Sainte Vierge Mère de Dieu, l'invocation de notre père Saint Antoine et tous vos saints. Libérez-la de tout pouvoir des ennemis visibles et invisibles, afin qu'elle puisse agir selon le bien et Vous rendre grâce pour Votre miséricorde envers elle : par la Puissance de Notre Seigneur Jésus-Christ, votre Fils unique, à qui revient toute gloire ✝ ainsi qu'à votre Esprit Saint, dans les siècles des siècles. Amen.

Ô Seigneur Jésus-Christ, Fils du Dieu vivant, qui pour nous les hommes et Pour notre salut Vous êtes incarné de la Vierge Marie, Vous qui par votre Passion et votre Mort vivifiante avez broyé les portes de l'enfer, lié le vainqueur et nous avez fortifiés en lui reprenant ce qu'il avait volé, repoussez ✝ Ô Notre Dieu et Sauveur, et anéantissez ✝ toute emprise de Satan sur votre serviteur (servante)... N.... marqué(e) du signe ✝ de votre Croix.

Oui, Seigneur, Vous qui avez expulsé les légions de démons et commandé aux esprits impurs de sortir des possédés et de s'éloigner d'eux, Vous qui avez dit à vos Apôtres : «Je vous ai donné le pouvoir de piétiner les serpents et les scorpions et toutes-puissances adverses », protégez-moi, Ô mon Seigneur des scorpions et de toutes-puissances adverses ».

Protégez, Ô mon Seigneur, votre serviteur (servante)... N.... de tout mal, de la peur nocturne, de la flèche qui vole pendant le jour, du marcheur dans la nuit et du démon de midi ; afin qu'avec votre aide divine, les prières de votre Mère, la Toute Sainte Vierge Marie, celle de notre Bienheureux père Saint Antoine et des cohortes de la milice angélique, il (elle) puisse chanter votre gloire dans la fois, l'espérance et la charité, en disant : « Le Seigneur est mon secours, c'est pourquoi je ne crains pas ce que peut me faire l'homme, parce que Vous êtes, Seigneur, mon aide, ma force et mon soutien, c'est pourquoi je n'ai pas peur des méchants ». Car c'est à Vous qu'appartient toute Gloire, ainsi qu'à votre Père † et à votre Saint-Esprit maintenant et toujours et pour les siècles des siècles. Amen.

Ô Saint-Esprit Consolateur, qui procédez du Père et du Fils, Vous devant qui l'on s'incline et qui êtes glorifié avec le Père et le Fils, Vous qui êtes apparu au-dessus de la tête de Notre Seigneur Jésus-Christ sous l'apparence d'une colombe et au-dessus des Saints Apôtres sous l'apparence de langues de feu, répandez, Ô Seigneur, votre force sur votre serviteur (servante)... N.... et chassez de lui (d'elle) tous les esprits impurs. Dissipez leurs actions nuisibles, et que se retirent du corps et de l'âme de votre créature le diable maudit, le démon impur et toute espèce de mauvais esprits.

Oui, Seigneur, nous Vous prions et supplions de les empêcher de se rendre maîtres d'aucun de ses organes ni de son corps ni de son âme et ne l'attaquer en nul endroit. Par la Puissance de la divine Crois † qui est avec elle et la garde pour qu'elle soit toujours et partout sauve, par l'intercession de Marie Mère de Dieu, de notre Bienheureux père Saint Antoine et de tous les Saints qui Vous glorifient, Ô Saint-Esprit, avec le Père †  et le Fils à jamais dans les siècles des siècles. Amen

Que la Puissance du Seigneur qui règne sur l'univers, le Père †, le Fils † et le Saint-Esprit † soit avec lui (elle), qu'elle le (la) protège et le (la) sauve de toute souillure de l'âme et du corps, par l'intercession de Sainte-Marie, Mère de Dieu, de Saint Antoine et de tous les Saints. Amen.

**V/** Que le Seigneur se lève et se dispersent Ses ennemis !
**R̶/** Et que fuient devant sa Face ceux qui Le haïssent !

**V/** Qu'ils se dispersent comme la fumée
et comme fond la cire devant le feu !
**R̶/** Que se dispersent les imposteurs devant la Face du Seigneur !
Gloire au Père †, au Fils et au Saint-Esprit. Amen.

Les Psaumes repris dans cette partie sont tirés de la Bible traduite de l'hébreu et du grec dans son édition révisée de 1997 de l'Alliance Biblique Universelle. Ceux choisis pour être repris dans ce livre sont publiés pour vous habituer et faciliter la progression dans la prière. Mais aussi, bien-entendu, pour vous retourner sérieusement vers Dieu, particulièrement si vous débutez.

En vous basant sur la classification reprise au point N° 208, vous les retrouverez aisément dans votre Bible, votre psautier ou encore votre « Liturgie des Heures ». Je vous encourage évidemment à les utiliser abondamment pour votre prière personnelle, à les pratiquer, les étudier et les méditer souvent.

La lecture des Psaumes et leur méditation sont intéressantes à plus d'un titre. En effet, souvenons-nous que Jésus a étudié, chanté et prié avec les Psaumes. Il les a souvent mentionnés dans ses enseignements[111] et pour exprimer sa propre prière. Dès leur origine, les Psaumes constituent des poèmes destinés à être chantés et accompagnés par des instruments de musique. Il est fréquent encore de nos jours, que les moines et les moniales chantent les Psaumes. Le rythme est reconnaissable entre tous. Ils sont encore et toujours une source valable, sérieuse et profonde pour la personne qui cherche les mots de Dieu pour s'adresser au Seigneur. Ils expriment la joie, la tristesse, la demande de pardon à Dieu, les cris dans la détresse ou l'allégresse de l'homme d'hier comme celui d'aujourd'hui.

Les Psaumes ayant accompagné Jésus, ceux-ci constituent donc le cœur, la base de la prière de toutes les Églises chrétiennes d'Orient et d'Occident. Ils sont d'une grande richesse textuelle même si parfois ils semblent pour les débutants, rebutants ou obsolètes au vu de mots, des imprécations et expressions appartenant à un autre temps. Or, il n'en est rien.

Si les textes peuvent nous surprendre, nous décourager, nous ennuyer au début, nous constaterons rapidement que le langage utilisé est direct, efficace, immédiat, sans fioriture inutile. Il manifeste toujours concrètement ce que l'homme ressent à travers son corps, son esprit et son environnement. Epurés du superflu, ces mots expriment donc parfaitement les divers sentiments qui constituent l'existence même de l'être humain. En somme, les psaumes requièrent seulement de nous laisser saisir par l'étrangeté de leurs mots appartenant à une autre époque, mais traduisant sans ambages, la relation des hommes entre eux, avec leur Dieu, avec eux-mêmes. Enfin, si ce langage typique peut vous rebuter, après avoir étudié ceux-ci, rien ni personne ne vous

---

[111] Ex. Marc 12,10 ; 12,36

empêche d'actualiser ces textes en les transposant à vous, à votre vécu, à votre contexte personnel de ce que vous vivez aujourd'hui et par là, créer in fine vos propres psaumes et cantiques.

Au risque d'en choquer plus d'un(e) toujours trop coincés, je ne pense pas que de dire et utiliser vos propres mots dans le langage d'aujourd'hui, avec un cœur sincère, ouvert et respectueux, à Dieu, à Jésus ou à la Sainte Vierge Marie, en leur disant qu'Il ou qu'Elle est « trop top » ou « topissime », vous fera envoyer en enfer ni même au purgatoire. Dieu et le Christ ayant en horreur les tièdes, les menteurs et les hypocrites, parlez à Dieu dans votre langue.

## 258.  La classification des Psaumes

« *Que la parole du Christ habite parmi vous dans toute sa richesse : instruisez-vous et avertissez-vous les uns les autres avec pleine sagesse ; chantez à Dieu, dans vos cœurs, votre reconnaissance, par des psaumes, des hymnes et des chants inspirés par l'Esprit.* » (Col 3,16)

Ainsi qu'expliqué précédemment, les Psaumes expriment le ressenti de l'homme face aux situations et circonstances qu'il traverse tout au long de sa vie sur terre.

Comment dès lors se retrouver parmi les 150 psaumes de la Bible ?
Quel psaume choisir pour exprimer notre prière du moment ?

La présente classification des Psaumes selon leur genre littéraire permettra de choisir le psaume approprié pour la prière personnelle ou communautaire. La numérotation est celle utilisée dans la Bible de Jérusalem, la TOB et la Bible en français courant.

## Hymnes

✓ Psaumes de louange :

8 ; 19 ; 29 ; 33 ; 100 ; 103 ; 104 ; 111 ; 135 ; 136 ; 145 à 150.

✓ Psaumes de la royauté de Yahweh

47 ; 93 ; 96 à 99

## Psaumes de supplication

✓ Pour la prière individuelle :

5 ; 6 ; 7 ; 13 ; 17 ; 22 ; 25 ; 26 ; 27 ; 28 ; 31 ; 35 ; 36 ; 38 ; 39 ; 42 ; 43 ; 51 ; 54 ; 55 ; 56 ; 57 ; 59 ; 61 ; 63 ; 64 ; 69 ; 70 ; 71 ; 86 ; 88 ; 102 ; 109 ; 120 ; 130 ; 140 ; 141 ; 142 ; 143.

✓ Pour la prière collective :

12 ; 44 ; 58 ; 60 ; 74 ; 77 ; 79 ; 80 ; 82 ; 83 ; 85 ; 90 ; 94 ; 106 ; 108 ; 123 ; 126 ; 137.

## Psaumes de confiance

✓ Prière individuelle : 3 ; 4 ; 11 ; 16 ; 23 ; 27 ; 62 ; 121 ; 131.

✓ Prière collective : 115 ; 125 ; 129.

## Psaumes d'action de grâce

✓ Prière individuelle :

9 ; 10 ; 30 ; 32 ; 34 ; 40 ; 2 ; 12 ; 41 ; 92 ; 107 ; 116 ; 138.

✓ Prière collective :

65 ; 66 ; 67 ; 68 ; 118 ; 124.

**Psaumes didactiques**

✓   Psaumes de sagesse :

1 ; 37 ; 49 ; 73 ; 91 ; 112 ; 119 ; 127 ; 128 ; 133 ; 139.

✓   Psaumes historiques

**78 ; 105.**

✓   Psaumes prophétiques

14 ; 50 ; 52 ; 53 ; 75 ; 81 ; 95.

✓   Psaumes liturgiques

15 ; 24 ; 134.

✓   Psaumes en l'honneur du roi

2 ; 18 ; 20 ; 21 ; 45 ; 72 ; 89 ; 101 ; 110 ; 132 ; 144.[112]

Ne crains pas. Je Suis veille sur toi.

---

[112] Source : R.P Yves Guillemette

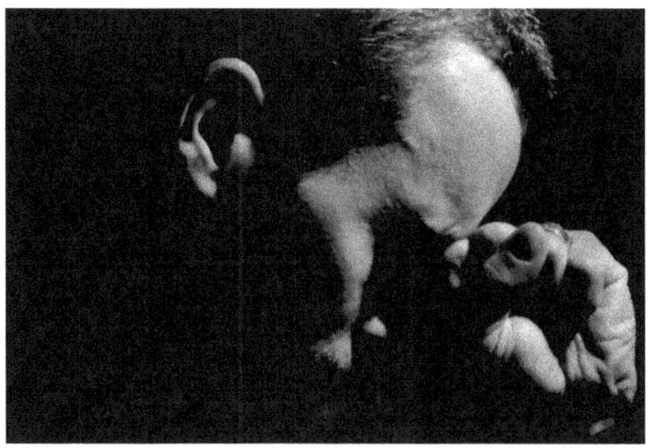

## 260.   Psaume 6.

*David, atteint d'une maladie, demande pardon à Dieu qui l'a frappé,*
*et le prie de guérir les plaies de son âme.*

Seigneur, tu es irrité contre moi, mais ne me condamne pas ;
Tu es indigné contre moi, mais renonce à me punir.
Seigneur, aie pitié de moi, je suis sans force.
Seigneur, guéris-moi, je suis profondément troublé.
Je suis en plein désarroi.

Et toi, Seigneur, jusqu'à quand m'en voudras-tu ? Reviens me délivrer Seigneur,
toi qui es si bon, sauve-moi. Car dans la mort on ne peut plus penser à toi, chez
les défunts on ne peut plus te louer.

Je m'épuise à force de soupirer, chaque nuit je trempe mon lot de larmes,
j'inonde ma couche de pleurs. Mes yeux se voilent, tant j'ai de chagrin ;
Je n'y vois plus tant j'ai d'adversaires.

Allez-vous-en, vous tous qui faites le mal, car le Seigneur a entendu mes pleurs ;
oui, il a entendu ma supplication, il a accueilli ma prière.

Honte à tous mes ennemis ; qu'ils soient plongés dans le plus grand désarroi,
qu'ils repartent, soudain couverts de honte !

*Poème chanté appartenant au recueil de David*

Heureux celui que Dieu décharge de sa faute, et qui est pardonné du mal qu'il a commis !

Heureux l'homme que le Seigneur ne traite pas en coupable, et qui est exempt de toute mauvaise foi !

Tant que je ne reconnaissais pas ma faute, mes dernières forces s'épuisaient en plaintes quotidiennes.

Car de jour et de nuit, Seigneur, tes coups pleuvaient sur moi, et j'étais épuisé, comme une plante au plus chaud de l'été.

Mais je t'ai avoué ma faute, je ne t'ai pas caché mes torts.
Je me suis dit : «Je suis rebelle au Seigneur, je dois le reconnaître devant lui. »
Et toi, tu m'as déchargé de ma faute.

Voilà pourquoi tous les fidèles devraient t'adresser leur prière quand ils découvrent leur faute.

Si le danger menace de les submerger, ils resteront hors d'atteinte.
Tu es un abri pour moi, tu me préserves de la détresse.
Je crierai ma joie pour la protection dont tu m'entoures.

Je vais t'enseigner et t'indiquer le chemin à suivre, dit le Seigneur.
Je vais te donner un conseil, je garde les yeux fixés sur toi :
Ne sois pas aussi stupide que le cheval ou le mulet, dont il faut maîtriser les élans avec un mors et une bride ; alors il ne t'arrivera rien.

Le méchant se prépare beaucoup d'ennuis, mais le Seigneur entoure de bonté celui qui lui fait confiance.

Que le Seigneur soit votre joie, vous les fidèles ;
Émerveillez-vous, criez votre joie, vous les hommes au cœur droit.

*Psaume pour se rappeler au souvenir de Dieu*

Seigneur, tu es fâché contre moi, mais ne me condamne pas ;
Tu es indigné contre moi, mais renonce à me punir.
Je suis la cible de tes flèches, ton poing m'a jeté à terre.

Plus rien d'intact en mon corps : c'est l'effet de ta sévérité.
Plus rien n'est en bon état dans mes os : c'est le résultat de ma faute.
Mes torts s'entassent plus haut que ma tête,
ils pèsent sur moi comme un fardeau trop lourd.

Mes plaies sentent mauvais et s'infectent :
C'est la conséquence de ma stupidité.
Je suis abattu, accablé à l'extrême
Je passe mes journées dans le deuil.
Je sens une brûlure dans les reins, plus rien n'est intact en mon corps.
Je suis sans force complètement fourbu, mon cœur m'arrache des
gémissements.

Seigneur, tu vois bien ce que je désire, et tu n'ignores rien de mes soupirs. J'ai
le cœur battant et mes forces m'abandonnent, mes yeux n'ont plus la moindre
étincelle de vie.

Mes amis, mes compagnons habituels, se tiennent à l'écart de mes tourments ;
mes proches restent maintenant à distance. Ceux qui souhaitent ma mort me
tendent des pièges ; Ceux qui désirent mon malheur parlent pour me nuire et
passent leur temps à me calomnier.

Mais moi, je fais le sourd, je n'écoute pas ; comme si j'étais muet, je ne souffle
mot. Je suis comme un homme qui n'entend pas, je ne réplique rien.

Vers toi, Seigneur, je me tourne avec espoir, j'attends ta réponse, Seigneur mon
Dieu. Je te l'ai demandé, en effet : empêche-les de s'amuser à mes dépens et de
prendre un air supérieur devant moi quand je fais un faux pas. Je suis bien près
de m'évanouir et ma douleur est toujours là.

Oui, j'avoue mes torts et je reste angoissé par ma faute. Mes ennemis sont bien
vivants et puissants ; Ils sont nombreux à m'en vouloir sans raison.
Ils me rendent le mal pour le bien, ils me reprochent de courir après le bien.
Seigneur, ne m'abandonne pas ; mon Dieu, ne reste pas loin de moi.
Viens vite à mon secours, Seigneur, mon Sauveur.

Ô Dieu, toi qui es si bon, aie pitié de moi ; toi dont le cœur est si grand, efface mes désobéissances. Lave-moi complètement de mes torts, et purifie-moi de ma faute.

Je t'ai désobéi, je le reconnais ; ma faute est toujours là, je la revois sans cesse. C'est contre toi seul que j'ai mal agi, puisque j'ai fait ce que tu désapprouves. Ainsi tu as raison quand tu prononces ta sentence, tu es irréprochable quand tu rends ton jugement.

Oui, je suis marqué par le péché depuis que je suis né, plongé dans le mal depuis que ma mère m'a porté en elle. Mais ce que tu aimes trouver dans un cœur humain, c'est le respect de la vérité. Au plus profond de ma conscience, fais-moi connaître la sagesse.

Fais disparaître ma faute, et je serai pur ; Lave-moi, et je serai plus blanc que neige. Annonce-moi ton pardon, il m'inondera de joie. Que je sois en fête, moi que tu as brisé ! Détourne ton regard de mes fautes, efface tous mes torts.

O Dieu, crée en moi un cœur pur ; renouvelle et affermis mon esprit. Ne me rejette pas loin de toi, ne me prive de ton Saint-Esprit. Rends-moi la joie d'être sauvé, soutiens-moi par un esprit d'engagement.

À tous ceux qui te désobéissent, je veux dire ce que tu attends d'eux ; alors ceux qui ont rompu avec toi reviendront à toi.

Dieu, mon libérateur, délivre-moi de la mort pour que je crie avec joie comment tu m'as sauvé. Seigneur, ouvre mes lèvres, pour que je puisse te louer.

Tu ne désires pas que je t'offre un sacrifice. Même un sacrifice entièrement consumé ne pourrait te plaire. O Dieu, le sacrifice que je t'offre, c'est moi-même, avec mon orgueil brisé. O Dieu, ne refuse pas mon cœur complètement brisé.

Sois bien disposé pour Sion, fais-lui du bien ; rebâtis les murailles de Jérusalem. Alors tu aimeras qu'on t'offre des sacrifices corrects, des sacrifices entièrement consumés ; alors aussi on pourra présenter des taureaux sur ton autel.

*Prière du malheureux à bout de force, qui expose sa plainte au Seigneur*

Seigneur, écoute ma prière, accueille mon appel avec bienveillance. Ne te détourne pas de moi quand je suis dans la détresse. Tends vers moi une oreille attentive ; le jour où je t'appelle au secours, réponds-moi sans tarder. Car ma vie s'évanouit comme une fumée, mes dernières forces se sont consumées. Comme l'herbe coupée, mes facultés ont perdu toute fraîcheur ; j'en oublie même de manger. On n'entend que mes soupirs, je n'ai plus que la peau sur les os, je fais penser au hibou du désert, je suis comme la chouette des ruines. Je reste en éveil comme un oiseau sur le toit.

Tous les jours, mes ennemis me provoquent ; ils me raillent, ils me nomment dans leurs serments. J'ai la bouche dans la poussière, tout ce que je bois est mêlé de mes larmes. Ainsi, dans ta fureur et ton indignation, tu m'as soulevé et jeté au loin. Ma vie s'étire, comme l'ombre du soir, je suis comme l'herbe qui se dessèche.

Mais toi, Seigneur, tu es roi pour toujours, de siècle en siècle, tu restes Dieu. Tu interviendras, tu auras pitié de Sion. Il est temps que tu lui accordes ton appui, oui, il en est grand temps. Nous, tes serviteurs, nous aimons ses pierres, nous sommes attachés même à ses décombres.

Que toutes les nations étrangères reconnaissent l'autorité du Seigneur, et tous les rois de la terre sa gloire ! Quand le Seigneur rebâtira Sion, quand il apparaîtra dans sa gloire, loin de mépriser les exploités qui le prient, il accueillera leur demande. Qu'on note cela pour les générations à venir, afin que son peuple recréé acclame le Seigneur. Du haut du ciel, le Seigneur se penche pour regarder. De son sanctuaire, il tourne son regard vers la terre pour écouter la plainte du prisonnier et détacher les liens des condamnés à mort. Alors on proclamera dans Sion la renommée du Seigneur ; on chantera ses louanges à Jérusalem, quand tous les peuples s'y rassembleront, quand les royaumes y adoreront le Seigneur.

Quand je n'étais qu'à mi-chemin, il a épuisé mes forces, il a agrégé ma vie. C'est pourquoi je m'écrie : « Mon Dieu, toi qui subsistes à travers l'Histoire, ne m'enlève pas en pleine vie. » Il y a longtemps, tu as fondé la terre, le ciel est ton ouvrage. Tout cela disparaîtra, mais toi, tu restes. Terre et ciel tomberont en lambeaux comme de vieux habits, et tu les remplaceras comme un vêtement. Ils céderont la place, mais toi, tu demeures le même, ta vie n'a pas de fin. Les enfants de tes serviteurs s'établiront et leurs descendants resteront sous ton regard.

## 265.   Psaume 129.

*L'homme perdu par ses fautes, n'attend de secours que*
*de l'infinie miséricorde de Dieu.*

Du fond de la détresse, je t'appelle au secours, Seigneur. Écoute mon appel, sois attentif quand je te supplie. Si tu voulais épier nos fautes, Seigneur qui pourrait survivre ? Mais c'est toi qui disposes du pardon, c'est pourquoi tu dois être respecté.

De toute mon âme, je compte sur le Seigneur, et j'attends ce qu'il va dire. Je compte sur le Seigneur plus qu'un soldat de garde n'attend le matin ; oui, plus qu'un soldat de garde n'attend le matin.

Peuple d'Israël, compte sur le Seigneur, car il est bon, il a mille moyens de te délivrer. C'est lui qui te délivrera de toutes tes fautes.

## 266.   Psaume 142.

*David, accablé de maux, prie Dieu de ne pas le traiter selon la rigueur de*
*ses jugements, mais de le conduire dans ses voies.*

Seigneur, écoute ma prière, sois attentif quand je te supplie. Puisque tu es fidèle et juste, réponds-moi. Je suis ton serviteur, ne me fais pas de procès, car personne n'est sans reproche devant toi. J'ai un ennemi qui me persécute ; il m'a jeté à terre pour me piétiner, il m'enfonce dans l'obscurité de la mort avec les défunts du passé. J'en perds tout courage, je n'ai plus la force de réagir. Je réfléchis au passé, je pense, à tout ce que tu as fait, je médite ce que tu as réalisé. En suppliant, je te tends les mains vers toi, je me sens devant toi comme une terre qui meurt de soif.

Seigneur, je n'en peux plus, réponds-moi sans tarder. Ne te détourne pas de moi, sans quoi, je serai un homme fini. Dès le matin, annonce-moi ta bonté, car je me fie à toi ; fais-moi connaître quel chemin je dois suivre, car je me tourne vers toi. Seigneur, arrache-moi à mes ennemis ; près de toi je suis à l'abri. Apprends-moi à faire ce qui te plaît, car tu es mon Dieu.

Que ton Esprit me guide avec bienveillance sur un terrain sans obstacle. Puisque tu es le Seigneur, rends-moi la vie. Toi qui es fidèle à tes engagements, tire-moi de la détresse. Toi qui es si bon, réduis au silence mes ennemis, pour en finir avec tous mes adversaires, car je suis ton serviteur.

Apprenons, sachons remercier et louer Dieu. Non, la louange n'est pas réservée aux chrétiens appelés : « charismatiques ». Toutes les religions chrétiennes louent le Seigneur même s'il faut reconnaître que les protestants maîtrisent en général mieux la louange que les catholiques encore trop coincés par des siècles de traditions lourdes et rigides. Oui, la louange est une prière qui agit directement sur le cœur de Dieu. Pourquoi ? Parce que la louange est tout simplement un acte de reconnaissance de l'action du Seigneur. Ne nous privons donc pas de louer le Tout-Puissant en toutes occasions. Certes, nous avons ou rencontrons peut-être des problèmes, des échecs, des souffrances, des maladies, la mort aussi au bout du chemin. Toutefois, soyons convaincus de la grandeur de Dieu. Un Dieu tellement grand, bon, généreux, puissant, miséricordieux que même l'univers ne peut le contenir. Sinon, à quoi bon ?

Nous pouvons vivre très longtemps sans Dieu, c'est vrai. Particulièrement de nos jours au cœur de l'apostasie généralisée que nous vivons en Occident. C'est facile.

Puis il y a la « raison » qui tient absolument à nous faire croire que Dieu n'existe pas. Oui mais voilà, que serait-ce une vie sans Dieu, sans notre Dieu ? Il fut une longue période dans l'Histoire où l'on affirmait que la terre était plate, c'était la raison définitive d'alors.

Puis est venu Galilée, certes pourfendu par l'Eglise d'alors, mais rien ni personne n'a jamais démontré que Dieu n'existait pas même avec une terre bien ronde flottant dans l'espace. Que nous l'aimions ou pas, imaginer la vie sans Dieu est impossible en y réfléchissant sérieusement, en explorant, en sondant surtout notre for intérieur, là où Je Suis est. Plutôt que d'aller découvrir Mars l'invivable, voici une belle occasion de découvrir un terrain vierge et en friche le plus souvent.

J'en reparlerai abondamment dans le volume III de la série Connexion : Les Dix Commandements. Dès lors, conscient que la vie ne s'arrête pas avec la mort, conscient que Dieu existe réellement en nous et autour de nous, que le Christ est vraiment ressuscité et est présent avec chacun de nous au quotidien de nos vies, louons Dieu pour tout ce que nous avons, pour tout ce que nous recevons, pour toutes les grâces à venir !

## 268.  Psaume 8

O Seigneur, notre Maître, que ta renommée est grande sur toute la terre !

Ta majesté surpasse la majesté du ciel.
Mais c'est par la voix des petits enfants, des tout petits enfants, que tu t'opposes à tes adversaires. Elle est comme un rempart que tu dresses pour réduire au silence tes ennemis les plus acharnés.

Quand je vois le ciel, ton ouvrage, la lune et les étoiles, que tu y as placées,
je me demande :

> L'homme a-t-il tant d'importance pour que tu penses à lui ?
> Un être humain mérite-t-il vraiment que tu t'occupes de lui ?

Or tu l'as fait presque l'égal des anges,
Tu le couronnes de gloire et d'honneur.
Tu le fais régner sur tout ce que tu as créé ; tu as tout mis à ses pieds, moutons, chèvres et bœufs, et même les bêtes sauvages, les oiseaux et les poissons, et tout ce qui suit les pistes des mers.

O Seigneur, notre Maître, que ta renommée est grande sur toute la terre !

## 269.  Psaume 9.

De tout mon cœur, je veux te louer Seigneur, et raconter toutes tes merveilles. Je veux chanter victoire à cause de toi, et te célébrer par chants, Dieu Très-Haut. Mes ennemis ont fait demi-tour, ils ont trébuché, ils ont succombé devant toi.

Tu m'as fait droit, tu m'as rendu justice ; sur ton trône, tu sièges en juste juge. Tu menaces ces païens, tu fais succomber ces infidèles, tu effaces leur nom pour toujours. L'ennemi est réduit à rien, définitivement ruiné : tu as peuplé ses villes, il ne reste d'elles aucun souvenir.

Le Seigneur siège sur son trône éternel, qu'il a dressé pour le jugement. C'est lui qui juge le monde avec justice, qui arbitre impartialement entre les peuples.

Le Seigneur est un refuge pour l'opprimé, un refuge pour les temps de détresse. Qu'ils comptent sur toi, ceux qui savent qui tu es ! Car tu n'abandonnes pas ceux qui se tournent vers toi, Seigneur.

Célébrez par vos chants le Seigneur qui a son trône à Sion ; parmi les peuples, proclamez ses exploits, car il demande des comptes aux meurtriers, il se souvient de leurs victimes, il n'oublie pas les pauvres qui crient vers lui.

Accorde-moi ton appui, Seigneur ; considère la misère que j'endure par la faute de ceux qui m'en veulent, toi qui m'arraches aux griffes de la mort. Alors je répéterai tous les motifs que j'ai de te louer. Dans la communauté de Sion, je crierai ma joie de t'avoir comme sauveur.

Les païens sont tombés dans la fosse qu'ils avaient creusée ; ils se sont pris les pieds au filet qu'ils avaient rendu en cachette. Le Seigneur a montré qui il était, il a rendu la justice : il prend l'infidèle à son propre piège.

Que les infidèles retournent au monde des morts, ces païens oublient tous qui est Dieu. Mais Dieu n'oubliera jamais le malheureux, l'espoir n'est jamais perdu pour les pauvres.

Interviens, Seigneur ; que l'homme ne soit pas le plus fort ! Traîne les barbares devant ton tribunal. Seigneur, fais-leur peur. Qu'ils le sachent, ces barbares : ils ne sont que des hommes.


## 270.  Psaume 80

Je veux proclamer ta grandeur, Seigneur, car tu m'as tiré hors du gouffre, tu n'as pas laissé mes ennemis s'amuser à mes dépens. Seigneur, mon Dieu, je t'ai appelé à l'aide et tu m'as guéri. Tu m'as fait remonter du monde des morts ; j'avais un pied dans la tombe, mais tu m'as rendu la vie, Seigneur.

Célébrez le Seigneur par vos chants, vous ses fidèles. Louez-Le en rappelant qu'il est Dieu. Sa colère ne dure qu'un instant, mais sa bienveillance toute la vie. Les pleurs sont encore là le soir, mais au matin éclate la joie.

Je me croyais tranquille et je disais : « Rien ne me mettra jamais en danger. » Seigneur, dans ta bienveillance, tu m'avais assuré une forte position. Mais tu t'es détourné de moi, et me voilà dans le désarroi.

Seigneur, je t'appelle au secours ; toi qui es mon maître, je t'implore. Que gagnerais-tu si je mourais, si je descendais dans la tombe ? Celui qui n'est plus que poussière peut-il te louer encore, peut-il proclamer ta fidélité ? Seigneur, écoute, accorde-moi ton appui ; Seigneur, viens à mon secours.

Tu as changé ma plainte en danse de joie, tu m'as ôté mon vêtement de deuil, tu l'as remplacé par un habit de fête. Alors, de tout mon cœur je n'en finirai pas de célébrer ta gloire par mes chants. Seigneur, mon Dieu, je te louerai toujours.

## 271.  Psaume 145 (144)

*Chant de louange appartenant au recueil de David*

Mon Dieu, toi le Roi, je veux proclamer ta grandeur, t'exprimer ma reconnaissance éternelle. Je veux le faire tous les jours, et t'acclamer sans fin.

Le Seigneur est grand, infiniment digne d'être loué. ; sa grandeur est sans borne. Que chaque génération annonce à la suivante ce que tu as fait et lui raconte tes exploits ! Je veux parler de ta majesté, de ta gloire, de ta splendeur, et faire récit de tes merveilles. Qu'on parle de ta puissance redoutable ! Moi je veux énumérer tes hauts faits. Qu'on rappelle tes grands bienfaits, et qu'on proclame avec joie ta fidélité !

Le Seigneur est bienveillant et compatissant, patient et d'une immense bonté. Le Seigneur est bon pour tous, son amour s'étend à tous ceux qu'il a créés. Que tous ceux-là te louent, Seigneur, que tes fidèles t'expriment leur gratitude !

Qu'ils parlent de ton règne glorieux, qu'ils disent de quoi tu es capable ! Ils apprendront ainsi aux humains tes exploits et la glorieuse majesté de ton règne.

Ton règne est un règne éternel, ton pouvoir dure à travers tous les siècles.
Le Seigneur tient fidèlement ses promesses, tout ce qu'il fait est marqué de sa bonté.

Le Seigneur soutient tous ceux qui sont tombés, il remet debout tous ceux qui fléchissent. Tous les regards fixés sur Toi, attendant que tu leur donnes à manger au moment voulu.

C'est toi qui ouvres ta main et satisfais les besoins de tout ce qui vit.
La fidélité du Seigneur apparaît dans tout ce qu'il entreprend, sa bonté dans tout ce qu'il fait.

Le Seigneur est proche de ceux qui l'appellent, de tous ceux qui sont sincères en l'appelant. Il répond aux demandes de ses fidèles, il les sauve dès qu'il entend leurs appels. Le Seigneur protège tous ceux qui l'aiment, mais il élimine tous les méchants.

Que ma voix chante la louange du Seigneur, que tout ce qui vit remercie pour toujours l'unique vrai Dieu.


## 272.  Psaume 148

Alléluia, vive le Seigneur !

Du haut du ciel, acclamez le Seigneur, acclamez-le, vous qui êtes là-haut.

Acclamez-le, tous ses anges. Acclamez-le, toutes ses troupes.
Acclamez-le, soleil et lune, acclamez-le toutes, étoiles scintillantes.
Acclamez-le espaces reculés du ciel, et vous aussi, masses d'eau plus hautes encore.

Que tous acclament le Seigneur, car il n'a eu qu'un mot à dire et ils ont commencé d'exister. Il les a mis en place pour toujours, leur fixant une loi à ne pas enfreindre.

Depuis la terre, acclamez le Seigneur, acclamez-le, océans et monstres marins ; et vous aussi, feu et grêle, neige et brouillard, vent de tempête, soumis à sa parole. Acclamez-le, montagnes et collines, arbres fruitiers, et tous les cèdres, animaux sauvages ou domestiques, oiseaux et reptiles.

Acclamez-le, rois de la terre, et vous aussi, tous les peuples, les princes, les dirigeants de la terre. Garçons et filles, jeunes et vieux, acclamez-le.

Acclamez le Seigneur, car lui seul porte un grand nom, Sa Majesté s'étend sur la terre et le ciel. Il a rendu force et fierté à son peuple.

C'est un titre de gloire pour ses fidèles, pour tous les membres d'Israël, le peuple qui lui est proche. Alléluia, vive le Seigneur !

## 273. Psaume 150

Alléluia, vive le Seigneur !

Acclamez-le dans son temps ; acclamez-le sous la puissante voûte de son ciel ! Acclamez-le pour ses exploits, acclamez-le pour sa grandeur infinie ! Acclamez-le en sonnant du cor, acclamez-le aux accords de la harpe et de la lyre.

Acclamez-le en dansant au rythme des tambourins, acclamez-le avec la guitare, avec la flûte à bec. Acclamez-le avec les cymbales sonores, acclamez-le avec les cymbales éclatantes. Que tout ce qui respire acclame le Seigneur !

Alléluia, vive le Seigneur !

## 274. Psaume 146 (145)

*Le Seigneur, protecteur des faibles*

Alléluia, vive le Seigneur !

À moi d'acclamer le Seigneur !

Je veux t'acclamer toute ma vie, célébrer mon Dieu par mes chants tant que j'existerai.

Ne comptez pas sur les gens influents : ce ne sont que des hommes, ils sont impuissants à sauver. Dès qu'ils rendent leur dernier souffle, dès qu'ils retournent à la terre, leurs projets sont enterrés avec eux.

Heureux l'homme qui a pour secours le Dieu de Jacob et met son espoir dans le Seigneur son Dieu !

Le Seigneur a fait le ciel et la terre, la mer, avec tout ce qui s'y trouve. On peut compter sur lui pour toujours. Il fait droit aux opprimés, il donne du pain aux affamés.

Le Seigneur libère ceux qui sont enchaînés, le Seigneur rend la vue aux aveugles, le Seigneur remet debout ceux qui fléchissent, le Seigneur aime les fidèles.

Le Seigneur veille sur les réfugiés, il relève la veuve et l'orphelin, mais il fait échouer les projets des méchants.

Le Seigneur est Roi pour toujours.
Il est ton Dieu, Sion, de siècle en siècle.
Alléluia, vit le Seigneur !

*Jean 11, 25-26*

*Lecture du livre de la Sagesse (Sagesse 1, 13-14a ; 2, 1a.2-4.23)*

Dieu n'a pas fait la mort. Il ne se réjouit pas de la perte des vivants. Il a créé toutes choses pour qu'elles subsistent. Les impies ne sont pas dans la vérité lorsqu'ils raisonnent ainsi en eux-mêmes, ils disent : nous sommes nés par hasard, et après notre mort, nous serons comme si nous n'avions pas existé.

Le souffle de nos narines s'évanouit comme la fumée et la pensée est une étincelle qui jaillit au battement de notre cœur. Si elle s'éteint, le corps s'en va en cendres et l'esprit se dissipera comme une brise légère.

Avec le temps, notre nom tombera dans l'oubli et personne ne se rappellera ce que nous aurons fait. Ils se trompent, car Dieu a créé l'homme pour une existence impérissable, il a fait de lui une image de ce qu'il est lui-même.

Face à la mort, paradis et enfer dépendent et dépendront de la façon dont nous accueillons et avons accueilli l'amour de Dieu pendant notre existence. Petit ou grand, jeune ou vieux, en bonne santé ou malade, riche ou pauvre, nous sommes et serons tous, tôt ou tard, confrontés à la mort.

Au-delà du deuil que nous avons à vivre au travers du décès d'un proche, peur de la mort ou non, nous devons aussi faire face à notre propre finitude.
À cela, deux vérités apparaissent que nous devrions souvent méditer...

Tous nous allons mourir un jour, c'est vrai...

**Mais nous avons tous les autres jours pour vivre !**

Avec la mort d'un proche, nous vivons souvent douloureusement l'absence de regard, du toucher, de l'odeur, de la voix, de la présence de notre mari, de notre épouse, d'un enfant, d'un parent, d'un ami. Tous nos sens sont alors mis à l'épreuve. Pourtant, il est faux de penser, malgré les apparences douloureuses, mais concrètes que notre vie s'arrête. Non, notre vie ne s'arrête pas. Certes, elle va s'en trouver différente. Désormais, nous devrons accepter qu'une nouvelle page de notre existence commence à s'écrire sans l'être cher et aimé. Ne nions pas cette épreuve et surtout ne la refusons pas. Offrons-la ainsi que toute la période de notre deuil en confiance au Seigneur. Il connaît et voit notre souffrance.

**Portons dans la prière avec amour et foi l'être aimé disparu de notre regard, mais éternellement vivant dans notre cœur. Demandons aussi à Dieu de nous aider à traverser le profond et vaste et inéluctable ravin des larmes ...**

## 276.  Prière pour les défunts – Panachida

*Byzantine*

« Dieu des esprits et de toute chair, qui a foulé au pied la mort, qui a réduit le diable à néant et qui a donné ta vie au monde ; donne toi-même, Seigneur, à l'âme de ton serviteur défunt (N.). le repos dans un lieu lumineux, verdoyant et frais, loin de la souffrance, de la douleur et des gémissements.

Que le Dieu bon et miséricordieux lui pardonne tous ses péchés commis en parole, par action et en pensée. Parce qu'il n'existe pas d'homme qui vive et qui ne pèche pas ; toi seul es sans péché, ta justice est justice pour les siècles et ta parole est vérité.

O Christ notre Dieu, puisque tu es la Résurrection, la vie et le repos de ton serviteur défunt (N), nous te rendons grâce avec ton Père incréé et avec ton Esprit très Saint, bon et vivifiant, aujourd'hui et pour les siècles des siècles. Amen.

Qu'ils reposent en paix. Amen. »[113]

---

[113] Prière d'Orient - Abrégé du Catéchisme de l'Église catholique, Appendice

## 277.   Prière pour les défunts – Tradition catholique

« Donne-leur, Seigneur, le repos éternel
Et que brille sur eux la lumière de ta face.
Qu'ils reposent en paix. Amen ».

Requiem ætérnam dona eis Dómine,
et lux perpétua lúceat eis.
Requiéscant in pace. Amen.

## 278.   Dans la souffrance de la perte d'un être cher[114]

O mon Dieu, je me sens tellement vide, et sans force. Il ne me reste plus rien de tout mon bonheur, rien que le silence et l'absence. Tout est fini, mort, absurde.

Et dans ce grand trou noir, je veux, moi aussi, disparaître pour toujours. Je n'en peux plus de chercher sans espoir, noyé de solitude... Seigneur, Où es-tu ? Vas-tu venir à mon secours ? Je ne peux rester seul.

J'ai besoin de ta présence, toi mon Dieu, ne m'abandonne pas.

## 279.   Prière à Dieu dans le silence...

Les mots nous manquent, Seigneur, nous sommes dans l'épreuve. Accepte notre silence comme une prière pour notre frère que tu connais et que tu aimes. Son chemin le conduit maintenant jusqu'à toi : accueille-le dans la clarté et la paix de ton Royaume. Et que ton amour soit pour nous lumière sur la route jusqu'au jour où tu nous réuniras auprès de toi pour les siècles des siècles.

Amen.

---

[114] Prière de Philippe Aviron-Violet extraite du livret :
» Tu vivras », Bayard Éditions

Dieu notre Père, nous voici rassemblés pour te prier.

La mort nous a frappés en nous enlevant celui que nous aimons, et voici qu'il y a au fond de notre cœur comme un grand vide, comme une blessure. Nous sommes là, avec notre désarroi, notre peine, nos questions. Ce soir, nous nous souvenons de la parole de Jésus «Je suis la résurrection et la vie. »

Nous voulons réveiller notre espérance et croire que celui qui vient de nous quitter habite désormais dans ta maison et qu'un jour nous le retrouverons. Ô Dieu notre Père, viens essuyer nos larmes console notre cœur et fais grandir notre espérance jusqu'au jour de nos retrouvailles dans ton Royaume.

Par Jésus-Christ, Notre Seigneur. Amen.

*Autre version*

Seigneur, nous tournons vers toi notre regard à l'heure où disparaît ce visage qui nous est cher. Accorde-lui de te voir face à face et affermis notre espérance de le revoir auprès de toi pour les siècles des siècles.
Amen.

Seigneur, notre frère quitte maintenant sa demeure terrestre laissant derrière lui la souffrance de ceux qui l'aiment. Donne-nous de garder son souvenir, non pas dans l'amertume de ce que nous perdons ou dans le seul regret du passé, mais dans l'espérance du Royaume où tu nous rassembleras.
Par Jésus, le Christ, notre Seigneur.
Amen.

❖ *Que dit le Christ sur la mort ?*

*« La volonté de celui qui m'a envoyé, c'est que je ne perde aucun de ceux qu'il m'a donnés, mais que je les ressuscite tous au dernier jour. Car la volonté de mon Père, c'est que tout homme qui voit le Fils et croit en lui obtienne la vie éternelle ; et moi, je le ressusciterai au dernier jour. »*
*(Jn 6, 39-40)... Il dira encore...*

*« Moi, je suis la résurrection et la vie. Celui qui croit en moi, même s'il meurt, vivra ; et tout homme qui vit et qui croit en moi ne mourra jamais. Crois-tu cela ? » (Jn 11, 25-26)*

Ensemble, prions. Notre frère (notre sœur) s'est endormi (e) dans la paix du Christ. Par le baptême, il (elle) est devenu(e) enfant de Dieu, par l'eucharistie, il (elle) a été nourri (e) du Corps du Christ : qu'il (elle) trouve place maintenant à la table du ciel, qu'il (elle) reçoive en héritage, avec les saints, l'éternité promise.

Et prions aussi pour nous-mêmes : puissions-nous un jour, après le deuil et les larmes, aller avec notre frère (sœur) à la rencontre du Christ, quand il paraîtra dans sa gloire, lui qui est notre vie.


## 282.   Prière à Dieu face à une mort brutale

Oh ! Seigneur aide-nous !

Seigneur nous avons du mal à accepter la mort de [prénom du défunt] que nous aimons. Tu nous vois déchirés et abattus bien plus que nous ne pouvons l'exprimer.

Nous nous tournons vers Toi pour Te dire notre peine et notre révolte.
Ne nous laisse pas seuls au fond de notre tristesse.
Aide-nous à supporter le désespoir qui nous envahit.

Toi qui es un père pour tous les hommes, Toi qui nous aimes d'un amour infini, sois à nos côtés, aide-nous, donne-nous la force de nous relever.
Accueille [prénom du défunt] comme un père accueil en sa maison.

Donne-lui la paix et le bonheur que Tu promets à tous tes enfants. Que son amour né sur cette terre grandisse auprès de Toi pour mieux nous consoler et nous redonner goût à la vie.

Que son amour uni à Ton propre amour soit pour nous source de force et de courage jusqu'à ce que nous le retrouvions enfin pour partager Ton amour dans la lumière de ta maison. Par Jésus, le Christ, Notre Seigneur, Amen.

## 283.  Prière pour les défunts

Saints, anges ou étoiles, que ceux qui ont traversé nos vies, ceux avec qui nous avons rit, partagé, et même pleuré et sont partis parfois beaucoup trop tôt, soient bénis pour leurs actions sur terre et nous apportent la paix qu'ils ont trouvée auprès de Dieu. Amen.


## 284.  Prière à réciter au cimetière pour les défunts

Au nom du Père, du Fils et du Saint-Esprit. Amen !

Nous sommes venus aujourd'hui pour rendre hommage à ceux qui nous ont quittés, et nous voulons les confier, encore une fois, à la tendresse de Dieu. Ici reposent : (citer les prénoms, éventuellement le lien de parenté pour expliquer aux enfants, l'année de leur décès).

Nous pensons aussi à ceux qui ne reposent pas ici, mais qui sont présents dans notre prière (même démarche).

On peut partager un temps de silence, ou relever tel ou tel qualité ou trait marquant des personnes que l'on cite.

**Ensemble, prions :**

Seigneur Jésus-Christ, avant de ressusciter, Tu as reposé trois jours en terre, et depuis ce jour-là, la tombe des hommes est devenue pour les croyants, signe d'espérance en la Résurrection. Nous Te prions, Toi qui es la Résurrection et la Vie : donne aux morts de reposer en paix dans ce tombeau jusqu'au jour où Tu les réveilleras, pour qu'ils voient, de leurs yeux, dans la clarté de Ta face, la lumière sans déclins. Toi qui règnes pour les siècles des siècles. Amen ! ...

Notre Père...

Sainte Marie, toi qui es notre douce mère sur cette terre et qui nous attires vers ton Fils, reçois notre prière et veille avec l'amour d'une mère sur nos morts maintenant qu'ils sont partis. Et donne-nous, nous qui sommes encore en marche sur terre, d'être fidèle à l'Amour de Dieu qui veut que nous ayons la Vie, et la Vie éternelle. Je vous salue, Marie...

Que le Seigneur nous bénisse, qu'il nous garde de tout mal et nous conduise à la vie éternelle. Amen !

**285.   Ni repousser la souffrance ni lui céder...**

*Par Henri de Lubac*

« Accueillir la souffrance n'est pas s'y complaire. Ce n'est pas aimer la souffrance pour elle-même. C'est consentir à en être humilié. C'est s'ouvrir au bienfait de l'inévitable, comme une terre qui laisse l'eau du ciel la pénétrer jusqu'au fond.

Il y a un art de souffrir, mais qu'il ne faut confondre ni avec l'art de cultiver la souffrance, ni avec l'art de l'éviter. Celui qui se prend en pitié et s'attendrit sur sa douleur, en perd aussitôt le bienfait.

Pareillement, celui qui se replie sur elle et met un goût pervers à en savourer l'amertume. Il ne faut, quand elle s'impose, ni repousser la souffrance ni lui céder. Il ne faut ni lutter ni ruser avec elle. Il faut, sans complaisance, l'accueillir. Mais un tel accueil n'est jamais définitif. Aussi constitue-t-il le plus haut exercice de la liberté. »[115]

---

[115] Henri de Lubac, Nouveaux paradoxes, le Seuil

## O Marie, notre petit enfant vient de repartir vers le Père

O Marie, nous avions si souvent répété ces mots :
« Priez pour nous maintenant et à l'heure de notre mort »

Et voilà que cette heure est venue :
Notre petite Claudine passe de ses cinq ans à l'éternité.

Alors, nous voilà tous les deux à genoux près de son lit et nous te demandons avec confiance de l'accueillir dans cette vie éternelle où tu es déjà pleinement glorieuse. Nous avons conduit notre enfant jusqu'au seuil de l'éternité, nous ne pouvons plus la suivre maintenant ; mais nous savons qu'un jour nous la retrouverons lorsque viendra notre heure.

Tu étais au pied de la croix lorsque Jésus, ton fils, ton enfant est mort.
Cela a dû te sembler injuste, incompréhensible : ce fils, qui n'avait fait que le bien, traité comme un malfaiteur !

Pourtant tu as gardé entière ta foi en Dieu, tu as attendu avec confiance la Résurrection.

Que ton exemple nous aide à poursuivre notre chemin avec la même foi et la même espérance. Obtiens aussi pour nous la force de briser le silence de mort pour chanter avec toi que Dieu fit pour nous des merveilles. Car Claudine était une source de joie, de rires, de chansons, un cœur débordant d'amour, toujours prêt à partager : tous ceux qui l'ont rencontrée en gardent le vivant souvenir.

Sa petite bougie s'est consumée, mais non sans avoir allumé un grand nombre de cierges qui brûlent encore dans nos cœurs. O Marie, avec toi nous voulons glorifier le Seigneur pour les grandes choses qu'il a faites en Claudine, notre petite fille qui, à cinq ans, connaissait déjà l'intimité de « son ami Jésus » dans l'Eucharistie.

Elle percevait aussi ta tendresse, Marie, et lorsque la souffrance l'empêchait de dormir, elle disait : « Caresse-moi, et chante un « Je vous salue Marie ». Maintenant, quand nous prions, il y a comme un écho qui vibre au fond de notre cœur : nous sentons notre Claudine en communion avec nous, et avec toi, Marie, et avec son ami Jésus, notre Vie, notre Résurrection.

*Robert et Godelieve*

## 287.  L'amour ne disparaît jamais

Henri Scott

L'amour ne disparaît jamais, la mort n'est rien.
Je suis seulement passé dans la pièce à côté, je suis moi, tu es toi.
Ce que nous étions l'un pour l'autre nous le sommes toujours.

Donne-moi le nom que tu m'as toujours donné.
Parle-moi comme tu l'as toujours fait. N'emploie pas un ton différent, ne prends pas un air solennel ou triste.

Continue à rire de ce qui nous faisait rire ensemble. Prie, souris, pense à moi. Prie pour moi, que mon nom soit prononcé à la maison, comme il l'a toujours été, sans emphase d'aucune sorte, sans une trace d'ombre. La vie signifie tout, ce qu'elle a toujours signifié. Elle est ce qu'elle a toujours été. Le fil n'est pas coupé. Pourquoi serais-je hors de ta pensée simplement parce que je suis hors de ta vie...

Je t'attends, je ne suis pas loin, juste de l'autre côté du chemin.

Tu vois, tout est bien...

## 288.  Prière pour les défunts

Père, nous t'en prions, donne le repos à tous les défunts et que ta lumière éternelle les éclaire. À la puissance de l'enfer, arrache leur âme Seigneur. Mon Dieu, tu as créé puis sauvé tous les hommes. Oublie tous les péchés de tes bons serviteurs. Accorde-leur par nos ferventes prières ce pardon qu'ils ont toujours désiré. Toi qui es vivant et glorieux dans l'Éternité. Amen.

## 289.  Prière simple du veuf ou de la veuve

Dieu notre Père, Tu as rappelé à toi mon époux (se) bien-aimé(e).

Par le sacrement de mariage, Tu as élevé notre amour au rang d'amour divin. Dans cet amour, nous avons parcouru notre pèlerinage terrestre. Nous avons partagé les joies et les peines, les allégresses et les difficultés. Cela n'a pas toujours été facile, mais que cela est merveilleux de vivre homme et femme, unis à ton image et à ta ressemblance !

Pour cela, je te remercie sans cesse. Accorde à ma moitié le bonheur éternel ; Et il te restera, quand mon heure sera venue, à réunir en toi ceux que tu as unis sur cette terre.

En attendant cet accomplissement plénier de ton dessein bienveillant,
Viens à mon aide afin que toujours je demeure fidèle à la prière : Ainsi mon époux et moi, nous demeurerons une seule âme et un seul esprit, dans l'espérance de la résurrection de la chair.

*Marie, très sainte Veuve de Joseph, intercède pour nous. Amen.*

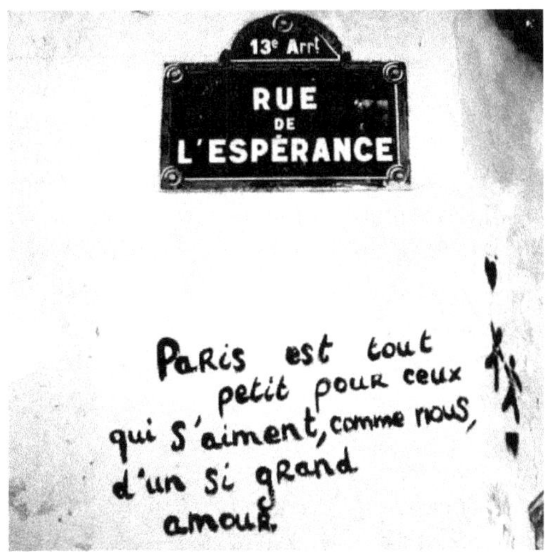

*De l'Évangile de Saint Jean 17, 1 - 26*

Note de l'auteur...

*Je vous invite à lire, à méditer aussi, mais également à observer attentivement la manière dont le Christ, le Verbe fait chair, prie et exprime sa prière. L'heure est grave. Il est à la veille de sa Passion et sait le temps venu. Il est surtout conscient de ce qui l'attend. Chaque mot compte. Chaque mot est sa place. Il n'y a rien de trop ni rien de trop peu. Cette prière tout comme le « Notre Père » est magnifique, remplie d'amour et de charité.*

*En faisant une digression, je ne peux m'empêcher de comparer ce langage typique, celui du Verbe, avec celui aujourd'hui. Nous le savons, la langue française, de Racine à d'Ormesson, mise à toutes les sauces est massacrée à un point tel que l'Académie Française s'inquiète et pousse des cris d'alarme. Ne demandez pas à un jeune universitaire de vous écrire une phrase interro-négative. Par méconnaissance de sa langue, il en sera probablement incapable. Quel meilleur exemple que celui des bandeaux qui défilent en continu sur les chaînes d'information, nous imposant au minimum une faute par phrase. Sans oublier la presse écrite qui n'est plus une référence en la matière. Le passé simple ? Quant à lui ... Disparu, il n'existe plus. Son trépas limitera l'accès aux grands textes littéraires, à la compréhension de la poésie. Une manière concrète mais efficace pour appauvrir volontairement l'expression de la pensée et à la fin, il ne restera plus rien !*

*Plus de Verbe au propre comme au figuré m'amène à l'indubitable conclusion qu'au plus la société occidentale chasse le Pauvre et la Parole, au plus les pauvres ont envahi les rues, les avenues. Mais il paraît que nous sommes dans la société de la communication... mais quelle communication ?!*

*Pourtant, en revenant à nos moutons, ne ressentez-vous pas à travers ce texte, cette prière, toute la puissance et l'autorité de Jésus exprimées à travers des mots justes qui ont du corps et du relief par rapport à ce qu'ils expriment. Il est ici encore pleinement Fils de Dieu, Il est pleinement le Verbe, Il est pleinement le Christ. Ces mots aussi forts soient-ils nous font du bien, nous rassurent !*

*Ainsi parla Jésus...*

**« Puis il leva les yeux au ciel et dit** : « Père, l'heure est venue. Glorifie ton Fils afin que le Fils te glorifie. Ainsi, comme tu lui as donné pouvoir sur tout être de chair, il donnera la vie éternelle à tous ceux que tu lui as donnés.

Or, la vie éternelle, c'est qu'ils te connaissent, toi le seul vrai Dieu, et celui que tu as envoyé, Jésus Christ.

Moi, je t'ai glorifié sur la terre en accomplissant l'œuvre que tu m'avais donné à faire. Et maintenant, glorifie-moi auprès de toi, Père, de la gloire que j'avais auprès de toi avant que le monde existe.

J'ai manifesté ton nom aux hommes que tu as pris dans le monde pour me les donner. Ils étaient à toi, tu me les as donnés, et ils ont gardé ta parole. Maintenant, ils ont reconnu que tout ce que tu m'as donné vient de toi, car je leur ai donné les paroles que tu m'avais donné : ils les ont reçues, ils ont vraiment reconnu que je suis sorti de toi, et ils ont cru que tu m'as envoyé.

Moi, je prie pour eux ; ce n'est pas pour le monde que je prie, mais pour ceux que tu m'as donnés, car ils sont à toi.

Tout ce qui est à moi est à toi, et ce qui est à toi est à moi ; et je suis glorifié en eux. Désormais, je ne suis plus dans le monde ; eux, ils sont dans le monde, et moi, je viens vers toi. Père saint, garde-les unis dans ton nom, le nom que tu m'as donné, pour qu'ils soient un, comme nous-mêmes.

Quand j'étais avec eux, je les gardais unis dans ton nom, le nom que tu m'as donné. J'ai veillé sur eux, et aucun ne s'est perdu, sauf celui qui s'en va à sa perte de sorte que l'Écriture soit accomplie.

Et maintenant que je viens à toi, je parle ainsi, dans le monde, pour qu'ils aient en eux ma joie, et qu'ils en soient comblés.

Moi, je leur ai donné ta parole, et le monde les a pris en haine parce qu'ils n'appartiennent pas au monde, de même que moi je n'appartiens pas au monde. Je ne prie pas pour que tu les retires du monde, mais pour que tu les gardes du Mauvais.

Ils n'appartiennent pas au monde, de même que moi, je n'appartiens pas au monde. Sanctifie-les dans la vérité : ta parole est vérité.

De même que tu m'as envoyé dans le monde, moi aussi, je les ai envoyés dans le monde. Et pour eux je me sanctifie moi-même, afin qu'ils soient, eux aussi, sanctifiés dans la vérité.

Je ne prie pas seulement pour ceux qui sont là, mais encore pour ceux qui, grâce à leur parole, croiront en moi. Que tous soient un, comme toi, Père, tu es en moi, et moi en toi. Qu'ils soient un en nous, eux aussi, pour que le monde croie que tu m'as envoyé.

Et moi, je leur ai donné la gloire que tu m'as donnée, pour qu'ils soient un comme nous sommes UN : moi en eux, et toi en moi. Qu'ils deviennent ainsi parfaitement un, afin que le monde sache que tu m'as envoyé, et que tu les as aimés comme tu m'as aimé.

Père, ceux que tu m'as donnés, je veux que là où je suis, ils soient eux aussi avec moi, et qu'ils contemplent ma gloire, celle que tu m'as donnée parce que tu m'as aimé avant la fondation du monde.

Père juste, le monde ne t'a pas connu, mais moi je t'ai connu, et ceux-ci ont reconnu que tu m'as envoyé. Je leur ai fait connaître ton nom, et je le ferai connaître, pour que l'amour dont tu m'as aimé soit en eux, et que moi aussi, je sois en eux. »

Une retraite est toujours un moment privilégié dans l'existence. On n'en repart jamais comme on y est venu. Si vous ne savez où aller passer quelques jours pour faire une retraite spirituelle, vous ressourcer, vous retirer du monde, faire le point, prier, rencontrer le Seigneur loin des agitations de la société, rencontrer des moines, parler avec eux, vous retirer pour étudier, ou encore découvrir tant la spiritualité orientale maronite (Ordre Libanais Maronite) que latine, je vous recommande vivement :

## L'Abbaye de Bois Seigneur Isaac – Monastère Saint Charbel en Brabant Wallon, Belgique.

Ce saint lieu est un sanctuaire officiel de l' Église Catholique où vous attendent le Saint Sang de Notre Seigneur Jésus-Christ et Saint Charbel, le plus grand saint du Liban. L'Abbaye (XVème siècle) dispose d'une hôtellerie, avec possibilité de séjour en pension complète, et une capacité d'accueil de 50 chambres + vaste parking. Ce site remarquable est classé au patrimoine des Monuments et Sites de Belgique et de Wallonie. Située au calme en pleine nature, elle dispose d'un jardin de plus de 5000 m² et en outre de chemins de promenade, d'une vaste salle polyvalente (300 personnes) aux installations ultra-moderne.

L'abbaye est facilement accessible par voiture (Ring Est de Bruxelles par la E19, sortie Ophain, puis suivre Bois Seigneur Isaac) ou en train. Les demandes de renseignements pour les prix, commodités souhaitées et réservations doivent impérativement se faire par E-Mail.

Adresse : Rue Armand De Moor 2,
B- 1421 – Ophain-Bois-Seigneur-Isaac Belgique

Tél : 00 32 67 89 24 20 - GSM: 00 32 497 28 40 08
E-mail : abbayebsi@hotmail.com Site Internet : www.saint-charbel.be
Page photos Flickr de l'Abbaye :
www.flickr.com/people/abbaye_de_bois_seigneur_isaac

**Télévisions chrétiennes :**

KTO-TV, France
Disponible en Belgique sur le câble/Internet pour tous pays.
Télé-Lumière – Nour SAT Liban : via Satellite. Programme en arabe.
Charity TV – Liban : via Satellite. Programmes en arabe, français et anglais.
SAT 7 – Via Satellite. Chypre, programme en arabe.
CTV – Vatican Media – Internet et Satellite en français, italien et anglais.

**Radios :**

- **RCF, France – Radio chrétienne francophone.**
Cette radio est disponible dans tout l'Hexagone sur les ondes en fréquences modulées (FM) – Voir site www.rcf.fr

- **RCF, Belgique** – La radio chrétienne francophone est disponible sur les fréquences FM suivantes et/ou en réécoute via Podcast sur site : www.rcf.be – Bastogne/105,4 FM - Bruxelles/107,6 FM – Liège/93,8 FM/Namur/106,8 FM.

- **Radio Notre-Dame, France**
Disponible via les Applications pour les smartphones IOS et Android
Disponible en radio sur : Béthune/Douai/Lens/Arras (09-2018)/Strasbourg Mulhouse/Colmar/Bourg-en-Bresse : (Automne 2018)/Rouen
La Roche-sur-Yon (1er Trim. 2019)/Monaco et La Garde (Marseille)

- **France Culture, France**
Tous les programmes chrétiens – protestant, catholique, orthodoxe et chrétiens d'Orient – sont disponibles sur cette chaîne en direct ou en réécoute via Podcast sur Internet les dimanches matin à partir de 07 : 30, 08 : 05 et suivant la grille horaire disponible sur le site de la chaîne.

- **Voix de la Charité, Liban** – Programmes en arabe et français
- **Radio Maria – Canada**, Toronto - programme en italien
- **Radio Maria – Italie**
- **Radio Vatican – multilingues**

**Presse écrite « chrétienne » :**

* Quotidien : « La Croix »
site Internet : www.la-croix.com

* Titres adhérents à la FMC – Médias catholiques

Astrapi (Bimensuel) – Cahiers Croire (mensuel) – Filotéo (Bimestriel)
Okapi (Bimensuel) – Pèlerin (Hebdomadaire) – Panorama (Mensuel)
Phosphore (mensuel) – Pomme d'API (mensuel)

Prions en église (mensuel) – Famille chrétienne EDIFA (Hebdomadaire)
Biblia (mensuel) – Témoignage chrétien (Hebdomadaire) – Le Monde des
Religions (Bimestriel) – La Vie (Hebdomadaire) – Prier (mensuel).
Christus (trimestriel) – Études (mensuel) – Le messager de St Antoine
(mensuel) – Feu et Lumière (mensuel) – Il est Vivant ! (Mensuel)

**Quelques sites Internet :**

Vu le très grand nombre de sites Internet chrétiens, il est totalement impossible de les citer tous. Pour vous mettre en route, je ne mentionnerai donc que quelques sites correctement tenus et mis à jour. N'hésitez pas sur cette base à rechercher sur chaque site, de nouveaux liens vers de nouveaux sites. Vérifiez toujours les dates de parution des articles mis en ligne. Beaucoup de sites existent oui, mais peu, par manque de personnels ou de moyens financiers, sont correctement tenus et mis à jour.

Le Saint-Siège : w2.vatican.va
Le Vatican : www.vatican.va
La Bible online : www.aelf.org (Association Épiscopale Liturgique)
Aleteia : www.fr.aleteia.org
TopChrétien.com : www.topchretien.com
KTO : www.ktotv.com
Le salon beige : www.lesalonbeige.blogs.com
RCF France : www.rcf.fr
RCF Belgique : www.rcf.be
Église catholique de France : https://eglise.catholique.fr
Archevêché de Paris : www.paris.catholique.fr
Sanctuaire de Lourdes : www.lourdes-France.org
Église catholique de Belgique : www.cathobel.be

*Vous trouverez ci-après quelques citations de personnes célèbres. Je vous invite à les lire et à les méditer profondément. Elles sont toujours le fruit d'une expérience profonde et d'un vécu avec, en ou sur Dieu.*

### Saint Jean-Marie Vianney, curé d'Ars

Dieu n'a pas besoin de nous : s'Il nous commande de prier, c'est qu'Il veut notre bonheur, et que notre bonheur ne peut se trouver que là. La prière est à notre âme ce que la pluie est à la terre. Dans cette union intense qu'est la prière, Dieu et l'âme sont comme deux morceaux de cire fondus ensemble. Un regard vers Dieu fait passer sur la grisaille du quotidien comme un reflet de bonheur éternel.

### Abbé Pierre

Il ne faut pas attendre d'être parfait pour commencer quelque chose de bien.

### Cardinal Carlo-Maria Martini

C'est un chant intérieur qui vibre dans la prière, dans l'amour, dans le service ; on peut chanter intérieurement à tout moment. Telle est l'âme biblique.

### Mère Teresa

Plus nous recevons dans le silence de la prière, plus nous donnerons dans la vie active. Comment savoir quel mot tu dis, si je ne tiens pas mon cœur ouvert ? Nous avons besoin de prier ! Sans la force de la prière, notre vie est insupportable. Beaucoup de gens perdent goût à la vie et au travail, ils se sentent mécontents et vides, simplement parce qu'ils ont délaissé la prière.

### Isaac de Ninive (Orthodoxe)

Considère la prière comme la clé de l'Écriture sainte.

### Stanislas-Xavier Touchet

Les deux ailes de nos âmes, qu'aucun coup de vent ne casse, sont l'amour et la foi.

### Saint Augustin

Notre cœur est inquiet jusqu'à ce qu'il trouve en Dieu le repos.

### Maître Eckart, dominicain, philosophe allemand

Dieu est le Dieu du présent. Tel il te trouve, tel il te prend et t'accueille, non ce que tu as été, mais ce que tu es maintenant.

### Evagre le pontique, disciple d'Origène

Car c'est lorsque tu seras parvenu, dans ta prière, au-dessus de toute autre joie, qu'enfin en vérité, tu auras trouvé le vrai sens de la prière.

### Jean-François Six, historien, écrivain et philosophe

Prier, c'est créer l'avenir. **Léon Bloy, écrivain français**

Nous demandons à Dieu ce qu'il nous plaît. Il nous donne ce qu'il nous faut.

### Paramhansa Yogananda, mystique indien

Dieu est amour. Le plan de la création repose sur l'amour.

### François Varillon, jésuite

Ce n'est pas parce qu'il est parfait que Dieu aime ; mais c'est parce qu'il aime qu'il est parfait.

### Saint Bernard

Dieu est paisible et rend tout paisible ; fixer son regard sur lui, qui est repos, rend l'âme paisible.

### Saint Augustin

Tout désir qui appelle Dieu en nous est déjà une prière.

### H. Brunel

La prière est un accueil, un silence, une amitié qui se passe de mots.

### Frère Roger de Taizé

À long terme, de la contemplation surgit un bonheur, et ce bonheur est source de notre lutte pour et avec la famille humaine. Il est courage, il est énergie pour prendre des risques, il est surtout abondance d'allégresse. Rien n'est plus responsable que de prier.

### Yves Raguin, jésuite

Quand Jésus se retirait pour prier, ce n'était pas pour autre chose que de se « retourner » vers son Père, et vivre en homme sa relation à la source de son être.

### Lamartine

Je ne puis comprendre la terre sans le ciel, l'amour sans la prière et le temps sans l'éternité.

### Angelus Silesius, poète allemand

L'oiseau repose dans l'air, la pierre est sur la terre, le poisson vit dans l'eau, mon esprit est dans la main de Dieu.

### Élisabeth Lesueur

Penser est beau, prier est mieux, aimer est tout.

### Victor Hugo

La prière est la sœur tremblante de l'amour : la prière est la porte et l'amour est la clé.

### Père Théodose Florentini

La prière, relation personnelle avec Dieu, est aussi nécessaire à l'homme que la respiration. Elle est, pour lui, ce que la terre est pour la plante, l'arbre pour la branche.

### Gandhi

Prier n'est pas demander, c'est une aspiration de l'âme, c'est une admission quotidienne de notre faiblesse.

### Reginald EO. White

La prière est la clé de toutes les chaînes emprisonnant l'âme.

### Bernanos

On ne prie jamais seul. La prière, étrange rêve, singulier opium qui loin de replier l'individu sur lui-même, de l'isoler de ses semblables le fait solidaire de tous, dans l'esprit de l'universelle charité.

### Clément d'Alexandrie, philosophe

La prière est un entretien intime avec Dieu, et Dieu prête constamment l'oreille à cette voix intérieure.

### Charles de Foucauld

Prier, c'est penser à Dieu en l'aimant.
La meilleure prière est celle où il y a le plus d'amour. La prière est d'autant meilleure qu'elle est plus amoureuse. Le merci doit tenir une très grande place dans nos prières, car la bonté de Dieu précède tous nos actes.

### André Sève, prêtre assomptionniste

Prier, c'est reprendre conscience de l'union et vivre un moment d'amour avec l'Amour qui est en nous.

### Saint Silouane du mont Athos, moine orthodoxe.

L'Esprit de Dieu nous apprend à prier partout, même au désert, pour tous les hommes, pour le monde entier. Je ne désire rien d'autre que de prier pour les autres comme je le fais pour moi-même.

### Louis Schweitzer, pasteur baptiste

Prier sans cesse, c'est vivre devant Dieu tous les temps de ma vie.

### Raymond Bouchex, archevêque d'Avignon

Prier, c'est d'abord donner du temps à Dieu.

### Pierre Reverdy, poète français

Il vient un moment où l'on sent que les Hommes ne peuvent rien pour vous ni vous pour eux, c'est alors que l'on comprend mieux les mystérieuses ressources de la prière.

### Saint-Jean-Chrysostome

Considère quel bonheur t'est accordé : voilà que tu peux converser avec Dieu par tes prières, dialoguer avec le Christ, souhaiter ce que tu veux, demander ce que tu désires.

### Sa Majesté la reine Victoria d'Angleterre

Quand la force te manquera, quand tu ne pourras faire davantage, prie : Dieu fera le reste.

### Sœur Emmanuelle

Les gens disent : « Vous êtes formidable, vous aimez tout le monde. » Mais ce n'est pas moi qui suis formidable, je bois à une source qui l'est, çà oui ! Et cette source, j'y bois par la prière.

### Martin Luther

Prier, ce n'est pas chercher à vaincre la résistance de Dieu, c'est saisir sa bonne volonté.

### Charles B. Hodge Jr

Dieu n'est jamais à plus d'une prière de distance de vous.

### Denis Huerre, moine bénédictin

Prier, c'est entrer dans la prière que Dieu fait continuellement en moi. Prier, c'est respirer Dieu.

### Gandhi

La prière, c'est la clé du matin et le verrou du soir.

Il vaut mieux mettre son cœur dans la prière sans trouver de paroles que trouver des mots sans y mettre son cœur.

### Sainte Thérèse de Lisieux

Qu'elle est donc grande la puissance de la prière ! On dirait une reine ayant à chaque instant accès auprès du Roi et pouvant obtenir tout ce qu'elle demande. Il faut toujours prier comme si l'action était inutile et agir comme si la prière était insuffisante.

### Charles Singer

Dieu fait vivre celui qui vient à lui. Il n'est pas nécessaire d'être pur, d'être digne, d'être brillant. Il suffit de se lever, d'aller vers lui et de dire :
« Me voici, j'ai faim ! »

### Madeleine Delbrël, missionnaire et écrivain

Parle à Dieu au lieu de te parler ; pour prier, tu auras au moins ce temps-là.

### André Sève, prêtre et journaliste

La prière ne change pas toujours une situation, mais elle peut changer notre regard sur cette situation.

### Un moine du mont Athos

Quand tu es en présence de quelqu'un, tu ne penses pas à lui, tu es avec lui. De même dans la prière, tu es avec Dieu, tu respires avec Lui.

### Rabindranath Tagore, poète indien, prix Nobel de littérature en 1916

Je ne veux pas prier d'être protégé des dangers, mais de pouvoir les affronter.

### Graham Greene, écrivain anglais

N'importe quelle prière vaut mieux que l'absence de prière. C'est une façon de reconnaître la puissance de Dieu, et c'est à mon avis une façon de le louer.

### Père Albert-Marie Besnard, dominicain

La prière est un geste par lequel nous faisons venir à la lumière le nœud caché où nous sommes noués à Dieu

### Gerhard Hamm, évangéliste russe, prisonnier des camps de Sibérie

La prière donne de la force et ouvre les portes. Si elle n'ouvre pas les portes des cellules de prison, elle ouvre les cœurs de ceux qui s'y trouvent. Quelle arme puissante !

### Saint Jean-Chrysostome

Comme l'âme donne la vie au corps, ainsi la prière maintient l'âme en vie. De même que le corps ne peut vivre sans l'âme, ainsi sans la prière l'âme est morte...

### Juan Donoso Cortès, auteur et diplomate espagnol

Ceux qui prient font plus pour le monde que ceux qui combattent, et si le monde va de mal en pis, c'est qu'il y a plus de combats que de prières !

### Maurice Zundel

La quête de l'homme ne peut s'achever qu'en l'expérience de Dieu

### Origène

Cesser de prier, c'est donner des forces à l'ennemi. Ne pas prier du tout, c'est se soumettre au pouvoir adverse.

### Maurice Zundel

S'il faut prier, c'est parce que la prière est le cri de l'amour qui répond à l'Amour.

### Jean Vanier

Aimer, ce n'est pas faire de belles choses ou rendre service. Aimer, c'est révéler la beauté, révéler à l'autre qu'il est précieux, qu'il a une valeur et qu'il a un sens à sa vie. Aimer quelqu'un, c'est lui dire : « Je me réjouis de ta présence ».

### H. Thielicke

Ce n'est pas à cause de notre valeur que Dieu nous aime ; c'est parce qu'il nous aime que nous avons de la valeur.

### Saint Padre Pio de Pietrelcina

La prière est la clé qui ouvre le cœur de Dieu. On cherche Dieu dans les livres, on le trouve dans la prière.

### Sainte Mère Teresa de Calcutta

Une famille qui prie est une famille indestructible.
La prière nous donne un regard neuf sur toutes choses.

### Honoré de Balzac

Dieu veut être cherché pour lui-même. En ce sens il est jaloux, il vous veut tout entier ; mais quand vous vous êtes donnés à lui, jamais il ne vous abandonne.

Arrivé au terme de ce livre, même si cela peut paraître incongru dans un livre dédié à la prière, je souhaite encore vous donner quelques paroles d'encouragements fortes et fermes. En effet, je constate avec regret de nos jours une certaine gêne chez nombre de chrétiens. Beaucoup de catholiques rasent les murs, se taisent et n'osent plus affirmer qu'ils sont chrétiens ou simplement croyants.

Subissant indirectement les pressions sociales exercées contre l'Église catholique principalement, suite aux scandales de la pédophilie, suite encore aux assauts répétés de la laïcité athéiste, des attentats sanglants islamistes, mais aussi et il faut le souligner, d'une autre forme de terrorisme islamique exercée au quotidien, dans nos écoles, nos rues et nos quartiers par exemple, oui, ces pressions sont de plus en plus tangibles. Elles réduisent insidieusement et subrepticement au silence, nombre de nos frères et sœurs en Christ.

Si à mots couverts, le chrétien est généralement en désaccord avec bien des lois actuelles en vigueur, pour ne pas déranger, le catholique occidental version 2018 se tait, ne revendique plus rien, accepte tout même l'inacceptable. Que reste-t-il encore par exemple de la doctrine sociale de l'Église ? Où sont les débats d'éthiques de l'Église face aux nouvelles technologies, à l'intelligence artificielle, aux transhumanisme ? ...

Tous ces événements, toutes ces pressions émanant de lobbies, de politiques, de certains philosophes et autres élites intellectuelles mis à l'avant-scène par les grands médias ; voire encore par effets de modes, oui, tout cela est reçu au quotidien comme étant ou devenant « la vérité » établie. Vous êtes chrétiens, vous êtes catho ? Taisez-vous, circulez, il n'y a plus rien à voir !

À force par ailleurs de ne plus voir dans le même temps en certains pays, d'Europe de l'Ouest particulièrement, des églises vides, abandonnées ou fermées, bien des catholiques et des chrétiens en général se sentent désormais seul(es), de plus en plus isolés face à ces pressions sociales globalement anti-chrétiennes, j'insiste, bien réelles. Ceci est d'autant plus vrai que l'Église, prise au piège, se tait face au politiquement correct ou devrais-je dire « incorrect ».

Tout cela a réussi à faire naître progressivement chez beaucoup de chrétiens, un sentiment de gêne et d'isolement largement induit dans les esprits par des médias de grande écoute aux ordres des pouvoirs en place, où l'on moque et ironise ouvertement sur les chrétiens particulièrement. Quels médias oseraient encore de nos jours moquer les musulmans, les homosexuels, les africains ? Réponse simple, aucun.

Si vous êtes dans le cas, je vous dis ceci et je vais être très clair : ce sentiment induit est faux sur le fond et n'a d'autre objectif que de vous faire abandonner votre vie spirituelle, votre Foi en Dieu et en Jésus-Christ, la religion, votre religion. Si peut-être dans votre rue, il n'y a plus de chrétiens, de catholiques, ou d'église, ne vous sentez pourtant jamais seul(e). Dieu est avec vous, le Christ est avec vous d'une part et, d'autres parts, ce que vous voyez chez vous n'est pas ce qu'il se passe à l'échelle mondiale.

Malgré beaucoup de remous, de guerres, de massacres et cette pression sociale abjecte, le christianisme dans sa globalité se porte bien. J'aime à le rappeler et le rappellerai systématiquement dans tous mes livres : il y a plus de deux milliards quatre cents millions de chrétiens dans le monde en 2018, dont plus d'un milliard sept cent cinquante millions de catholiques.

C'est pourquoi, je vous dis fermement, non, vous n'êtes pas le dernier des mohicans à croire en Jésus-Christ ou à aller à messe. Allez faire un tour à Lourdes assister à la procession du soir ou de quatorze heures, chaque jour de l'année, pour vous rendre compte par vous-même que les médias occidentaux atteints de médiocrité honteuse, vous mentent. Il n'appartient pas aux laïcards, toujours revanchards depuis 1789, de décider du monde dans lequel nous voulons vivre, pour nous comme pour nos enfants. C'est à nous chrétien de savoir quelle société nous souhaitons bâtir, dans quelle société nous voulons surtout vivre !

Dans cette civilisation de l'image et des médias, je vous invite à soutenir concrètement autant que possible tous les médias chrétiens. Ainsi, le journal quotidien « La Croix », ou encore, Aleteia, KTO, RCF, Radio Espérance, Radio Maria ; ou encore Télé-Lumière au Liban pour l'exemple.

En tout temps, où que vous vous trouviez, soyez fiers d'être chrétiens et manifestez votre joie de pouvoir suivre et vivre Jésus-Christ. Non par orgueil, par provocation ou esprit revanchard envers la laïcité, ce serait du temps perdu. Faites-le tout simplement parce que le Christ, celui en qui vous croyez, est le Chemin, la Vérité et la Vie. Il est devenu réellement urgent d'arrêter d'être et de vivre de manière schizophrénique. Si on est chrétien, nous le sommes aussi bien à la maison qu'en son dehors dans le monde et la société. Des stars du show-biz international osent s'affirmer et afficher leur conviction et leur appartenance à la Foi en Jésus-Christ. Elles osent témoigner au grand dam de ce que les médias ne vous diront jamais ou alors de façon tronquée et le plus rapidement possible... Je ne reprends ici que quelques noms célèbres du moment, charges à vous de retrouver leur métier et talents... Si vous êtes européen, plusieurs noms vous seront peut-être inconnus au départ.

Voici donc une belle occasion de faire une recherche sur Google et par là, de découvrir encore bien d'autres célébrités chrétiennes...

Eduardo Verastegui
Kylie Bissuti
Nicole Weider
Amada Rosa Perez
Lauriane Sallin
Lena Bröder
Brad Fischetti
Mark Wahlberg
Gary Sinise
Pierce Brosnan
Chris Pratt
Lewis Hamilton
Nick Foles
Teddy Riner
Kaka
Neymar
Ibrahimovic
Keven Mealamu
Justin Bieber
MC Hammer
Jim Caviezel

Prince
Johnny Halliday
Russel Crowe
Dolores Hart
Denzel Washington
Nicole Kidman
Michael Chang
Mary-Joe Fernandez
Ari Vatanen
Ryan Murphy
Mary Pierce
Andrea Jaeger
Martin Sheen
Matthew David McConaughey
Roger Federer
Agnieszka Radwańska
Stephen Curry
Kobe Bryant
Blanka

Olivier Giroux
Cavani
Antoine Griezmann
Jean Piat
Mark Wahlberg
Al Pacino
Mel Gibson
Arielle Dombasle
Robert Hossein
Antonio Banderas
Andy Garcia
Martin Scorsese
Michael Lonsdale
Caterina Murino
Benoît Poelvoorde
Anne Roumanoff
Michel Delpech
Falcao
Sylvester Stallone
Bob Dylan
Justin Timberlake

« Petits enfants, n'aimons pas en paroles ni par des discours, mais par des actes et en vérité. Voilà comment nous reconnaîtrons que nous appartenons à la vérité, et devant Dieu nous apaiserons notre cœur ; car si notre cœur nous accuse, Dieu est plus grand que notre cœur, et il connaît toutes choses ».

« Bien-aimés,
Si notre cœur ne nous accuse pas, nous avons de l'assurance devant Dieu. Quoi que nous demandions à Dieu, nous le recevons de lui, parce que nous gardons ses commandements, et que nous faisons ce qui est agréable à ses yeux ».

« Or, voici son commandement : mettre notre foi dans le nom de son Fils Jésus-Christ, et nous aimer les uns les autres comme il nous l'a commandé. Celui qui garde ses commandements demeure en Dieu, et Dieu en lui ; et voilà comment nous reconnaissons qu'il demeure en nous puisqu'il nous a donné part à son Esprit ».

<br>

Chrétiens d'Orient, Chrétiens d'Occident
Catholiques, Orthodoxes, Protestants
Unissez-vous !

Que les Églises, toutes les Églises de tous les rites
s'entendent et s'unissent pour mettre FIN aux schismes.
Tous, nous professons un seul Dieu, un seul Christ.
Que les chrétiens soient UN comme
le Père, le Fils et le Saint-Esprit sont UN

Dominique André
Août 2018

La sainte Bible selon « La Vulgate » par l'Abbé J.-B. Glaire
Nouvelle Edition 1902 – 2002 - Edition D.F.T.
ISBN/2-904770-35-6

La Bible de Jérusalem – Les Éditions du Cerf – 2000 – 2008
ISBN/978-2-204-08415 – 4

La Bible traduite de l'hébreu et du grec – Alliance Universelle
Nouvelle édition révisée de 1997
ISBN/978-2-85300-223-3 FCDC052PL 5SB1023

« Le Seigneur t'attend » – Chanoine Joseph Guerber
Presse Éditions Hovine – 2000
ISBN/2-87414-406-1

« Quand le Seigneur parle au cœur » – Père Gaston Courtois
Presse MediasPaul 2006
ISBN/2-7122-0758-0

« Prie ton Père dans le secret » – Jean Lafrance
Édition de 1976 – Auto-édition — Abbaye St Scholastique, France

« Croire » – Bernard Sesboüé
Éditions Droguet & Artant – Edition 2000
ISBN/2.7041.0731.9

Bibliothèque du Vatican online
Bible la Vulgate
Bible de Jérusalem
Bible de l'Alliance universelle
Bible AELF online
Thérèse de Lisieux : « Qui a Jésus a tout » – Éd. Foi Vivante
Croire : Bernard Sesboüé – Éd. Droguet & Ardant
Jean Lafrance : « Prie ton Père » - Ed monastique
Liturgie catholique
Église orthodoxe de France online
Conférence des évêques, Église catholique en France
Pinterest online free pictures
Google online free wallpaper
Bonne journée à tous : Ed. Padre Pio de Pietrelcina
« Catéchisme de l'Église catholique »
« Aleteia »
Vecteezy.com
« La Croix »
« Livre de liturgie catholique »
 Wikipedia
« Larousse »
« Le Petit Robert »
« Encyclopédie Universalis »
« Église protestante unie de France »
Le R.P. Yves Guillemette, prêtre sur le site Interbible.org
Flikr – Abbaye de Bois Seigneur Isaac
Je suis avec vous tous les jours Ed. des Béatitudes – Liban
Une fleur de Terre Sainte Ed. Hovine
U.C.E.S.M.

*FIN du livre, oui...*
*Mais c'est ici que pour vous tout commence !*

*Yallah !*

# <u>Note</u>

# Note

# <u>Note</u>

Conception, maquette et réalisation de « Au cœur de la prière » par
© Dominique André pour
© Série Connexion - Parcours vers une vie chrétienne positive Juillet 2018


*Crédit photo :*

Dans le cas où des photos ou des reproductions d'œuvres d'Art utilisées dans ce livre sont indiquées avec un copyright à la source avant édition ou à défaut le nom de l'auteur uniquement, celui-ci est clairement indiqué dans le livre. À défaut de mentions indiquant clairement un éventuel copyright non indiquées à la source ou sur l'image directement, toutes les photos et illustrations utilisées dans ce livre de prières, images issues du Net, sont à considérer comme étant en « Fair Use »/Unknow/Auteur inconnu et font partie du domaine public. Ces images ne peuvent dès lors en aucun cas faire l'objet de poursuites contre l'auteur du présent ouvrage pour un usage abusif, usage non autorisé ou encore usage frauduleux. L'auteur du présent livre certifie avoir traité avec tout le soin requis les images modifiées en noir et blanc pour les besoins d'édition de ce livre dans le souci du respect de la démarche photographique d'origine. L'auteur de ce livre ne revendique aucun titre de propriété sur les images utilisées en « fair use »/Unknow dans le présent livre. Plusieurs photos contenues dans ce livre proviennent d'albums personnels de l'auteur. Elles demeurent la propriété exclusive de l'auteur qui les met à la disposition du domaine public. Cette remarque est valable pour tous pays conformément aux lois en vigueur dans l'U.E.

IMPRIMÉ AUX ÉTATS-UNIS
PAR CREATESPACE – USA
07-2018


DÉPÔT LÉGAL

BIBLIOTHÈQUE NATIONALE DE FRANCE, PARIS [BnF]
3ÈME TRIMESTRE 2018

BIBLIOTHÈQUE ROYALE DE BELGIQUE [BnB]
D/2018/D-A BRICHAUX, ÉDITEUR
3ÈME TRIMESTRE 2018

www.ingramcontent.com/pod-product-compliance
Lightning Source LLC
LaVergne TN
LVHW050545200726
843508LV00010B/1543